献给热爱思考和勇于坚持自己梦想的人们

本书出版获得"中央高校基本科研业务费专项资金"支助

美国银行业并购研究

张文佳 著

Research on
Mergers & Acquisitions
of U.S. Banking Industry

WUHAN UNIVERSITY PRESS
武汉大学出版社

图书在版编目(CIP)数据

美国银行业并购研究/张文佳著. —武汉：武汉大学出版社,2016.1
ISBN 978-7-307-15485-8

Ⅰ. 美… Ⅱ. 张… Ⅲ. 商业银行—银行合并—研究—美国
Ⅳ. F837.123

中国版本图书馆 CIP 数据核字(2015)第 066992 号

责任编辑:詹　蜜　　责任校对:汪欣怡　　　版式设计:马　佳

出版发行: **武汉大学出版社** 　(430072　武昌　珞珈山)
（电子邮件：cbs22@ whu. edu. cn　网址：www. wdp. com. cn）
印刷:武汉中远印务有限公司
开本:720×1000　1/16　印张:16.25　字数:246 千字　插页:1　插表:5
版次:2016 年 1 月第 1 版　　2016 年 1 月第 1 次印刷
ISBN 978-7-307-15485-8　　定价:36.00 元

前　言

在过去的一百多年间，美国企业总共经历了五次并购浪潮，分别发生在：20 世纪初、20 世纪 20 年代、20 世纪 60 年代、20 世纪 80 年代和 20 世纪 90 年代(Gaughan，1999)。伴随着美国的第二、第四和第五次并购浪潮，美国银行业也经历了三次大规模的并购浪潮。由于 20 世纪 80 年代末和 90 年代初美国有关银行业并购法律的逐渐放松，银行业并购高潮迭起，超强联合成为一个重要特征。20 世纪 90 年代上半期，美国银行业所发生的并购案占发达国家总量的 74.18%，所涉及的并购价值占发达国家总体交易价值的 54.11%。许多银行在这个时期通过并购成为巨型银行，并产生了"超级区域银行"(Super-regional Banks)。比如，从 1984 年至 1994 年，第一银行公司(Bank One Corporation)通过 50 起并购，资产从 91 亿美元增长到 889 亿美元，员工达 5 万人，在 12 个州有超过 1400 个营业网点。而国民银行(Nations Bank)通过大举并购，到 1995 年已成为美国的第三大银行，资产达 2000 亿美元，在 9 个州有 2000 个分支；其分支网络是当时美国银行业中最大的体系。1996 年，国民银行又继续分别收购了亚特兰大、圣路易斯以及佛罗里达的银行，其负责人也被称为"银行业的巴顿"。

经过 20 多年持续的大规模并购重组，美国银行业的市场结构发生了巨大的变化，巨型银行兴起，银行机构数量大幅度减少，银行分支大幅度增加。根据美联储的数据统计显示，1980 年美国共有 14434 家商业银行，到 2007 年减少到了 7293 家，几乎是原来的一半。在美国银行业机构数量不断减少的同时，银行分支机构数量不断增长。根据 FDIC 的统计，1980—2007 年美国各投保商业银行机构的分支数由 38738 个增长到了 79115 个。到 2006 年，地域分布最广的美洲银行已在美国 31 个州设有分行。美国银行业中大银行的资产与存款规模也大幅提高。1985—2007 年，美国资产规模最大的 10 家银行在同行业资产总额中所占的份额由 24% 上升到了 53%；存款规模最大的 10 家银行在同行业存款总额中所占的份额由 22% 上升到了 49%。

在西方经济学理论中，研究企业并购的理论很多。传统公司金融理论是以"理性经济人假设"为前提的。以价值管理为核心的传统公司金融基于三个假设：人的行为是理性的，资本资产定价模型（CAPM）和有效市场假说（EMH）。随着金融市场上各种异常现象的累积，模型和实际的背离使得现代金融理论的理性分析范式陷入了尴尬境地。20 世纪 80 年代，行为金融理论悄然兴起，借助"心理偏差"和"有限理性"两块重要基石，动摇了资本资产定价模型（CAPM）和有效市场假说（EMH）的权威地位。行为金融理论认为，证券的市场价格并不仅由证券内在价值所决定，还在很大程度上受到投资者主体行为的影响，即投资者心理与行为对证券市场的价格及其变动具有重大影响。

到目前为止，尽管学者已经对银行业并购的各种动机进行了研究，但在关于银行业并购的相关文献中，却很难找到令人信服的证据证明收购方为股东创造了价值、降低了成本或者改善了盈利能力（Berger，Saunders，Scalise 和 Udell，1998）。同样，缺少证据支持银行能够从经营范围的扩张中受益（Berger 和 Ofek，1995）。因此，银行为什么要进行并购的问题依然值得研究，本书的目的也在于此。

始于 2007 年的金融危机过后，人们普遍相信这是银行缺乏有效风险管理带来的恶果，因而对于银行并购可能受到各种非理性心理影响的担忧看起来就更加具有合理性。本书将采用实证分析，从行为金融学的角度对美国银行业的并购动因及并购浪潮的成因进行全面研究，具体探讨银行业并购是否受到了股票市场和管理者非理性心理的驱动。本书将分别从高级管理人员的嫉妒心理、赌博心理、股票市场的错误定价等方面对美国银行业的并购动机和并购浪潮的成因进行实证研究，相信不仅会对银行业并购的理论研究，而且会对银行业的监管、管理人员的薪酬设计及其战略选择具有指导意义。

本书是在我博士学位论文的基础上修改而成的。2011 年我从美国 Old Dominion 大学毕业之后，一直想将自己博士阶段的学习成果出版，但因为需要对原文进行大量的翻译和修改工作，中间断断续续，一直拖延至今。让人欣慰的是，目前第二章和第三章的研究内容已分别被金融领域的国际学术期刊 *European Financial Management* 和 *Review of Behavioral Finance* 录用，即将于 2015 年度刊登。第三章和第四章的主要内容已经分别发表于 2013 年第 5 期 *Review of Behavioral Finance* 和 2014 年第 6 期的 *International Journal of Economics and Finance*。

回想起自己在异国他乡的五年求学经历，心中感慨良多。那时，时间走得很慢。初到美国时，经常清晨醒来，望着窗外的湖面，感到无比的冷清和迷茫，泪水不觉间滑下脸颊。那时，时间又走得很快，忙碌的一次次考试让我在不知不觉间跨过了三十岁生日，而正是那个秋天，我终于顺利通过了为期三个多月的博士生资格考试，并在来到美国之后第一次搭上了回国休假的飞机。跨过语言、学习方法、考试和研究的道道难关，感觉自己少了很多的活力和锐气，却有了更多踏实的态度和对生活的包容。

借此机会，我要深深地感谢我的导师 John A. Doukas 教授，他也是我本书第二、第三、第四章内容的合作作者。在美国求学的五年间，他在我的求学和科研道路上给予了我悉心的关怀和指导。他对学生的要求可谓苛刻，还记得我经常因为数据处理的严谨性而受到他的质疑，也曾因为文章数据表格的规范性被他批评。但他深刻的思想、严谨的治学态度和做人的真实坦诚，却让我耳濡目染、终生受益。

我还要感谢我的父母和兄长，没有他们的无私帮助，我也不可能到美国求学并完成学业。我同样要感谢我的丈夫和那些一直支持我的朋友，让我更加坚定地在自己选择的人生道路上行走。最后，感谢北京大学光华学院博士生张林同学帮助我翻译了第五章的内容。

张文佳

2014 年 10 月于北京

目　　录

第一章 导 论

一、选题背景：美国银行业的三次并购浪潮

经济全球化是当前世界经济的重要特征，是无法阻挡的历史潮流。兼并和收购（Mergers & Acquisitions，以下简称并购）已越来越成为全球经济的主战场，成为推动现代企业成长的一个主要方式。美国著名经济学家、诺贝尔经济学奖获得者斯蒂格勒曾在《通向垄断和寡占之路——兼并》中指出，企业通过兼并其竞争对手成为巨型企业是现代经济史上的一个突出现象，"没有一家美国大公司不是通过某种程度、某种方式的并购而成长起来的，几乎没有一家大公司主要是靠内部扩张成长起来的"①。而银行业的并购在金融业的发展中始终占据着重要地位。随着全球金融业务的自由化和金融市场的一体化步伐的加快，众多的国际金融集团为增强自身的竞争实力，不断地合并、重组，以期在全球金融市场一体化的进程中占有一席之地。

美国第二次企业并购高潮出现在 1919—1930 年，有近 12000 家涉及公用事业、制造业和采矿业的企业被并购。其中，85% 的并购以纵向兼并形式为主，即把一个部门内各环节的企业兼并到一起，形成一个统一运行的联合体。此时，银行业也首次出现了并购高潮，一些商业银行为了规避美国相关法律对跨州银行业务经营的限制，采用持股建立持股公司的方式，控制一些形式上独立的商业银行。1921—1925 年每年发生约 350 起银行并购，1929 年达到 500

---

① ［美］G. J. 斯蒂格勒. 产业组织与政府管制［M］. 上海：三联书店，1996：3.

1

起。由于银行倒闭与银行并购，美国的银行数目由 1919 年的大约 29120 家下降到 1929 年的 25330 家①。

20 世纪 70 年代开始的以信息技术为中心的新技术革命对经济和金融都产生了重要影响，推动了出现在 20 世纪 80 年代的第四次企业并购浪潮。不少交易的规模空前，由金融机构支持下的杠杆收购是这次并购高潮的主要手段。随着银行业管制的放松、金融市场的发展以及技术的进步，美国商业银行的经营环境发生了巨大的变化，银行业继承了 20 世纪 60 年代兴起的持股并购模式，逐渐形成第二次并购高潮，越来越多形式上独立的中小银行被大银行并购，成为其分支机构。仅 1979 年，美国就有 217 家独立的银行成为大银行的分行。到 1979 年美国共有 36403 家银行分支机构，此数量是 1947 年的 818 倍，1960 年的 1154 倍。表 1-1 报告了 1970—1989 年美国银行业各年度的并购事件数。

表 1-1　1970—1989 年美国银行业的并购事件数

年份	事件数	年份	事件数
1970	155	1980	136
1971	103	1981	232
1972	126	1982	310
1973	102	1983	457
1974	126	1984	418
1975	99	1985	504
1976	144	1986	327
1977	161	1987	531
1978	182	1988	594
1979	235	1989	409

来源：美国联邦储备保险公司各年度报告（Annual Report of the FDIC and Quarterly Banking Profile）。

---

① 王志军. 欧美金融发展史［M］. 天津：南开大学出版社，2012.

美国企业的第五次并购浪潮规模巨大，影响广泛，涉及计算机、电信、金融、制造、媒体、交通等国民经济的众多领域，其中以银行业最为瞩目。随着美国第五次并购浪潮的到来，银行业也迎来了第三次并购浪潮。美国银行业不断掀起的并购高潮，改变了美国银行业银行数量多、规模小的传统格局，呈现出银行业加速集中化的趋势。在整个 20 世纪 90 年代，美国银行业每年发生数百起并购案，是国际银行业并购中最具代表性、最重要的组成部分，并在很大程度上影响着世界金融业的格局。表 1-2 列出了 20 世纪 90 年代以来美国银行业的十大并购案，交易规模均达到了 100 亿美元以上。

经过 20 多年持续的大规模并购重组，美国银行业的市场结构发生了巨大的变化，巨型银行兴起，银行机构数量大幅度减少，银行分支大幅度增加。根据美联储的数据统计显示，1980 年美国共有 14434 家商业银行，到 2007 年减少到了 7293 家，几乎是原来的一半。在美国银行业机构数量不断减少的同时，分支机构数量不断增长。根据 FDIC 的统计，1980—2007 年美国各投保商业银行机构的分支数由 38738 个增长到 79115 个。到 2006 年，地域分布最广的美洲银行已在美国 31 个州设有分行。美国银行业中大银行的资产与存款规模也大幅提高。1985—2007 年，美国资产规模最大的 10 家银行在同行业资产总额中所占的份额由 24% 上升到了 53%；存款规模最大的 10 家银行在同行业存款总额中所占的份额由 22% 上升到了 49%。

二、关于银行并购的传统金融解释

在西方经济学理论中，研究企业并购的理论很多。大部分并购的原因较为复杂，很少出于某一单一的原因进行并购，因此，一种理论或者模型并不能全面概括企业或者银行的并购现象。以价值管理为核心的传统公司金融基于三个假设：人的行为是理性的，资本资产定价模型（CAPM）和有效市场假说（EMH）①。关于银行业并购

---

① Shefrin, H. Behavioral Corporate Finance [J]. *Journal of Applied Corporate Finance*, 2001, 14(3): 113-114.

表 1-2 美国银行业的十大并购事件(单位:百万美元)

排序	交易宣告日	收购方	被收购方名称	交易规模(单位:百万美元)
1	19980413	国民银行(Nations Bank Corp., Charlotte, NC)	美国银行(Bank America Corp.)	61633.40
2	20031027	美国银行(Bank of America Corp.)	波士顿银行(Fleet Boston Financial Corp., MA)	49260.63
3	19980413	第一银行(Bank One Corp., Columbus, Ohio)	第一芝加哥国民银行(First Chicago NBD Corp.)	29616.04
4	20001004	第一星银行(Firstar Corp., Milwaukee, WI)	美国合众银行(US Bancorp.)	21084.87
5	19971118	第一联合银行(First Union Corp., Charlotte, NC)	核心州金融公司(CoreStates Financial Corp., PA)	17122.23
6	19970829	国民银行(Nations Bank Corp., Charlotte, NC)	巴尼特银行(Barnett Banks, Jacksonville, FL)	14821.72

4

续表

排序	交易宣告日	收购方	被收购方名称	交易规模（单位：百万美元）
7	19980317	华盛顿互惠银行（Washington Mutual, Seattle, WA）	Ahmanson 家庭储蓄公司（HF Ahmanson & Co., Irwindale, CA）	14724.96
8	20010416	第一联合银行（First Union Corp., Charlotte, NC）	美联银行（Wachovia Corp., Winston-Salem, NC）	13132.15
9	19990430	第一星银行（Firstar Corp., Milwaukee, WI）	国家商业银行（Mercantile Bancorp, St Louis, MO）	10640.49
10	19950828	化学银行（Chemical Banking Corp., New York）	大通曼顿银行（Chase Manhattan Corp.）	10439.78

来源：根据 SDC 的并购数据整理得出。

的动因，主要适用的传统金融理论有规模经济理论、多元化经营、市场优势理论和委托代理理论。

（一）规模经济理论

规模经济理论是西方经济学家解释企业并购动因的最早理论之一。规模经济（Economies of Scale）是企业因扩张而获得的成本上的优势，主要指供给方面的变化，例如扩大或缩小单个产品的生产规模带来的效率提高①。该理论认为，企业并购可以将许多生产单位置于同一企业的领导下，谋求平均成本的下降。对于银行业来讲，它指随着银行业务规模、人员数量、机构网点的扩大而发生的单位运营成本下降，单位收益上升的现象。

产权组织理论认为，银行天生具有很强的规模经济效应。对于一般企业，规模经济的形成受到社会对产品总体需求数量、产品规格、款式和质量等不同偏好的约束。而对银行来说，此类限制相对少得多，货币和资本具有同质性，这决定在不存在资源约束的假设条件下银行具有无限的拓展空间。银行的规模经济主要来源于市场营销实力的增强、管理费用的下降和研究开发力量的优化组合等。

有研究从财务协同效应的角度对银行并购进行了解释，认为并购会带来较低成本的内部融资和外部融资，并指出那些拥有大量内部现金流却投资机会较少的银行与拥有较少现金流量却投资机会较多的银行合并，可以得到内部资金成本优势②。处于不同发展阶段的银行联合在一起，许多银行可以利用本银行自身的管理能力，通过并购使其向目标银行溢出，从而使并购双方银行的管理水平都得到提高，实现双方管理上的协同效应。规模经济理论对银行横向并购具有一定的解释力，但无法解释混合并购以及为什么许多大银行

---

① Panzar, J. C., Willig, R. D. Economies of Scale in Multi-Output Production [J]. *Quarterly Journal of Economics*, 1977, 91(3): 481-493.

② Nielsin, J. F., Melicher, R. W. A Financial Analysis of Acquisition and Merger Premium [J]. *Journal of Financial and Quantitative Analysis*, 1973, 8: 139-162.

已经达到其最佳规模后还要进行大规模的并购行为①。

（二）多元化经营理论

与规模经济相对应的是范围经济（Economics of Scope），则指需求方面的变化（例如对不同产品营销范围和分销渠道的变化）所带来的效率提高。范围经济是采用某些营销策略，如捆绑销售（Product Bundling）、组合销售（Product Lining）和品牌系列销售（Family Branding）的主要原因之一②。当收购银行和被收购银行业务不同时，往往会出现范围经济。银行通过并购能达到多样化经营的目的，包括提供多样化的产品和服务，实现地域上分支机构的扩散，持有并经营收益相关程度较低的资产。理论上，一家企业同时拥有多个业务分支有利于提高经营效率、增强债务能力和降低赋税。多样化经营可以降低银行的破产概率、降低期望的税负和增加回报的稳定性，从而提高公司价值。

同样，多元化经营也面临一些潜在成本：更多的使用可自由支配的资源进行没有价值的投资、使用表现出色的业务分支的资源交叉补贴表现不佳的分支以及公司总部与分公司管理人员激励机制上的不一致。关于多元化经营对公司价值的总体影响，目前还没有一个明确的结论③。

（三）市场优势理论

市场优势理论（Market Power）认为，银行通过并购可以减少竞争对手，增强对市场经营环境的控制能力，提高市场占有率，并增加长期盈利机会。尤其是在遭受外资银行强烈渗透和冲击的情况下，国内银行往往通过并购组成大的银行，以对抗外来竞争。作为依赖公众信心而生存的银行业，规模大小对其竞争优势具有决定性

① Williamson, O. E. *Markets and Hierarchies: Analysis and Antitrust Implications, A Study in the Economics of Internal Organization* [M]. New York: The Free Press, 1975.

② Panzar, J. C., Willig, R. D. Economics of Scope [J]. *American Economic Review*, 1981, 71(2): 268-272.

③ Berger, P. G., Ofek, E. Diversification's Effect on Firm Value [J]. *Journal of Financial Economics*, 1995, 37(1): 39-65.

的影响，规模越大，就越能赢得客户的信任，同时也提高了其市场占有率。这一理论为银行扩大规模、增强竞争力提供了依据，也是解释在经济全球化、自由化条件下各国金融业大规模并购的重要理论之一。

（四）委托代理理论

代理关系指由委托人与代表委托人进行工作的代理人订立的契约①。如果委托人和代理人都是效用最大化的追求者，那么就有理由相信代理人不会总按委托人的利益而行事。由此而产生的代理成本包括：构造一系列合约的成本；委托人对代理人行为进行监督和控制的成本；代理人保证进行最优决策，否则就将次优决策的后果保证给委托人以补偿担保成本；剩余损失，即由于代理人的决策和委托人利益最大化的决策之间存在偏差而使委托人遭受的损失。从代理理论角度对并购的解释主要包括降低代理成本假说和自由现金流量假说。

代理问题可以通过一些组织和市场方面的机制来得到有效控制，如公司对决策管理和决策控制进行分离。一些报酬安排和管理者市场也可以使代理问题得到缓解。但当上述机制不能有效控制代理问题时，并购能够成为这一问题的外部解决机制②。如果目标企业的管理层因为无效率或代理问题导致经营管理不善，就会面临着被收购的威胁。并购的存在可以对经理人产生一种无时不在的威胁，这种威胁有助于约束经理人，进而产生对经理人的激励作用。通过并购获得控制权可以减少目标企业的代理问题，这只能说明并购对目标企业的作用，并不能说明并购企业的根本动因③。

---

① Jensen, M. C., Meckling, W. H. Theory of the Firm: Managerial Behavior, Agency Costs and Ownership Structure [J]. *Journal of Financial Economics*, 1976, 3(4): 305-360.

② Fama, D. C., Jensen, M. C. Separation of Ownership and Control [J]. *Journal of Law and Economic*, 1983, 26(2): 301-325.

③ Manne, H. Mergers and the Market for Corporate Control [J]. *Journal of Political Economy*, 1965, 73: 110-120; Marris, R. *The Economic Theory of 'Managerial' Capitalism* [M]. London: Macmillan, 1964.

自由现金流指在满足了所有可以带来正净现值的项目之后，以低于资本成本的收益率进行投资的现金流，即用于保持目前的公司资产结构和投资回报需求之外的现金。① 这种理论认为，在企业产生巨大的自由现金流量时，股东和管理者对公司的分配政策会发生严重的冲突。如果企业是有效运行的，并且实行股东利益最大化政策，那么这些自由现金流量应该支付给股东，这就减少了管理者控制的资源。自由现金流量的存在使上市公司有资本发起并购，在上市公司治理和外部法制监管环境不完善的情况下，极有可能成为无效并购；同时使上市公司面临被并购的潜在威胁。由于管理者的收入增长或晋升与企业规模的扩大有密切的联系，促使管理者积极地扩大企业的规模，而无效收购是自由现金流量代理成本的一种表现方式。缺乏成长性上市公司的管理层对富裕现金不珍惜，会在并购活动中支付较高的溢价，从而使股东利益受损。但同时并购可以解决代理成本，因为拥有充裕自由现金的上市公司更可能会成为被并购的目标，并购的潜在威胁对缺乏效率的管理者是一种鞭策，促使其更多地为股东利益着想。

三、并购的行为金融学解释

传统公司金融理论是以"理性经济人假设"为前提的。随着金融市场上各种异常现象的累积，模型和实际的背离使得现代金融理论的理性分析范式陷入了尴尬境地。20 世纪 80 年代，行为金融理论悄然兴起，借助"心理偏差"和"有限理性"两块重要基石，动摇了 CAPM 和 EMH 的权威地位。行为金融理论认为，证券的市场价格并不仅由证券的内在价值所决定，还在很大程度上受到投资者主体行为的影响，即投资者心理与行为对证券市场的价格决定及其变动具有重大影响。

随着行为金融学理论研究的不断深入，其研究方向从对市场异象的研究扩展到了公司行为。在公司资本配置的过程中，市场投资

---

① Jensen, M. C. Agency Cost of Free Cash Flow, Corporate Finance, and Takeovers [J]. *American Economic Review*, 1986, 76: 323-329.

者和公司管理者是影响公司决策的两大行为主体，他们的非理性对公司的财务决策都具有不容忽视的作用。研究并购的行为金融理论主要包括择时理论、自负假说和从众行为等。

（一）市场非有效性对公司并购行为的影响

一些学者认为股票市场的错误定价驱动了并购，收购方在选择并购对价方式时利用了市场对股票的错误定价[1]。当收购方公司股票被市场高估或相比于目标公司被市场更高估时，收购方就会利用市场的错误定价并选择股票作为并购的支付方式。当收购方公司意识到公司股价被市场高估时会偏好采用股票支付，而认为股价被市场低估时会偏好采用现金支付[2]。有学者建立了市场错误定价与并购支付方式的模型，主要结论包括：当两个公司都被市场高估时，高估的公司会选择用股票购买相对被低估的公司；股票并购的目标公司比现金并购的目标公司被市场更为高估；采用股票支付的收购方的股票比采用现金支付的收购方被市场更为高估[3]。此外，有学者的研究显示存在一种短期的迎合效应（Catering Effect），即在高估值时期，投资者对并购更为欢迎，然而该时期进行的并购后的收

---

① Shleifer, A., Vishny, R. Stock Market Driven Acquisitions [J]. *Journal of Financial Economics*, 2003, 70: 295-311; Rhodes-Kropf, M., Robinson, D., Viswanathan, S. Valuation Waves and Merger Activity: The Empirical Evidence [J]. *Journal of Financial Economics*, 2005, 77: 561- 603; Dong, M., Hirshleifer, D., Richardson, S., Teoh, S. H. Does Investor Misvaluation Drive the Takeover Market? [J]. *Journal of Finance*, 2006, 61: 725-762.

② Myers, S. C., Majluf, N. S. Corporate Financing and Investment Decisions When Firms have Information that Investors do not Have [R]. NBER Working Paper, No. W1396, 1984; Hansen, R. G. A Theory for the Choice of Exchange Medium in Mergers and Acquisitions [J]. *Journal of Business*, 1987, 60: 75-95.

③ Shleifer, A., Vishny, R. Stock Market Driven Acquisitions [J]. *Journal of Financial Economics*, 2003, 70: 295-311; Rhodes-Kropf, M., Viswanathan, S. Market Valuation and Merger Waves [J]. *Journal of Finance*, 2004, 59(6): 2685-2718.

益状况却十分糟糕①。当股票市场出现价格泡沫时，公司经理人会发行更多的股票并提高企业的资本性支出②。

（二）经理人非理性导致的公司并购行为

正确的投资决策要求经理人对投资所产生的未来现金流及其面临的风险作出准确的估计，但经理人处理问题时往往不能完全客观、理性。Graham 和 Harvey 通过调查发现，经理人在进行财务决策时，倾向于采用比较简单的方法，而不是最优的评估决策方法；首席财务总监对 IRR 标准的使用超过了 NPV 标准，甚至超过 50%的 CFO 使用投资回收期标准③。

Roll④针对并购时目标公司的溢价问题进行研究，首次提出了"自负假说"（Hubris Hypothesis）（"Hubris"一词源自希腊文，意思是"生气"，含有过分浮夸、过度自傲的意思），认为代理问题并非控制机制所能解决的，并购方的决策不是完全理性而是有限理性的。市场是有效的，而经理层是无效的。在并购过程中，管理层的"自负"会导致其高估目标公司价值，致使其向目标公司支付更高价格的后果。这一假说不要求管理者有意识地追求自身利益，管理者可以有良好的意图，但在判断中会犯错误。过度自信的经理人往往会过度投资，给公司带来损失⑤。

后来的实证研究多次证明，当并购交易宣告后，收购方股价不

① Bouwman, C. H. S., Fuller, K. P., Nain, A. The Performance of Stock-Price Driven Acquisition [R]. Working Paper, University of Michigan, 2003.

② Gilchrist, S., Himmelberg, C., Huberman, G. Do Stock Price Bubbles Influence Corporate Investment? [J]. *Journal of Monetary Economics*, 2005, 52: 805-827.

③ Graham, J. R., Harvey, C. R. The Theory and Practice of Corporate Finance: Evidence from the Field [J]. *Journal of Financial Economics*, 2001, 60: 187-443.

④ Roll, R. The Hubris Hypothesis of Corporate Takeovers [J]. *Journal of Business*, 1986, 59: 197-216.

⑤ Malmendier, U., Tate, G. CEO Overconfidence and Corporate Investment [J]. *Journal of Finance*, 2005, 6: 2661-2700.

涨反跌①。自负之所以成为永恒的话题，是因为它能提醒我们自负会让我们忘掉理性分析和自律。但对于并购活动的自负假设在某些方面未免言过其实，比如，数字技术的进步让无数技术相对落后的公司面临破产，把自负作为其失败的主要原因，往往并不能解释并购方的并购动机以及并购活动在某些行业的聚集效应②。

行为理论的另一种解释是，从众行为（mass behavior）引发了市场泡沫、破产和狂热。接管活动受到了金融市场狂热的驱动③。在投资银行家之间，一些关于"交易狂热"的轶事广为流传，即不管交易双方关系如何——当一个执行主管在这项交易上花费了一定时间以后，就会产生急于完成这笔交易的心理冲动。Kelly 把市场运转比喻为拥挤的蜂群和聚结的鹅群④，Shiller 将羊群效应定义为社会群体中相互作用的个体所具有的趋于一致的思考和行为方式⑤。经理人的羊群行为倾向包括企业内部的从众倾向和企业间的从众倾向两个反面。Scharfstein 和 Stein 认为，羊群行为是经理人为保全声誉而忽视私有信息、盲目跟从他人的行为⑥。当经理人选择的未来结果值得斟酌时，群体决策会加大管理者的行为偏差⑦。无论是出

---

① Roll，R. The Hubris Hypothesis of Corporate Takeovers［J］. *Journal of Business*，1986，59：197-216.

② Bruner，R. F. *Applied Mergers and Acquisitions*［M］. Hoboken，NJ：John Wiley，2004.

③ Shiller，R. J. Fashions，Fads and Bubbles in Financial Markets［M］// Jack Coffee，ed. *Knights*，*Raiders and Targets*：*The Impact of the Hostile Takeover*. Oxford，England：Oxford University Press，1987.

④ Kelly，K. *Out of Control*：*The New Biology of Machines*，*Social Systems*，*and the Economic World*［M］. Reading，MA：Addison-Wesley，1994.

⑤ Shiller，R. J. Conversation，Information and Herd Behavior［J］. *American Economic Review*，1995，85：181-185.

⑥ Scharfstein，D. S.，Stein，J. C. Herd Behavior and Investment［J］. *American Economic Review*，1990，80(3)：465-479.

⑦ Staw，B. The Escalation of Commitment：An Update and Appraisal，in *Organization Decision Making*［M］. Cambridge，England：Cambridge University Press，1997.

于保护自身声誉的考虑而有意模仿，还是在缺乏其他信息的情况下依赖他人的行为作为自身行动的依据，公司经理人进行并购决策时很可能会倾向于与同一行业/区域中的其他经理人保持一致①。一个成功的并购事件会鼓励后续的公司采取类似的行动②。

四、研究思路与内容安排

到目前为止，学者已经对银行业并购的各种动机进行了研究，例如通过挖掘协同效应(规模经济或者范围经济)为股东创造价值、提高被收购方业绩、实现目标公司的资本变现、获得未来的成长机会、实现行业集中以及追求交易规模等③。而在关于银行业并购的相关文献中，却很难找到令人信服的证据证明收购方为股东创造了价值、降低了成本或者改善了盈利能力④。同样，缺少证据证明银行能够从经营范围的扩张中受益⑤。因此，银行为什么要进行并购的问题依然值得研究，本书的目的也在于此。

这次金融危机过后，人们普遍相信这是银行缺乏有效风险管理带来的恶果，因而对于银行并购可能受到各种非理性心理影响的担忧看起来就更加具有合理性。与传统金融理论银行业并购的研究不

①　张维，王雪莹，熊熊. 公司并购中的"羊群行为"：基于中国数据的实证研究[J]. 系统工程理论与实践，2010，30(3)：456-463.

②　Marty nova, M., Renneboog, L. A Century of Corporate Takeovers：What Have We Learned and Where Do We Stand? [J]. *Journal of Banking and Finance*，2008，32：2148-2177.

③　Hannan, T., Pilloff, S. J. Acquisition Targets and Motives in the Banking Industry [J]. *Journal of Money*, *Credit and Banking*，2009，41 (6)：1167-1187；Hernando, I., Nieto, M. J., Wall, L. D. Determinantsof Domestic and Cross-Border Bank Acquisitions in the European Union [J]. *Journal of Banking & Finance*，2009，33(6)：1022-1032.

④　Berger, P. G., Saunders, A., Scalise, J. M., Udell, G. F. The Effects of Bank Mergers and Acquisitions on Small Business Lending [J]. *Journal of Financial Economics*，1998，50：187-229.

⑤　Berger, P. G., Ofek E. Diversification's Effect on Firm Value [J]. *Journal of Financial Economics*，1995，37(1)：39-65.

同，本书将采用实证分析，从行为金融学的角度对美国银行业的并购动因及并购浪潮的成因进行全面研究，具体探讨银行业并购是否受到了股票市场和管理者非理性心理的驱动。

出于以下几个原因美国银行业为并购的行为金融研究提供了较为完美的验证基础：第一，关注银行业并购，用以前从未用过的数据对可能的并购动因进行研究，让我们不用担心通过数据挖掘观测实证规律的典型批评。因为跨行业数据可能存在未观测到的异方差问题，所以采用单个行业数据更有意义。第二，美国银行业是并购活跃的少数几个行业之一。按每年发生的并购交易数，银行和金融服务行业排列前 5 名。美国的银行业对于其经济发展极为关键，其运营机构数目之多对于其他国家来说也是罕见的，尽管通过并购，这一数字已在持续降低，但仍高于位列第二的英国 5 倍。第三，对银行业，这样一个对于管理人才的竞争可能已经扭曲并高度监管的行业，进行集中研究的另一原因是，银行 CEO 更倾向于通过并购（而不是另找工作的方式）来构建商业帝国、增长个人财富、获得业绩认可度和权力，而不是为股东的直接利益服务。

全书分为五章，具体内容概括如下：

第一章导论，主要介绍了本书选题的背景，就银行业并购的相关理论进行较为全面的回顾和总结，对研究对象进行界定，说明选题的理论与实践意义，并对全书的内容安排进行介绍。

第二章主要研究首席执行官（CEO）的嫉妒心理是否在美国银行业并购浪潮的形成中起到重要作用。由于管理者的收益，尤其是薪酬，往往随着公司规模而增长，嫉妒理论认为一旦有银行发起并购，其他 CEO 的嫉妒心理就会驱动其仓促行动。该研究对嫉妒理论关于收购方（被收购方）规模、交易规模、收购方的价值创造、高层管理者的薪酬增长、并购的可能性以及总收益（协同效应）的六项假设进行了检验。分析显示，在并购浪潮中，前期并购银行的市值与后期并购银行的市值没有显著差别。前期并购与后期并购相比：目标银行的市场价值更小、交易规模更小；前期收购方获得略高的短期股票市场超额回报以及更好的长期市场表现和业绩增长。另外，前期并购带来更高的协同效应以及高层管理者薪酬的更高增长。分析结果表明并购浪潮的首次并购同样受到嫉妒性收入的影响。分析结果对于银行业的监管变革(《瑞格尔-尼尔法案》和《格雷姆-里奇-比利雷法案》)和技术变革的检验具有稳健性。该分析为并购浪潮提供了基于嫉妒心理的解释,并对高层管理人员的薪酬设计具有指导意义。

第三章首次检验了缺乏效率的股票市场错误定价是否推动银行业并购的重要因素以及股票高估的收购方所进行的并购是否与并购完成后高层管理者的财富增长有关。尽管之前的研究分别检验了股票高估和管理者薪酬激励的价值,但是还没有研究在集中研究银行业中同时关注这两个问题。该研究填补了这一空白,并发现高估的收购方:更倾向于使用股票而非现金进行支付;愿意支付与被收购方市价相比更高的相对价格;更可能收购非上市公司;获得较低的并购宣告收益率;未能实现协同效应;股票长期表现较差;高层管理者在并购后获得较高的薪酬增长。关于并购中股票高估和管理者薪酬动机的证明,即收购方试图通过并购利用其暂时高估的股票获益,而不是创造协同收益,对于监管权力所应扮演的角色也具有实际的指导意义。

有很多金融现象很难用期望效用理论来进行理解。为了解决这个问题,第四章主要关注累积前景理论的概率加权内容,检验收购方银行管理者的赌博心理对他们投资(并购)决策的影响。概率加权理论引入了投资者对彩票型偏度收益的偏好,而彩票型偏度收益可能对交易定价和宣告日市场反应产生影响。效仿之前的研究[1],我们构建了一个衡量目标银行股票与彩票主要特征相似程度的指数(即高偏度、高波动性和低股价),并证明在目标银行具有这些赌博(彩票)特征的并购交易中,收购溢价和目标公司宣告日收益率显著更高,而协同效应和收购方的宣告日收益率更低。当收购方银行规模较大、被收购银行规模较小、投资者情绪高于中数和芝加哥

---

① Schneider, C., Spalt, O. G. Acquisitions as Lotteries: Do Managerial Gambling Attitudes Influence Takeover Decisions? [R]. Working Paper, Tilburg University, Tilburg, 2010.

联储全国活动指数（Chicago Fed National Activity Index）为负时，这一现象更加明显。总的来说，分析结果显示赌博心理是驱动银行进行并购的重要因素。

第五章研究了多元化并购战略对于美国银行业并购事件财富效应的影响，同时根据目标银行是否上市对其进行划分来研究是否存在监督效应。对地域多元化和业务多元化并购战略的价值进行研究，有利于我们分析银行业各种组织结构的优劣（比如全能型银行）。相比之前的研究①使用1988—1995年的数据，该章节在更长的时间段提供了一个基于多元化的银行业并购的更广泛的研究。通过对1985—2006年2148起美国国内银行并购事件进行分类研究，作者检验了每组样本在并购宣告前后的超额收益率及协同效应，并发现：地域多元化和业务多元化会减少收购方银行的股东财富，即收购方在并购宣告日前后经历了负的累积超额收益率；而地域多元化和业务多元化则会增加目标银行的公司价值。另外，本研究发现在股票支付的交易中，当目标公司是非上市银行时，收购方的累计超额收益率明显高于收购上市银行，而这一结果与非上市目标公司股权集中所产生的监督效应相一致。一元分析与多元回归的结果具有一致性，并对不同的回归形式具有稳健性。

---

① Delong, G. Stockholder Gains From Focusing versus Diversifying Bank Mergers [J]. *Journal of Financial Economics*, 2001, 59: 221-252.

第二章　嫉妒心理驱动的
银行业并购浪潮

一、关于并购浪潮的研究概述

并购的一个显著特点就是它们经常是一波一波发生的①。在过去的一百多年间，美国总共经历了五次并购浪潮：第一次并购浪潮 1897—1904 年，第二次并购浪潮 1916—1929 年，第三次并购浪潮 1965—1969 年，第四次并购浪潮 1984—1989 年，第五次并购浪潮 20 世纪 90 年代②。一些学者还研究了从 2003—2007 年发生在美国和欧洲的第六次并购浪潮③。为什么形成并购浪潮成为"金融学的十大未解难题"之一呢？（在 Brealey 和 Myer 编写的《公司财务管理》④中指出，"金融学十大未解决的难题"包括：是什么决定着项目风险和现值？风险和回报——我们还错过了什么？有效市场理论

① Weston, J. F. Chung, K. S., Hong, S. E. *Mergers*, *Restructuring and Corporate Control* [M]. Englewood Cliffs, NJ: Prentice Hall International, 1990; Gaughan, P. A. *Mergers*, *Acquisitions*, *and Corporate Restructurings* [M]. New York: John Wiley, 1999.

② Gaughan, P. A. *Mergers*, *Acquisitions*, *and Corporate Restructurings* [M]. New York: John Wiley, 1999.

③ Lipton, M. Merger Waves in the 19th, 20th and 21st Centuries [R]. Working Paper, Osgoode Hall Law School, New York University, 2006; Martynova, M., Renneboog, L. A Century of Corporate Takeovers: What Have We Learned and Where Do We Stand? [J]. *Journal of Banking and Finance*, 2008, 32: 2148-2177.

④ Brealey, R. A., Myers, S. C. *Principles of Corporate Finance* [M]. Burridge, IL: Mcgraw-Hill, 1996: 997.

的预期到底有多重要？盈余管理是否形成表外负债？应该如何解释新型债券和新型市场的成功？应该如何解决支付冲突？一家公司应该承担什么风险？流动性具有什么价值？应该如何解释并购浪潮？应该如何解释金融制度的国际差异？)

尽管学界为并购浪潮的形成提出了很多解释，比如追求经营效率①，增加产品市场需求②，行业的特定变革③，股票市场错误定价④，经济扩张阶段寻求规模经济⑤，以及制度变革⑥。但他们的研究基础却是相互矛盾的理论假设，在用追求规模经济对并购浪潮进行解释时（如 20 世纪 90 年代美国银行的大规模并购）遇到了困难。

令人吃惊的是，银行业的并购浪潮目前还没有成为研究的焦点。本研究首次对银行业的并购浪潮进行了检验，具体来讲，检验其形成是否受到了嫉妒心理的影响。嫉妒可以被看做当一个人与占有某种令人羡慕的东西的其他人进行比较时所产生的羡慕和渴望，

---

① Banerjee, A., Eckard, E. W. Are Mega-Mergers Anticompetitive? Evidence from the First Great Merger Wave [J]. *The* RAND *Journal of Economics*, 1998, 29(4): 803-827.

② Maksimovic, V., Phillips, G. M. The Market for Corporate Assets: Who Engages in Mergers and Asset Sales are the Efficiency Gains? [J]. *Journal of Finance*, 2001, 56: 2020-2065.

③ Mitchell, M. L., Mulherin, J. H. The Impact of Industry Shocks on Takeover and Restructuring Activity [J]. *Journal of Financial Economics*, 1996, 41: 193-229.

④ Rhodes-Kropf, M., Viswanathan, S. Market Valuation and Merger Waves [J]. *Journal of Finance*, 2004, 59 (6): 2685-2718; Shleifer, A., Vishny, R. Stock Market Driven Acquisitions [J]. *Journal of Financial Economics*, 2003, 70: 295-311; Gort, M. An Economic Disturbance Theory of Mergers [J]. *Quarterly Journal of Economics*, 1969, 83: 624-642.

⑤ Lambrecht, B. M. The Timing and Terms of Mergers Motivated by Economies of Scale [J]. *Journal of Financial Economics*, 2004, Vol. 72(1): 41-62.

⑥ Gorton, G., Kahl, M., Rosen, R. Eat or be Eaten: A Theory of Mergers and Firm Size [J]. *Journal of Finance*, 2009, 16: 1291-1344.

也可以被宽泛地定义为一种感觉不如别人、对别人怀有敌意与憎恨的不愉快的和痛苦的感情①。在本研究中，我们主要研究高层管理者在进行并购决策时扮演的角色，并采用收购方管理者收入与同侪最高收入间的差距来定义嫉妒。虽然银行并购浪潮可能是撤销跨州开设分支银行限制，从而促进银行追求规模经济的结果②，但是实证研究却得出了与这一效率理论不同的结果③。表 2-1 显示，美国银行业的并购数目在 1993 年发生了激增，从 1992 年的 96 起增加到了 161 起，直到 2000 年都保持在较高水平。我们计算了 1985—2006 年美国银行业所有的并购数（见附录 A），发现银行的并购活动早在 1990 年就开始增长，还有一些并购集中的月份发生在 1986 年和 1987 年。因此，并购浪潮在 1994 年 9 月 29 日美国国会通过《瑞格尔-尼尔州际银行和分行效率法案》（Riegle-Neal Act）颁布之前已经开始，而该法案通常被引用为美国放松监管从而促进银行业整合的主要证据④。另外，Delong 的实证研究否定了追求规模经济是并购浪潮的形成原因这一观点⑤。

---

① Smith, R. H., Kim, S. H. Comprehending Envy [J]. *Psychological Bulletin*, 2007, 133: 46-64.

② Lambrecht, B. M. The Timing and Terms of Mergers Motivated by Economies of Scale [J]. *Journal of Financial Economics*, 2004, Vol. 72(1): 41-62.

③ Berger, A. N., Hannan, T. H. The Price-Concentration Relationship in Banking [J]. *Review of Economics and Statistics*, 1989, 71: 291-299; Berger, A. N., Hannan, T. H. The Price-Concentration Relationship in Banking: A Reply [J]. *Review of Economics and Statistics*, 1992, 74: 376-379; Berger, A. N. The Profit-Structure Relationshipin Banking—Tests of Market-Power and Efficient Structure Hypotheses [J]. *Journal of Money, Credit and Banking*, 1995, 27: 403-431.

④ Cho, H. K., US Banking Consolidation and the Volatility of Emerging Market Lending: Role of Deregulatory Initiatives [J]. *Asia Pacific Journal of Economics and Business*, 2010, 14: 13-19. Jones, K., Critchfield, T. Consolidation in the US Banking Industry: Is the Long, Strange Trip About to End? [J]. FDIC *Banking Review*, 2005, 17(4): 31-61.

⑤ Delong, G. Stockholder Gains From Focusing versus Diversifying Bank Mergers [J]. *Journal of Financial Economics*, 2001, 59: 221-252.

表 2-1 美国银行并购宣告的描述性统计

本表报告了对整个样本的描述性统计(包括 1985—2006 年所有的 2148 起并购)。面板 A 按年份报告了银行的并购宣告事件数,股票支付的事件数,并购上市目标公司的事件数,跨州并购事件数,名义和通货膨胀调整后的平均交易额和双方市场价值。"通货膨胀调整"指以 2005 年作为基年,采用美国商务部经济分析局构造的国内生产总值折算指数(Gross Domestic Product;Implicit Price Deflator)对交易价值和双方市场价值进行调整。面板 B 报告了以支付方法、目标银行种类、地域多样化和业务多样化划分的各类银行并购数。

面板 A：频度描述

年份	年并购数目	股票支付	上市目标公司	非上市目标公司	跨州并购	平均交易规模 (百万美元)		收购方的平均市价 (百万美元)		目标银行的平均市值 (百万美元)	
						名义	通货膨胀调整后	名义	通货膨胀调整后	名义	通货膨胀调整后
1985	18	12	11	7	9	96.17	155.91	NA	NA	NA	NA
1986	93	48	23	70	29	110.25	174.75	860.89	1364.56	307.57	487.52
1987	53	31	22	31	23	54.34	83.63	656.99	1011.11	176.42	271.51
1988	39	17	25	14	16	51.93	77.07	1084.1	1608.84	144.59	214.58
1989	65	39	34	31	21	62.38	89.38	1286.72	1843.57	201.62	288.87
1990	60	19	40	20	9	17.24	23.75	242.62	334.22	295.54	407.12
1991	66	39	39	27	22	197.61	263.24	1566.45	2086.68	269.8	359.4
1992	96	61	57	39	37	99.01	129.07	1866.97	2433.71	413.16	538.58
1993	161	95	85	76	51	91.43	116.62	2209.89	2818.77	310.21	395.68

续表

年份	年并购数目	股票支付	上市目标公司	非上市目标公司	跨州并购	平均交易规模（百万美元）		收购方的平均市价（百万美元）		目标银行的平均市值（百万美元）	
						名义	通货膨胀调整后	名义	通货膨胀调整后	名义	通货膨胀调整后
1994	195	106	102	93	71	45.68	57.03	1624.04	2027.67	445.9	556.72
1995	205	88	137	68	57	238.34	291.69	2289.86	2802.42	496.44	607.56
1996	207	69	175	32	43	46.77	56.23	2215.41	2663.42	460.75	553.93
1997	190	122	122	68	71	408.17	482.08	2962.03	3498.36	799.88	944.71
1998	205	125	126	79	56	696.83	813.52	2713.81	3168.27	942.03	1099.78
1999	152	71	117	35	38	242.58	279.07	5907.92	6796.65	1410.62	1622.82
2000	130	45	114	16	34	398.27	447.98	7796.45	8769.61	1179.89	1327.17
2001	71	22	58	13	16	414.86	456.52	3916.51	4309.82	2994.44	3295.16
2002	22	6	13	9	6	31.97	34.64	3326.41	3604.54	95.38	103.35
2003	37	12	22	15	11	1466.5	1555.08	4120.34	4369.21	769.22	815.68
2004	40	16	22	18	12	306.26	315.31	4816.64	4958.91	1371.37	1411.88
2005	28	12	10	18	13	195.23	194.33	5732.18	5705.88	424.17	422.22
2006	25	8	15	10	16	170.54	164.37	12164.84	11724.47	264.16	254.6
总计	2148	1063	1369	779	661						
平均						247.38	284.6	3302.91	3709.56	655.86	760.9

面板 B：各类并购的平均规模

并购种类	并购数目	平均交易规模（百万美元）	收购银行的平均市值（百万美元）	相对交易规模（交易规模/收购方市场价值）
所有并购	2148	19.4	650.7	2.98%
股票支付的并购	1063	44.9	768.4	5.84%
现金支付的并购	1085	6.89	308.8	2.23%
收购上市公司的并购	1369	22.01	1261.91	1.74%
收购非上市公司的并购	779	17.95	395.33	4.54%
地域和活动多样化并购	143	65	1617.5	4.02%
地域和活动集中化并购	1286	9.85	302.38	3.26%
地域集中化和业务多样化并购	199	31.78	249.3	12.75%
地域多样化和业务集中化并购	520	50.4	1786.79	2.82%

来源：国内生产总值折算指数见 http://www.bea.gov/national/nipaweb/.

对并购浪潮的股票市场错误定价理论解释，认为与熊市相比，在牛市中更可能出现错误定价。Goel 和 Thakor 认为错误定价在牛市和熊市中发生的可能性相同，而且当收购方都在寻找被低估的目标公司时，并购浪潮也可能在熊市中发生①。另外，错误定价理论对并购的解释根植于并购交易的相关价值或对并购价值收益的认知上，而不是并购交易间的横向因果关系。因此，与嫉妒理论不同，它没有从目标公司规模和收购方回报角度对并购浪潮中的择时行为作出任何解释。最后，Hartford 证明并购浪潮和市场的择时效应无关，认为市场流动性可能会引发并购浪潮。尽管市场流动性可能像股价高估理论一样值得研究，但实证观察并未解释为什么市场流动性在牛市中更高，以及为什么这种流动性能够帮助触发并购浪潮②。这就提出了这样一个问题：在并购浪潮的传播机制与市场错误定价无关的行业中，并购浪潮的根源是什么？这些问题驱动着我们进行本次研究：是否管理者因为薪酬差异而产生的嫉妒心理推动着美国银行业并购浪潮的形成呢？

二、嫉妒心理与美国银行业的并购浪潮

尽管在社会学包括经济学研究中，与嫉妒心理相关的问题已经得到了广泛关注，但金融学对嫉妒的研究仍处于初级阶段。Goel 和 Thakor 提出了一个用来描述公司金融环境中代理人因嫉妒心理形成偏好的理论框架③。也就是说，一个心怀嫉妒的人的效用，与他/她自己的消费和占有的资源成正比，而与其他人的成反比。他们为研究集中和分散的投资预算系统中的投资扭曲问题提供了一个新的视角，发现当资本集中分配时，嫉妒往往带来公司"社会主义"，而在分散化的资本预算体系中嫉妒往往导致过度投资。因

---

① Goel, A. M., Thakor, A. V. Do Envious CEOs Cause Merger Waves? [J]. *Review of Financial Studies*, 2010, 23: 487-451.

② Harford, J. What Drives Merger Waves? [J]. *Journal of Financial Economics*, 2005, 77: 529-560.

③ Goel, A. M., Thakor, A. V. Green with Envy: Implications for Corporate Investment Distortions [J]. *Journal of Business*, 2005, 78: 2255-2287.

此，嫉妒心理往往会降低公司价值。Goel 和 Thakor 还提出并实证证明实业界(非金融行业)CEO 之间的嫉妒心理可能导致并购浪潮，即使促成并购浪潮首次并购发生的刺激完全是这个收购方特定的①。Demarzo，Kaniel 和 Kremer 构造了一个类似的羊群模型来说明同侪间的嫉妒心理能够带来金融泡沫②。也就是说，CEO 的嫉妒心理"通过同一群体中的 CEO 嫉妒其他更大公司的规模和薪酬(这与首先进行并购公司的 CEO 有关)，导致了并购活动的关联性"③。他们的分析预测证明了，相对于后期并购，前期并购的回报较高，目标公司较小，并且带来收购方高管较高的薪酬增长。因此，他们认为嫉妒是公司并购浪潮背后的关键推动力。另有学者检验了地域是否影响管理者的薪酬，发现嫉妒是 CEO 收入呈现地域性集中的最可行解释④；另有研究基于社会网络理论证明了同侪的影响会导致群体性行为，并使用同侪嫉妒来解释公司政策⑤。

尽管 Goel 和 Thakor 证明嫉妒导致管理者从事并购活动，从而控制更大的公司，得到更高薪酬，并导致更多本行业的并购⑥，但是银行业并购浪潮的形成是否与嫉妒—收入(Envy-pay)有关依然没有得到回答。另外，关注银行业并购让我们用以前从未用过的数据对 CEO 的嫉妒心理进行研究，从而克服了通过数据挖掘观测实证

---

① Goel, A. M., Thakor, A. V. Do Envious CEOs Cause Merger Waves? [J]. *Review of Financial Studies*, 2010, 23：487-510.

② Demarzo, P. M., Kaniel, R., Kremer, I. Relative Wealth Concerns and Financial Bubbles [J]. *Review of Financial Studies*, 2008, 21：19-50.

③ Goel, A. M., Thakor, A. V. Do Envious CEOs Cause Merger Waves? [J]. *Review of Financial Studies*, 2010, 23：487-510.

④ Bouwman, C. H. S. The Geography of Executive Compensation [R]. Working Paper, Department of Banking & Finance, Case Western Reserve University; Wharton Financial Institutions Center, 2011.

⑤ Shue, K. Executive Networks and Firm Policies：Evidence from the Random Assignment of MBA Peers [R]. Working Paper, Harvard University, 2011.

⑥ Goel, A. M., Thakor, A. V. Do Envious CEOs Cause Merger Waves? [J]. *Review of Financial Studies*, 2010, 23：487-510.

规律的典型批评。为了理解 CEO 的嫉妒心理对并购浪潮的影响，采用单个行业而不是采用可能具有未观测到的异方差的跨行业数据更有指导意义。还有，美国银行业为并购浪潮的嫉妒心理解释提供了完美的验证基础：第一，不同银行的 CEO 之间薪酬差别非常大，比如主要从事批发银行业务的全球化银行和地区性银行的 CEO 之间薪酬相差数倍。第二，银行 CEO 的薪酬通常高于其他行业。2007 年六大银行控股公司 CEO 的平均薪酬为 2600 万美元，是美国中等家庭收入的 516 倍，是财富 50 非银行公司 CEO 平均总收入的 2.3 倍。一项华尔街日报最近的分析发现，前 25 家上市银行和证券公司的收入及福利达到新高，达到 1355 亿美元①。第三，美国银行业是并购活跃的少数几个行业之一。按每年发生的并购交易数，银行和金融服务行业在美国全行业排列前 5 名。1990 年，美国的国内存款总额中六大金融机构占 9%，而到 2010 年 12 月 31 日则上升到了 36%②。另外，美国的银行业对于其经济发展极为关键，其运营数目之多对于其他国家来说也是罕见的。尽管通过并购，这一数字已在持续降低，但仍高于位列第二的英国 5 倍。结果，美国银行业的大多数资产集中于大银行手中，而且银行 CEO 的收入高度分化，由薪酬产生的嫉妒心理就成为银行业并购浪潮的可行解释。对这样一个对于管理人才的竞争可能已经扭曲，并高度监管的银行业，进行集中研究的另一原因是，银行 CEO 更倾向于通过并购（而不是另找工作的方式）来构建商业帝国、增长个人财富、获得业绩认可度和权力，而不是为股东的直接利益服务。③ 因而，由薪酬产生嫉妒心理的 CEO 可能认为并购是增长其薪酬（即赶上他们高薪酬同侪）、达到行业领先的最有效途径。值得注意的是，权力和声誉正在上升的 CEO 即便在其退休之后，也会因此而

---

① 参见 http：//www. bloomberg. com/news/2011-06-13/small-banks-big-banks-giant-differences-robert-g-wilmers. html［EB/OL］.

② 参见美国联邦存款保险公司（FDIC）的国家总结表 http：//www2. fdic. gov/sod/sodSummary. asp？barItem=3［EB/OL］.

③ 参见 http：//www. ceps. eu/files/book/1537. pdf［EB/OL］.

受益。Coates 的研究显示，在具有较强监管和依赖政府的行业，比如银行，11% 的 CEO 在退休之后能获得政府职位①。

最后，关于并购浪潮的嫉妒假设还有一个未解决的问题，即并购浪潮首次并购的发生是否出于嫉妒心理。Goel 和 Thakor 认为首次并购在具有外生性的情况下检验嫉妒心理是否导致了并购浪潮，但他们采用的跨行业的样本很难检验首次并购所包含的心理因素②。因而，采用更为同质的样本让我们能够对首次并购的嫉妒心理假设进行检验是我们研究银行业的又一个原因。

三、本研究的实证假设

（一）研究思路

为了回答嫉妒心理是否促成了美国银行业的并购浪潮这一问题，本研究采用了并购集中程度（Clusteredness）的概念③和去趋势计算方法④来定义银行业并购浪潮。本研究的主要假设来自 Geol 和 Thakor 的理论模型⑤，具体来说，对银行业进行关于目标公司规模、宣告日回报率和薪酬增长 3 项假设的检验。另外，还会对关于收购方规模、协同效应和收购可能性的 3 项假设，以及收购方的长期价值创造这些因素进行检验。实证结果显示，银行业的并购浪潮受到了管理者嫉妒心理的驱动，而且对于其他的可能解释（监管

---

① Coates IV, J. C. Corporate Politics, Governance, and Value Before and After Citizens United [R]. Working Paper, Harvard Law School, 2011.

② Goel, A. M., Thakor, A. V. Do Envious CEOs Cause Merger Waves? [J]. *Review of Financial Studies*, 2010, 23: 487-510.

③ Harford, J. What Drives Merger Waves? [J]. *Journal of Financial Economics*, 2005, 77: 529-560; Yan, J. Merger Waves: Theory and Evidence [R]. Working Paper, University of Pennsylvania, 2009.

④ Bouwman, C. H. S., Fuller, K. P., Nain, A. Market Valuation and Acquisition Quality: Empirical Evidence [J]. *Review of Financial Studies*, 2009, 22: 633-679.

⑤ Goel, A. M., Thakor, A. V. Do Envious CEOs Cause Merger Waves? [J]. *Review of Financial Studies*, 2010, 23: 487-510.

放松和技术变革理论)以及检验方法的不同表述都具有稳健性。在分析中我们对并购决策的内生性进行了控制,并证明高级管理者的嫉妒心理对于并购的决定具有显著影响。

本研究从以下几个方面对当前的研究作出了贡献。第一,我们的发现支持了 CEO 的嫉妒心理,即当 CEO 与同群体中的其他 CEO 相比不如别人时的心理感受,与银行业并购浪潮的形成有关。第二,相对于之前的研究,我们的研究更为微观:我们采用了其他研究所忽略的一个更为独特的并购样本和更多的控制变量。这些优势使得我们能够克服之前研究的局限性,从 CEO 嫉妒心理的角度来研究银行并购浪潮。第三,Goel 和 Thakor① 的研究正式提出了 CEO 嫉妒心理和并购浪潮间的联系,适用于我们的研究并在解释银行并购浪潮方面获得了很好的实证支持。第四,本研究通过强调同侪中 CEO 的相对消费偏好为管理者的薪酬研究作出了贡献。如果 CEO 的嫉妒心理推动着银行并购,使其获得更高的薪酬和控制更大的银行,我们的研究指出,嫉妒心理作为其致命要害,应该反映在 CEO 的薪酬上。第五,将我们的注意力集中于一个特定行业的另一个优点在于,能够最小化跨行业的干扰,并为未来研究提供特定行业的见解。第六,采用以前研究未采用过的数据,使我们可以避免仅通过数据挖掘获取实证规律的通常批评。第七,理解嫉妒心理如何影响管理者的决策,能够帮助我们理解以羡慕和渴望为特征的人类心理情绪如何体现在公司行为之中,让我们能够更深刻地洞见资产定价的驱动因素。

(二)关于嫉妒心理的实证假设

Aristotle 将嫉妒定义为"其他人的好运所带来的痛苦"②。Kant 将其定义为"不愿意看到其他人的福利好过自己,因为我们用来衡

---

① Goel, A. M., Thakor, A. V. Do Envious CEOs Cause Merger Waves? [J]. *Review of Financial Studies*, 2010, 23: 487-510.

② Aristotle, W. R. Rhetoric [M]. Translated by Roberts, W. R., Mineola, NY: Dover Publications, 2004: 1180b.

量自己幸福程度的标准不是自己福利的内在价值，而是将其与其他人比较的结果"①。Parrott 和 Smith 将嫉妒定义为"当一个人缺乏相对于他人（感觉到的）的优越感、成就感或者财产时，或渴望得到或希望别人不具备时"所产生的情绪②。最近的研究已经以生物学、心理学、社会学以及经济学为基础对基于嫉妒心理的偏好进行了研究。嫉妒心理的生物学基础来自于进化论，并且嫉妒心理与最大化"繁殖成功"偏好相关联③。心理学理论则认为，工作投入与工作产出之间的不一致以及由此产生的行为，形成了嫉妒理论的心理基础④。从社会学的角度来看，当我们观察其他人的消费时，往往会嫉妒跟我们相似的人⑤，该观点得到了试验室研究的支持⑥。已有相当的经济学文献对各种形式的相对消费偏好进行了研究⑦。还有一些研究则采用由嫉妒心理形成的偏好来解释各种经济现象，如竞

———————————

① Kant, I. *The Metaphysics of Morals* [M]. Translated by Gregor. M. J., Cambridge, England: Cambridge University Press, 1996.

② Parrott, W. G., Smith, R. H. Distinguishing the Experiences of Envy and Jealousy [J]. *Journal of Personality and Social Psychology*, 1993, 64: 906-920.

③ Robson, A. J. The Biological Basis of Economic Behavior [J]. *Journal of Economic Literature*, 2001, 39: 11-33.

④ Adams, J. S. Toward an Understanding of Inequity [J]. *Journal of Abnormal and Social Psychology*, 1963, 67: 422-436.

⑤ Elster, J. Envy In Social Life [M]//Zeckhauser, R. J., eds. *Strategy and Choice*. Cambridge, MA: MIT Press, 1991: 49-82.

⑥ Salovey, P., Rodin, J. Some Antecedents and Consequences of Social Comparison Jealousy [J]. *Journal of Personality and Social Psychology*, 1984, 47: 780-492.

⑦ Fehr, E., Schmidt, K. M. A Theory of Fairness, Competition, and Cooperation [J]. *Quarterly Journal of Economics*, 1999, 114: 817-868; Bolton, G. E., Ockenfels, A. ERC: A Theory of Equity, Reciprocity, and Competition [J]. *American Economic Review*, 2000, 90: 166-193; Charness, G., Rabin, M. Understanding Social Preferences with Simple Tests [J]. *Quarterly Journal of Economics*, 2002, 117: 817-869.

争行为①，非自愿失业②，累进税制③，工资紧缩④，次优创新⑤和公司内部分配扭曲，如公司投资的"社会主义"⑥。Aristotle 通过实验证明，个体往往倾向于将他们的财富与"时间、地点、年龄或者"名气相近"的人进行比较⑦，而且认为不比别人差的感觉，相对于好过别人的感觉，更为重要⑧。许多经济学的研究认为因为人们追求公平，所以希望减少不平等⑨。有研究通过博弈分析发现追求公平（或避免不公平）的心理驱动着人们的行为：当有机会时，合作者往往会惩罚那些自私的不合作者，即使惩罚者需要为

① Clark, A. E., Oswald, A. Comparison-Concave Utility and Following Behavior in Social and Economic Settings [J]. *Journal of Public Economics*, 1998, 70: 133-150.

② Akerlof, G. A., Yellen, J. L. The Fair Wage-Effort Hypothesis and Unemployment [J]. *Quarterly Journal of Economics*, 1990, 105: 255-283.

③ Banerjee, A. V. Envy [M]//Dutta, B., Gangopadhyay, S., Mukherjee, D., Ray, D., eds. *Economic Theory and Policy: Essays in Honour of Dipak Banerjee*. Oxford, England: Oxford University Press, 1990: 91-111.

④ Frank, R. H. Are Workers Paid Their Marginal Products? [J]. *American Economic Review*, 1984, 74: 549-571; Lazear, E. P. Pay Equality and Industrial Politics [J]. *Journal of Political Economy*, 1989, 97: 561-580; Levine, D. I. Cohesiveness, Productivity, and Wage Dispersion [J]. *Journal of Economic Behavior and Organization*, 1991, 15: 237-255.

⑤ Mui, V. L. The Economics of Envy [J]. *Journal of Economic Behavior and Organization*, 1995, 26(3): 311-360.

⑥ Goel, A. M., Thakor, A. V. Green with Envy: Implications for Corporate Investment Distortions [J]. *Journal of Business*, 2005, 78: 2255-2287.

⑦ Aristotle, W. R. *Rhetoric* [M]. Translated by Roberts, W. R., Mineola, NY: Dover Publications, 2004: 1388a.

⑧ Martin, J. Relative Deprivation: A Theory of Distributive Injustice for an Era of Shrinking Resources [M]//Cummings, L. L., Staw, B. M., eds. *Research in Organizational Behavior: An Annual Series of Analytical Essays and Critical Reviews*. Greenwich, CT: JAI Press, 1981, 3: 53-107.

⑨ Goel, A. M., Thakor, A. V. Green with Envy: Implications for Corporate Investment Distortions [J]. *Journal of Business*, 2005, 78: 2255-2287.

此而支付成本①。另外，有学者对相对消费偏好进行了检验②，用简单二元决策的方法和个人报告的幸福感来确定每个人对获得社会优化、公平或者相对有利地位的渴望程度，但试验结果显示人们对于相对收入并不怎么关心③。Charness 和 Rabin 发现，与降低收入差距相比，个体更希望通过自我牺牲来提高所有人，尤其是低收入者的收入来增加社会福利。个体同样有互惠的动机，但是当其他人不愿作出牺牲时，他们也变得不愿意作出牺牲来得到公平结果，有时还会惩罚不公平的行为④。

Zizzo 和 Oswald 对效用的相互依赖性进行了实验室研究，发现参与者甚至以放弃自己的现金为代价来减少他人的现金⑤。另外，很多人，尤其是相对劣势的人，会在乎其他人是否"值得"拥有自己的金钱，而"值得"本身并不仅仅是相对收入的问题。心理因素同样在形成分配冲突、阻碍帕累托改进创新的过程中起到重要作用⑥。当潜在帕累托改进型的经济创新带给一部分人的益处大于另一部分人时，该创新则不太可能被采纳。总的来说，大多数经济研究发现个体总是避免比别人差的情况出现。

---

① Fehr, E., Schmidt, K. M. A Theory of Fairness, Competition, and Cooperation [J]. *Quarterly Journal of Economics*, 1999, 114：817-868.

② Charness, G., Grosskopf, B. Relative Pay offs and Happiness：An Experimental Study [J]. *Journal of Economic Behavior and Organization*, 2001, 45：301-328；Charness, G., Rabin, M. Understanding Social Preferences with Simple Tests[J]. *Quarterly Journal of Economics*, 2002, 117：817-869.

③ Charness, G., Grosskopf, B., Relative Payoffs and Happiness：An Experimental Study [J]. *Journal of Economic Behavior and Organization*, 2001, 45：301-328.

④ Charness, G., Rabin, M., Understanding Social Preferences with Simple Tests [J]. *Quarterly Journal of Economics*, 2002, 117：817-869.

⑤ Zizzo, D. J., Oswald, A. Are People Willing to Pay to Reduce Others' Incomes [J]. *Annales d' Economie Et De Statistique*, 2001：63-64, 39-62.

⑥ Cason, T. N., Mui, V. L. Fairness and Sharing in Innovation Games：A Laboratory Investigation [J]. *Journal of Economic Behavior and Organization*, 2002, 48：243-264.

　　那么人们又嫉妒谁、嫉妒什么呢？之前的研究显示人们并非嫉妒所有的人，而是嫉妒那些看上去和他们背景相似却具有某方面优势的人①。这就意味着在一个群体中由于嫉妒导致的行为比在群体之外表现得更强烈，也就是说，王子嫉妒国王，崭露头角的年轻演员嫉妒明星。内部交易的被告人 Raj Rajartnam 在描述他的朋友 Rajat Gupta（曾是麦肯锡的 CEO 和高盛的集团董事）时说，他想和更大的鱼一起游泳，比如 Henry Kravis，"我对当时状况的分析是，他仰慕 Kravis，并想成为那个圈子中的一员"②。

　　在本研究中，银行管理者倾向于嫉妒同一群体中高薪的 CEO。银行 CEO 往往具有本行业的特定技能，不太可能在银行业之外找到更好的工作机会，所以他们更可能嫉妒获得更高收入的银行 CEO。并且，由于 CEO 的薪酬与公司规模直接相关③，心怀嫉妒的 CEO 就把并购看做扩大银行规模，从而增加薪酬的捷径。有学者研究了 1986—1995 年银行并购对管理者薪酬的影响，发现即便将发生在宣告日的股票价格下降部分从并购后的薪酬增长中剔除，并购也能够显著增加管理者的薪酬④。CEO 的偏好以绝对消费和相对消费为基础，而相对消费偏好体现为同群体中的嫉妒心理⑤。除了通过扩张公司规模来实现薪酬增长外，管理层还可能以此来服务于自己的各种个人利益，比如增加手中控制的资

---

① Smith, R. H., Kim, S. H. Comprehending Envy [J]. *Psychological Bulletin*, 2007, 133：46-64；Shue, K. Executive Networks and Firm Policies：Evidencefrom the Random Assignment of MBA Peers [R]. Working Paper, Harvard University, 2011.

② 参见 http：//blogs. wsj. com/wealth/2011/04/27/why-the-rich-envy-the-super-rich/ [EB/OL].

③ Gabaix, X., Landier, A. Why has CEO Pay Increased So Much? [J]. *Quarterly Journal of Economics*, 2008, 123：49-100.

④ Bliss, R. T., Rosen, R. J. CEO Compensation and Bank Mergers [J]. *Journal of Financial Economics*, 2001, 61：107-138.

⑤ Goel, A. M., Thakor, A. V. Do Envious CEOs Cause Merger Waves? [J]. *Review of Financial Studies*, 2010, 23：487-510.

源、提高其社会地位①、降低其失业风险、创造中层管理者的晋升机会和加强管理者的不可替代性②。构建商业帝国的动机显然体现着管理者对社会地位、权利、薪酬和名誉的渴望③。公司扩张和CEO 收入显著相关④。所有这些通过并购获得的收益都可以提高CEO 的效用，并招致同群体中其他 CEO 的嫉妒。一位退伍军人薪酬咨询师说，"很多管理者都希望成为优胜者，如果其他人得到了某样东西，他也想得到同样多(如果不是更多)"⑤。

因此，公司规模或者市场价值，是衡量管理者嫉妒性偏好一个很好的指标；也就是说，一家银行的 CEO 总是嫉妒一家更大银行的 CEO。一位 CEO 的效用随着他/她的公司规模相关收益(尤其是在职消费)高于他人幅度的增加而增加。尽管我们认为银行 CEO 因为嫉妒更大的银行而导致了并购浪潮，他们当然也可能会嫉妒他们职业圈之外其他人的地位和薪酬，比如职业运动员⑥。由于我们感兴趣的是银行业并购浪潮是否受到了 CEO 薪酬引起的嫉妒心理的影响，所以假定银行业并购浪潮更少地受到职业运动员和/或者银

---

① Stulz, R. Managerial Discretion and Optimal Financing Policies [J]. *Journal of Financial Economics*, 1990, 26: 3-27.

② Shleifer, A., Vishny, R. Management Entrenchment—The Case of Manager-Specific Investments [J]. *Journal of Financial Economics*, 1989, 25: 123-139.

③ Baumol, W. J. *Business Behavior, Value, and Growth* [M]. Macmillan: New York, 1959; Marris, R. *The Economic Theory of "Managerial" Capitalism* [M]. London: Macmillan, 1964; Williamson, O. E. *Markets and Hierarchies: Analysis and Antitrust Implications*, *A Study in the Economics of Internal Organization* [M]. New York: The Free Press, 1975; Jensen, M. C. Agency Cost of Free Cash Flow, Corporate Finance, and Takeovers [J]. *American Economic Review*, 1986, 76: 323-329.

④ Bebchuck, L., Grinsteing, Y. Firm Expansion and CEO Pay [R]. Working Paper, Harvard University, 2009.

⑤ 参见 http://hbr.org/specialcollections/insight/ceo-forum[EB/OL].

⑥ Bouwman, C. H. S. The Geography of Executive Compensation [R]. Working Paper, Department of Banking & Finance, Case Western Reserve University; Wharton Financial Institutions Center, 2011.

行业之外的 CEO 高薪的影响在逻辑上似乎更为合理。

1. 前期与后期收购方比较

如前所述，本研究的主要假设是嫉妒心理驱动的偏好导致了银行业并购的逐步形成。CEO 由于相对收益而相互嫉妒，而且较大银行的 CEO 往往获得较高的收入，那么如果有一位银行的 CEO 因为银行规模的增加而获得了更高的收入，就会诱使其他心怀嫉妒的 CEO 通过并购来实现规模扩张而不是价值增长，从而掀起一轮并购浪潮。

在 Goel 和 Thakor 的模型中，并购浪潮的首次并购始于某一位受到公司特有事件刺激的 CEO。该并购增加了公司规模和 CEO 的收益。正如他们所描述的那样："当不存在嫉妒心理时，如果这个刺激完全是公司特定的，这个故事将就此结束。然而，嫉妒心理的存在会驱使该群体中的其他 CEO 嫉妒该大公司，从而和最早进行并购的 CEO 产生联系"①。

由于一个人往往嫉妒看起来跟自己相似和最接近的人，CEO 则嫉妒同一群体/参照组中其他 CEO 所具有的优势。根据 Goel 和 Thakor 的理论，我们假设在每一次并购浪潮中所有收购方具有相同规模，从而前期和后期并购银行的 CEO 属于同一参照组。因此，前期的收购方应该与后期的收购方具有相同的规模。这就形成了我们的第一项假设：

H1：并购浪潮中，前期收购方与后期收购方的市场价值没有显著差别。

这一假设背后的逻辑是，如果前期收购方比后期收购方小，并购活动则不太可能提升它们的市场价值，从而招致后期收购方的嫉妒心理。因此，在前期收购方比后期收购方小的情况下，并购浪潮不太可能发生。

2. 前期和后期目标公司(交易)

并购方会更倾向于选择小公司还是大公司？研究显示，基于以

---

① Goel, A. M., Thakor, A. V. Do Envious CEOs Cause Merger Waves? [J]. *Review of Financial Studies*, 2010, 23：487-510.

下两个原因小公司对收购方更具吸引力。第一，绩效研究显示，小公司通常具有平均水平或者更好的业绩，大公司通常收购较小的公司①。小公司带来的较好业绩来自于它们的激励结构、较短的决策时滞、较低的工资和较高的单个风险或者收购溢价②。20世纪80年代小公司更快的增长速度"来自于需求的多样性、技术的小型化和对不确定情况下灵活性的需要"③。

第二，收购小公司面临更小的整合成本，因而获得更高的公司价值。并购后CEO的薪酬变化与从并购中获得的期望收益正相关，而薪酬结构的其他变化与管理者自身的生产力直接相关④。由于整合较大目标公司的高成本所带来的负效用，本章假设CEO从并购中获得的效用随着收购方获得的价值增长而增长，而随着目标公司的规模增长而降低⑤。

因此，我们假设收购银行的CEO偏好规模更小、能带给收购方更大收益的目标公司。由于小的目标公司带来更高的价值收益，往往在并购浪潮中更早地成为收购目标。当收购较大目标公司带来薪酬增长所产生的效用增加足以"超越整合一家较大目标公司所产生的效用损失"⑥时，在前期未被收购的较大目标公司则可能在并购浪潮的后期被嫉妒心理更强的CEO所收购。因此我们假设：

H2a：并购浪潮的前期并购与后期并购相比，被收购方的规模

① Levy, D. T. Comment on Small Firm and Merger Mania [J]. *Small Business Economics*, 1993, 5: 319-322.

② Aiginger, K., Tichy, G. Small Firms and the Merger Mania [J]. *Small Business Economics*, 1991, 3: 83-101.

③ Aiginger, K., Tichy, G. Small Firms and the Merger Mania [J]. *Small Business Economics*, 1991, 3: 83-101.

④ Anderson, C. W., Becher, D. A., Campbell, T. L. Bank Mergers, the Market for Bank CEOs, and Managerial Incentives [J]. *Journal of Financial Intermediation*, 2004, 13: 6-27.

⑤ Goel, A. M., Thakor, A. V. Do Envious CEOs Cause Merger Waves? [J]. *Review of Financial Studies*, 2010, 23: 487-510.

⑥ Goel, A. M., Thakor, A. V. Do Envious CEOs Cause Merger Waves? [J]. *Review of Financial Studies*, 2010, 23: 487-510.

更小。

H2b：并购浪潮的前期并购与后期并购相比，名义交易规模和实际交易规模都更小。

3. 前期收购方与后期收购方的业绩比较

我们已讨论得出，与并购浪潮后期的收购方相比，前期收购方可能从它们的收购中受益更多。同时，后期收购方因努力追赶它们的同组竞争者而变得更加嫉妒，更可能作出非理性的决定。因此，预计后期收购方的长期表现不如前期收购方，而这些业绩收益或损失将体现在财务数据和股票价值上。

H3：并购浪潮的前期并购与后期并购相比，收购方的绩效更好。

本研究采用 3 日累计超额收益率 CAR（-1，+1）来测量收购方银行的短期股票表现，用 12 个月和 36 个月的持有超额回报率［BHAR（+1，+12）和 BHAR（+1，+36）］来测量长期股票表现。对 CARs 和 BHARs 的计算均采用市场模型。当采用 Fama-French 三因素模型计算 CARs 和 BHARs 时，我们得出了相似的结果，在此不再一一列出。这样，我们得以检验市场的初始反应是否与收购方的长期股票表现相一致。我们还分析了收购方的 1 年和 3 年超额资产收益率（AROAs），论证是否与股票的长期表现相一致。我们对 AROA 的构造得到了之前研究①的启发，采用营运收入超额收益率（AROA）来分析收购方的长期经营业绩。我们先提取每家收购方并购前 1 年到并购后 1（3）年的资产回报率（ROA）。然后，我们剔除并购当年的数据，再用并购后的 ROA 减去并购前 1 年的 ROA，得到的差值即为 AROA，用于衡量并购前后的业绩变化。

4. 前期并购和后期并购协同效应比较

在并购浪潮的前期，对于收购方来说，存在较少竞争和更多的选择。因而，前期收购方倾向于挑选能够带来高协同收益的目标公司。因此，我们认为前期并购可能带来更高的协同效应。

---

① Bouwman, C. H. S., Fuller, K. P., Nain, A. Market Valuation and Acquisition Quality：Empirical Evidence ［J］. *Review of Financial Studies*，2009，22：633-679.

H4：并购浪潮的前期并购与后期并购相比，产生更高的协同效应。

由于宣告日前后股票市场估值的变化可以看做是来自于组织效率、产品和地域多样化、成本节约以及收入增长的预期收益①。本章采用并购宣告日目标公司和收购方公司的市场价值加权平均收益②来计算并购的预期收益（协同效应），通过比较前期和后期的协同效应来检验 H4。

5. 高级管理层的薪酬变化：前期和后期收购方比较

至此，我们的分析显示嫉妒心理带来的银行业的相继并购决策，使其因发生在浪潮的不同时期而具有不同的并购收益。最重要的是，追求较高协同效应的并购对 CEO 的薪酬产生较大的正面影响。具体来讲，前期并购较大的协同效应给作出该决策的高级管理者带来更高的薪酬增长。因此得出第五个假设：

H5：与并购浪潮中的后期并购相比，前期并购银行的 CEO 及高级管理团队在交易完成后的薪酬增长更高。

并购通常是通过整个高级管理层的努力而完成：他们为整个决策过程负责，并因并购的协同效应而得到更高的薪酬。因此，与 Goel 和 Thakor 一样，我们检验的是整个高层管理团队，而不仅是银行 CEO 的薪酬增长。

根据嫉妒理论，嫉妒性收入（即具有最高收入的银行高层管理者与进行收购的同侪之间的收入差距）越高，拥有较低收入的管理者就越有可能通过并购来追赶最高收入的管理者。这就产生了我们

---

① Houston, J., Ryngaert, M. The Overall Gains from Large Bank Mergers [J]. *Journal of Banking Finance*, 1994, 18: 1155-1176; Delong, G. Stockholder Gains From Focusing versus Diversifying Bank Mergers [J]. *Journal of Financial Economics*, 2001, 59: 221-252; Houston, J., James, C., Ryngaert, M. Where do Merger Gains Come From? Bank Mergers from the Perspective of Insiders and Outsiders [J]. *Journal of Financial Economics*, 2001, 60: 285-331.

② Anderson, C. W., Becher, D. A., Campbell, T. L. Bank Mergers, the Market for Bank CEOs, and Managerial Incentives [J]. *Journal of Financial Intermediation*, 2004, 13: 6-27.

的最后一项假设：

H6：引起嫉妒心理的最高收入的银行高层管理者与进行收购的管理者之间的收入差距越大，拥有较低收入的管理者就越有可能进行并购。

具体来讲，为了更好地解释嫉妒心理的作用，我们将检验收入差距对并购可能性的影响。

四、并购浪潮的测量

Harford 计算了每个行业的最高 24 个月并购集中度，发现如果在 2 年内一个行业经历了它 10 年中最高的 24 个月并购集中度，即高于仿真分布中的 95%，则认为这个行业经历着并购浪潮。Harford 找出了银行业的两个 24 个月的并购浪潮，分别始于 1985年 8 月和 1996 年 10 月①。Yan 用同行业并购活动的集中程度（或聚集程度）来划分并购浪潮②；他计算了同行业 7 个月（从并购前 3个月到并购后 3 个月）的水平并购数，用行业并购总数对其进行正态化，来衡量其聚集程度。

有学者发现股票收益率的分散度在牛市中比在熊市中更高③，也就是说，美国个股回报率和市场回报率的相关性在股市下跌的时候比在股市上涨的时候高。由于这种股票变动的不对称性，收购方在牛市中进行并购就更为容易④。有学者根据标普 500 成分股的市盈率（P/E）以及整个股票市场的市净率（M/B）来确定并购浪潮的

---

① Harford, J. What Drives Merger Waves? [J]. *Journal of Financial Economics*, 2005, 77: 529-560.

② Yan, J. Merger Waves: Theory and Evidence [R]. Working Paper, University of Pennsylvania, 2009.

③ Ang, A., Chen, J. Asymmetric Correlations of Equity Portfolios [J]. *Journal of Financial Economics*, 2002, 63: 443-494; Hong, Y., Tu, J., Zhou, G. Asymmetries in Stock Returns: Statistical Testsand Economic Evaluation [J]. *Review of Financial Studies*, 2007, 5: 1547-1548.

④ Goel, A. M., Thakor, A. V. Do Envious CEOs Cause Merger Waves? [J]. *Review of Financial Studies*, 2010, 23: 487-510.

发生月①。其具体方法是"用根据当月及过去 5 年的市场市盈率（P/E）计算出来的最优拟合线对市场市盈率（P/E）进行去趋势化计算"②。如果当月去趋势化的市盈率（P/E）大于（小于）过去 5 年的平均值，则该月份被划分为高于（低于）平均值的月份，或者叫做高估值（低估值）市场。然后将高估值或低估值市场定义为并购浪潮发生月，并把每个并购浪潮发生月作为一个单独的并购浪潮③。而我们认为并购的集中发生具有连续性，并将连续的并购浪潮发生月作为一个完整的并购浪潮。

由于本书集中研究银行业，我们查阅了标普银行 500 中银行成分股市盈率的可获得性，发现数据最早为 1994 年。因为全球行业分类标准（GICS）直到 20 世纪 90 年代才被采用，无法找到相应的银行业成分股对 20 世纪 80 年代的市盈率进行计算，所以股票市场的 P/E 和 M/B 比率并不适合描述银行业的估值状况。我们直接采用了每个月的并购事件数来计算并购的集中程度。根据之前的研究④，我们用过去 5 年（包括当月）的最优拟合曲线对每月的并购数

① Bouwman, C. H. S., Fuller, K. P., Nain, A. Market Valuation and Acquisition Quality: Empirical Evidence [J]. *Review of Financial Studies*, 2009, 22：633-679; Goel, A. M., Thakor, A. V. Do Envious CEOs Cause Merger Waves? [J]. *Review of Financial Studies*, 2010, 23：487-510.

② Bouwman, C. H. S., Fuller, K. P., Nain, A. Market Valuation and Acquisition Quality: Empirical Evidence [J]. *Review of Financial Studies*, 2009, 22：633-679.

③ Bouwman, C. H. S., Fuller, K. P., Nain, A. Market Valuation and Acquisition Quality: Empirical Evidence [J]. *Review of Financial Studies*, 2009, 22：633-679.

④ Helwege, J., Liang, N. Initial Public Offerings in Hot and Cold Markets [J]. *Journal of Financial and Quantitative Analysis*, 2004, 39：541-569; Alti, A. How Persistent is the Impact of Market Timing on Capital Structure? [J]. *Journal of Finance*, 2006, 61：1681-1710; Bouwman, C. H. S., Fuller, K. P., Nain, A. Market Valuation and Acquisition Quality: Empirical Evidence [J]. *Review of Financial Studies*, 2009, 22：633-679; Doukas, A. J., Guo, M., Zhou, B. Hot "Debt" Markets and Capital Structure [J]. *European Financial Management*, 2011, 17：46-99.

进行去趋势化计算。如果这个月的去趋势化的数值为正数(负数),则说明该月份的并购数位于 5 年平均曲线之上(之下)(见附录-表A)。我们还采用了其他 4 种估计区间(3 个月、6 个月、1 年和 3年)来计算去趋势化的并购数。实证结果对于不同的估计方法都稳健,数据结果在此未一一列出。

图 2-1 描绘了 1985—2006 年美国银行业的月并购发生数,以及去趋势化的月并购数。去趋势化的月并购数为正的月份被定义为并购浪潮发生月,连续的并购浪潮发生月算做同一次并购浪潮。该图显示并购浪潮发生月集中在 20 世纪 80 年代末、20 世纪 90 年代中期和 21 世纪初,其中以 20 世纪 90 年代中期最为显著。我们同样把这 3 段时期作为我们定义并购浪潮的替代方法(计算结果与本章结果相一致,在此未列出)。在我们的实证研究中,根据时间顺序对每次并购浪潮进行十分位的划分,分别用并购宣告日是否发生在并购浪潮的前 10%,20%,30%,40%,50% 来定义和检验前期并购。

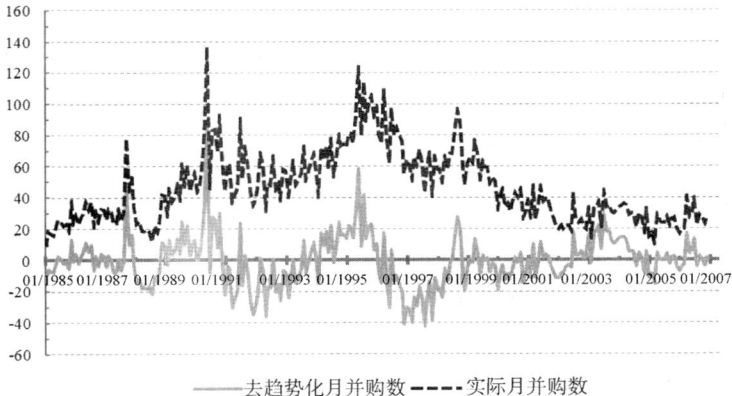

图 2-1　每月并购数时间序列

本图描绘了 1985—2006 年美国银行业的月并购数,与附录-表 A 相对应。虚线表示每月并购宣告的实际发生数,实线表示去趋势化的月并购数。去趋势化的月并购数为正的月份被定义为并购浪潮发生月。

五、样本描述

本书研究宣告日在 1985 年 1 月至 2006 年 12 月期间的美国银行业并购事件，数据取自 Thomson One Banker Database(SDC)数据库。初始样本有 2148 起并购事件，要求收购方在纽约证券交易所(NYSE)、美国股票交易所(ASE)或者纳斯达克(NASDAQ)上市交易，且宣告日前后的股票数据可以通过证券价格研究中心数据库(CRSP)获得。根据我们对并购浪潮的定义，只保留了满足以下条件的事件：收购方为美国上市银行，且收购目标银行至少 50% 的股份；交易额超过 200 万美元；交易宣告日发生在我们所定义的并购浪潮期间。另外，我们剔除了杠杆收购、资本重组、自我回购、收购子公司、剥离、股票回购、少数股权购买，剩余股权收购以及集中性收购宣告(即收购方在 15 日内对 2 个及以上的目标公司发出收购要约)，以排除收购方市场回报的重叠效应。

表 2-1 面板 B 的统计数字显示，平均交易价值、收购方规模和相对交易规模分别为 0.19 亿美元、6.507 亿美元和 2.98%。表 2-1 面板 B 的第 2 行显示，与现金交易相比，股票交易的规模、收购方规模和相对交易规模都更大，即该样本包含了较大规模的交易。基于前面对并购浪潮的定义，表 2-2 采用 5 种不同的方法对前、后期并购事件进行划分(即按时间先后，每一并购浪潮中前 10%，20%，30%，40% 或者 50% 的并购事件被定义为前期并购)，并列出了拥有最高收入的银行管理者与前期收购方管理层之间的收入差距。并购浪潮中发生的并购数为 598 起。一项有趣的结果是，表 2-2(面板 A)显示并购浪潮前期并购数远远少于后期。另外，表 2-2 面板 B 显示，在并购浪潮的首次并购和按照 10% 划分的前期并购中，最高收入银行管理者和收购方银行管理者的平均收入差距更大，与嫉妒性收入假设相一致，说明不仅并购浪潮前 10% 的并购受到了嫉妒心理的驱动，首次并购也同样受到了嫉妒心理的驱动(当我们对收入最高的前 3 家银行进行检验时，得到了类似的结果)。

为了估计高层管理者的收入变化，我们从 Compustat Execu-Comp 数据库(包含 1992—2008 年的数据)中提取了收购方管理者

表2-2 并购浪潮中前期和后期并购事件统计

本表采取5种不同的方法对前期并购（面板A）进行定义，分别统计出前期并购和后期并购的数目；面板B报告了最高收入银行管理者和收购方银行管理方的平均收入差距。该样本区间是从1985年1月到2006年12月，对每个月的并购数进行去趋势化计算，如果该月该数字为正，则该月份的并购浪潮发生月份算为并购浪潮。按时间顺序，将每一并购浪潮划分为十分位。前期并购指在10%,20%,30%,40%，或者50%的时间内进行宣告的并购，在剩余时间的并购划分为后期并购。收入差距指并购浪潮发生的当年具有最高收入的银行管理者（或后期）并购方高层管理者之间的平均收入差距。

面板A：前期并购与后期并购的数目

划分前期并购交易的百分比	10%	20%	30%	40%	50%
交易数目					
前期并购事件数	67	124	180	223	274
后期并购事件数	531	474	418	375	324
所有并购数	598	598	598	598	598

面板B：前期并购与后期并购分别的收入差距（单位：千美元）

划分前期并购与后期并购的百分比	首次并购	10%	20%	30%	40%	50%
(1)前期并购的收入差距	24724.30	24111.36	21535.12	20252.19	21963.48	22421.68
(2)后期并购的收入差距	23451.55	23451.55	23501.79	24156.98	24102.07	24519.55
(2)-(1)	-1272.75	-659.81	1966.66	3904.79**	2138.59	2097.87
t-统计量	(-0.47)	(-0.31)	(1.26)	(2.47)	(1.45)	(1.44)

的总收入(TDC1)。总收入包括工资、奖金、年金、当年获得受限股票的总价值、股票期权的布莱克-斯克尔斯价值、长期激励收益和所有其他收入。因为 CEO 往往嫉妒参照群体的总收入而不是其中的一部分,本研究关注的也是总收入,不是工资和现金收入。另外,总收入数据也更易于观察和获得。

六、实证分析结果

(一)前期和后期收购方的市值比较

我们首先采用两组均值之差,检验了并购浪潮前期收购方是否和后期收购方具有相同的市场价值。表 2-3 报告了这一结果。面板 A 关于前期和后期收购方平均规模的结果明确地支持了 H1,即前期收购方和后期收购方的公司规模没有显著差别。比如,如果我们将并购浪潮前 10% 宣告的并购定义为前期并购,其余的作为后期并购,则前期收购方的平均市值为 47.4 亿美元,而后期收购方平均市值为 30.9 亿美元,没有显著差别。另外,如果我们用其他的4 种方法,从并购浪潮前 20% 到前 50% 来定义前期并购,关于公司规模差异的结果依然并不显著。总之,这一结果说明前期收购方更可能促使后期收购方产生嫉妒心理,为了追赶前期收购方的公司规模增长而进行并购。

(二)前期与后期目标公司规模(交易规模)比较

表 2-3(面板 A)显示了前、后期目标公司的平均规模。前期目标银行比后期目标公司规模小的假设(H2a)基本得到了支持。当我们将并购浪潮前 20%(前 30%)来定义前期并购时,前期的目标公司平均市值为 2.105(2.292)亿美元,显著小于后期目标公司的平均市值 6.361(6.624)亿美元。

表 2-3(面板 B)报告了前期和后期并购的平均实际交易规模和相对交易规模。当我们采用相对交易规模时,更好地支持了前期交易规模比后期交易规模小的假设(H2b)。对于前期并购的 5 种不同的划分方法,后期并购交易的相对交易规模都显著大于前期交易,而后期交易的实际规模则略大于前期交易。比如,当用 10% 来划分前期并购时,后期并购的实际规模比前期并购多 170.748 百万美

表 2-3　收购方（被收购方）市值和交易规模

本表报告了前、后期收购方以及目标公司的市场价值（面板 A）、实际和相对交易规模（面板 B），以及两组间的差值。***、** 和 * 分别代表在 1%、5% 和 10% 的水平显著。

面板 A 报告了前期和后期收购方/被收购方的平均规模，以及两组间之间的差异。平均规模指交易前 1 个月公司的平均市场价值（百万美元）。

面板 A：收购方（被收购方）的规模比较：前期并购与后期并购

划分前期并购的百分比	10%	20%	30%	40%	50%
(1) 前期收购方的平均市场价值	4739.955	4803.524	3467.027	3413.489	3710.479
(2) 后期收购方的平均市场价值	3085.086	3068.364	3214.224	3199.433	2962.457
(2)−(1)	−1654.869	−1735.16	−252.803	−214.056	−748.022
t-统计量	(−0.704)	(−1.021)	(−0.210)	(−0.194)	(−0.729)
(3) 前期被收购方的平均市场价值	391.216	210.496	229.166	462.617	461.777
(4) 后期被收购方的平均市场价值	585.331	636.006	662.358	620.116	646.515
(4)−(3)	194.115	425.564*	433.192*	157.499	184.738
t-统计量	(0.581)	(1.825)	(1.893)	(0.678)	(0.752)

续表

面板 B：交易规模的比较：前期并购与后期并购

面板 B 报告了前期和后期并购的平均实际交易规模和平均相对交易规模，以及两组间的差别。实际交易规模以百万美元为单位；相对交易规模等于实际交易价值除以收购方并购宣告前 1 个月的权益市场价值。

划分前期并购的百分比	10%	20%	30%	40%	50%
(1) 前期并购的实际交易规模	165.748	303.489	241.31	231.23	251.406
(2) 后期并购的实际交易规模	336.496	320.996	350.116	368.588	373.146
(2)-(1)	170.748	17.507	108.806	137.358	121.74
t-统计量	(1.151)	(0.084)	(0.619)	(0.797)	(0.700)
(3) 前期并购的相对交易规模	12.271%	14.266%	13.221%	14.544%	14.461%
(4) 后期并购的相对交易规模	18.784%	19.042%	20.010%	20.009%	20.831%
(4)-(3)	6.513%**	4.776%*	6.789%***	5.465%**	6.370%***
t-统计量	(2.093)	(1.922)	(2.961)	(2.392)	(2.723)

元，而相对交易规模比前期并购大 6.513%，在 5% 的水平显著。

总之，前期被收购的目标银行市值比后期目标银行要低，前期并购交易规模比后期交易要小（尤其是以相对交易规模进行计算时）。

（三）前期和后期收购方的业绩分析

表 2-4 报告了收购方的平均 3 日累计超额收益率、并购后的 12 个月（36 个月）持有超额收益率和 1 年（3 年）超额资产收益率。根据 H3 预计，相对于后期收购方，前期收购方将获得更好的绩效，这一点在长期得到更好的实证支持。对于划分并购浪潮中前期并购的 5 种不同方法，前期收购方的 CAR 都略高于后期收购方，或者说，前期收购方比后期收购方的损失更小。但是，当采用前 20% 或者前 30% 来划分前期并购时，前期收购方的 1 年超额回报率（1 年 BHAR）显著高于后期收购方。同样，当采用前 20% 或前 40% 来划分前期并购时，前期收购方的 3 年超额收益率（3 年 BHAR）显著高于后期收购方；当采用前 40% 或者前 50% 来划分前期并购时，前期收购方的 1 年超额资产回报率（1 年 AROA）显著高于后期收购方；当采用前 10% 或者前 50% 来划分前期并购时，前期收购方的 3 年超额资产回报率（3 年 AROA）显著高于后期收购方。此前的研究①显示，银行并购总体上并不能创造价值，而本研究的结果显示前期并购银行能够发掘价值最大化的并购。我们因此可以认为，前期收购方在并购完成后表现更好。

前期收购方进行并购的另外一个可能动机是通过增加公司规模保持银行的独立性。如果管理层试图进行防御性的、非盈利性的并购以保持他们银行的独立性，则发生在并购浪潮前期的交易将获得更低的收益。也就是说，防御动机成为忽视收购方业绩的动因。而我们的结果显示，前期收购方比后期收购方业绩更好，从而否定了防御动机的观点。与后期并购相比，前期收购方实现了更大的协同效应（见表 2-6 面板 A），进一步否定了并购的防御动机。如前所

① Berger, P. G., Saunders, A., Scalise, J. M., Udell, G. F. The Effects of Bank Mergers and Acquisitions on Small Business Lending [J]. *Journal of Financial Economics*, 1998, 50: 187-229.

表2-4 收购方绩效：前期并购与后期并购比较

本表报告了前期和后期并购的平均CAR(-1,+1),BHAR(+1,+12)和1Y-AROA,以及两组间差异。CAR(-1,+1)是收购方宣告日前后的3日累积超额收益率。BHAR(+1,+12)[(BHAR(+1,+36)]是并购宣告日后的1年(3年)超额收益率。1Y-AROA(3Y-AROA)是收购方并购方宣告日后收购方并购方的1年(3年)超额资产回报率。***，**和*分别代表在1%,5%和10%的水平显著。

面板A:收购方CAR(-1,+1)

划分前期并购的百分比	10%	20%	30%	40%	50%
(1) 前期收购方的CAR(-1,+1)	-0.310%	-0.108%	-0.049%	-0.252%	-0.429%
(2) 后期收购方的CAR(-1,+1)	-0.520%	-0.598%	-0.689%	-0.642%	-0.553%
(2)-(1)	-0.210%	-0.490%	-0.640%*	-0.390%	-0.124%
t-统计量	(-0.572)	(-1.231)	(-1.695)	(-1.080)	(-0.350)

面板B:收购方的BHAR

划分前期收购方的百分比	10%	20%	30%	40%	50%
(1) 前期收购方的BHAR(+1,+12)	-9.105%	-4.319%	-6.449%	-7.705%	-9.155%
(2) 后期收购方的BHAR(+1,+12)	-9.493%	-10.796%	-10.742%	-10.494%	-9.702%
(2)-(1)	-0.388%	-6.477%**	-4.293%*	-2.789%	-0.547%
t-统计量	(-0.194)	(-2.411)	(-1.696)	(-1.143)	(-0.227)

面板 B:收购方的 BHAR

划分前期并购的百分比	10%	20%	30%	40%	50%
(3) 前期收购并购方的 BHAR(+1, +36)	-8.420%	-0.530%	-5.500%	-4.000%	-6.530%
(4) 后期收购方的 BHAR(+1, +36)	-11.240%	-13.650%	-13.240%	-15.030%	-14.670%
(4) -(3)	-2.823%	-13.118%**	-7.744%	-11.032%**	-8.135%
t-统计量	(-0.396)	(-2.317)	(-1.421)	(-2.068)	(-1.517)

面板 C:收购方的 AROA

划分前期并购的百分比	10%	20%	30%	40%	50%
(1) 前期收购并购方的 1 年 AROA	0.078%	0.044%	0.041%	0.055%	0.064%
(2) 后期收购方的 1 年 AROA	-0.013%	-0.014%	-0.022%	-0.036%	-0.054%
(2) -(1)	-0.09%	-0.06%	-0.06%	-0.091%**	-0.118%***
t-统计量	(-1.093)	(-1.066)	(-1.380)	(-2.059)	(-2.706)
(3) 前期收购方的 3 年 AROA	0.161%	0.068%	0.080%	0.073%	0.093%
(4) 后期收购方的 3 年 AROA	0.005%	0.009%	-0.005%	-0.011%	-0.032%
(4) -(3)	-0.156%*	-0.058%	-0.084%	-0.084%	-0.125%**
t-统计量	(-1.731)	(-0.923)	(-1.475)	(-1.472)	(-2.181)

述，进行前期并购的另一可能动机是股票高估。该理论认为，与后期收购方相比，前期收购方的股票被明显高估且会支付更高的收购溢价(市净率(M/B)采用收购方并购宣告日4周前的数值)。然而在书中未列出的实证结果中，我们采用了市净率(M/B)来计算股票高估，发现前期和后期收购方具有相似的估值，并且支付的收购溢价也没有显著差异。

表2-5报告了对短期收益(CARs)和长期收益(1年和3年BHAR，以及1年和3年AROA)进行多元回归的结果，自变量有前期并购哑变量和其他控制变量，同时控制了固定年份的影响。

通过检验收购方业绩与前期并购决策之间的关系，我们发现前期并购这个二元变量对3日CAR、3年BHAR、1年AROA和3年AROA有正向影响。在我们未列出的回归中，还考虑了盈利性(即前1财政年度的ROA)变量，也获得了类似的结果，但是样本数却减少了一半。若把过去的股票回报率(并购宣告日前12个月的累计超额收益率)作为另一衡量盈利能力的解释变量，也得到了类似的结果。具体来讲，在表2-5面板A、面板B1和面板B2的15项回归结果中，前期并购的系数有11个为正数；在表2-5面板C1和面板C2的结果中，10个前期并购的系数中有9个为正。这一结果与我们之前的结果以及H3的假设一致。当我们仅关注1年的股票超额收益率(BHAR)时，前期并购的影响则变得模糊；而对于3年BHAR的回归，其影响则变得显著。

尽管文献显示20世纪80年代以来并购活动的一个显著特点是，收购方在交易完成后的平均股票收益率为负①，而表2-5的结

----

① You, V., Caves, R., Smith, M., Henry, J. "Mergers and Bidders" Wealth: Managerial and Strategic Factors[M]//Thomas, L. G., ed. *The Economics of Strategic Planning*, *Essays in Honor of Joel Dean*. Lanham, MD: Lexington Books, 1986: 201-210; Varaiya, N., Ferris, K. Overpaying in Corporate Takeovers: The Winner's Curse [J]. *Financial Analysts' Journal*, 1987, 43(3): 64-70; Byrd, J., Hickman, K. Do Outside Directors Monitor Managers? Evidence from Tender Offer Bids [J]. *Journal of Financial Economics*, 1992, 32: 195-221; Andrade, G., Mitchell, M., Stafford, E. New Evidence and Perspectives on Mergers [J]. *Journal of Economic Perspectives*, 2001, 15: 103-120.

表 2-5　前期并购的绩效

本表报告了用最小二乘估计对收购方的短期回报(3 日 CARs)和长期回报(1 年和 3 年 BHARs)进行回归的结果,自变量有前期并购和其他控制变量,同时控制了固定年份的影响。前期并购是哑变量,当并购宣告发生在并购浪潮的前 10%,20%,30%,40% 或 50% 时,该变量等于 1,否则为 0。控制变量包括:相对交易规模——交易价值除以并购方的股权市场价值;股票支付——哑变量,当交易用股票支付时等于 1;友好收购——哑变量,当该交易为非敌意收购时等于 1。CAR(−1,+1)是宣告日收购方的 3 日累积超额收益率。BHAR(+1,+12)[BHAR(+1,+36)]是并购宣告日后收购方的 1 年(3 年)超额收益率。1Y-AROA(3Y-AROA)是收购方并购宣告日后 1 年(3 年)超额资产回报率。括号内的数字为 t-统计量。***,** 和 * 分别代表在 1%,5% 和 10% 的水平显著。

面板 A:对 CAR(−1,+1)的回归

因变量	Car(−1,+1)				
	10.00%	20.00%	30.00%	40.00%	50.00%
划分前期并购的百分比					
常数项	0.025	0.025	0.025	0.025	0.026
	(0.643)	(0.648)	(0.639)	(0.648)	(0.655)
前期并购	0.006	0.001	0.003	0.001	0.001
	(0.887)	(0.026)	(0.644)	(0.141)	(0.329)
相对交易规模	−0.007	−0.007	−0.007	−0.007	−0.007
	(−1.397)	(−1.387)	(−1.408)	(−1.391)	(−1.370)

续表

面板 A:对 CAR(-1,+1)的回归

因变量	Car(-1,+1)				
股票支付	-0.008	-0.009	-0.008	-0.009	-0.009
	(-1.448)	(-1.486)	(-1.435)	(-1.476)	(-1.510)
友好变量	-0.025	-0.024	-0.025	-0.024	-0.024
	(-0.634)	(-0.625)	(-0.636)	(-0.628)	(-0.613)
是否控制年份固定影响	Y	Y	Y	Y	Y
观测数	414	414	414	414	414
调整后的 R^2	0.000	0.002	0.001	0.002	0.002

面板 B1:对 BHAR(+1,+12)的回归

因变量	BHAR(+1,+12)				
划分前期并购的百分比	10.00%	20.00%	30.00%	40.00%	50.00%
常数项	-0.450*	-0.456*	-0.453*	-0.452*	-0.452*
	(-1.665)	(-1.687)	(-1.674)	(-1.672)	(-1.671)
前期并购	-0.038	0.034	0.008	-0.003	-0.012
	(-0.851)	(0.921)	(0.232)	(-0.100)	(-0.399)

续表

面板 B1:对 BHAR (+1,+12) 的回归

因变量	BHAR(+1,+12)				
相对交易规模	-0.089**	-0.087**	-0.087**	-0.088**	-0.089**
	(-2.079)	(-2.020)	(-2.022)	(-2.043)	(2.066)
股票支付	-0.016	-0.017	-0.017	-0.016	-0.016
	(-0.440)	(-0.463)	(-0.457)	(-0.447)	(-0.445)
友好变量	0.275	0.27	0.271	0.273	0.277
	(1.022)	(1.004)	(1.007)	(1.014)	(1.028)
是否控制年份固定影响	Y	Y	Y	Y	Y
观测数	384	384	384	384	384
调整后的 R^2	0.313	0.314	0.312	0.312	0.312

面板 B2:对 BHAR (+1,+36) 的回归

因变量	BHAR(+1,+36)				
划分前期并购的百分比	10.00%	20.00%	30.00%	40.00%	50.00%
常数项	-0.416	-0.427	-0.423	-0.422	-0.423

续表

面板 B2:对 BHAR(+1,+36) 的回归

因变量	BHAR(+1,+36)				
	(-0.646)	(-0.663)	(-0.656)	(-0.656)	(-0.657)
前期并购	-0.073	0.060	0.029	0.034	0.030
	(-0.674)	(0.684)	(0.377)	(0.489)	(0.448)
相对交易规模	-0.442***	-0.437***	-0.437***	-0.436***	-0.435***
	(-4.336)	(-4.292)	(-4.277)	(-4.273)	(-4.258)
股票支付	0.106	0.106	0.105	0.105	0.105
	(1.262)	(1.263)	(1.257)	(1.258)	(1.252)
友好变量	0.036	0.025	0.025	0.02	0.018
	(0.055)	(0.039)	(0.038)	(0.031)	(0.028)
是否控制年份固定影响	Y	Y	Y	Y	Y
观测数	389	389	389	389	389
调整后的 R^2	(0.190)	(0.190)	(0.189)	(0.189)	(0.189)

续表

面板 C1:对长期回报 1 年-AROA 的回归

因变量	1Y_AROA				
划分前期并购的百分比	10.00%	20.00%	30.00%	40.00%	50.00%
常数项	0.137	0.149	0.143	0.145	0.144
	(0.382)	(0.415)	(0.401)	(0.406)	(0.404)
前期并购	0.067	-0.001	0.032	0.035	0.072
	(0.988)	(-0.017)	(0.641)	(0.747)	(1.547)
相对交易规模	-0.079	-0.078	-0.074	-0.072	-0.065
	(-0.977)	(-0.966)	(-0.909)	(-0.878)	(-0.796)
股票支付	-0.005	-0.001	-0.002	-0.002	-0.006
	(-0.082)	(-0.022)	(-0.040)	(-0.031)	(-0.106)
友好变量	-0.497	-0.496	-0.503	-0.507	-0.521
	(-1.414)	(-1.409)	(-1.429)	(-1.439)	(-1.486)
是否控制年份固定影响	Y	Y	Y	Y	Y
观测数	258	258	258	258	258
调整后的 R^2	0.148	0.145	0.146	0.147	0.153

续表

面板 C2:对长期回报 3Y-AROA 的回归

因变量	3Y_AROA				
	10.00%	20.00%	30.00%	40.00%	50.00%
划分前期并购的百分比					
常数项	0.775	0.778	0.779	0.782	0.781
	(1.500)	(1.500)	(1.502)	(1.507)	(1.508)
前期并购	0.132	0.051	0.058	0.048	0.068
	(1.184)	(0.526)	(0.684)	(0.602)	(0.865)
相对交易规模	−0.009	−0.012	−0.005	−0.004	0.001
	(−0.062)	(−0.078)	(−0.034)	(−0.023)	(0.008)
股票支付	0.12	0.126	0.124	0.125	0.122
	(1.224)	(1.282)	(1.263)	(1.277)	(1.241)
友好变量	−0.852*	−0.852	−0.859*	−0.862*	−0.873*
	(−1.649)	(−1.643)	(−1.657)	(−1.661)	(−1.683)
是否控制年份固定影响	Y	Y	Y	Y	Y
观测数	190	190	190	190	190
调整后的 R^2	0.103	0.097	0.098	0.098	0.100

果说明前期收购方表现良好。总的来说，这些回归结果说明前期收购方的业绩好过后期收购方。因此，前期并购比后期并购可能带来更大的协同效应。我们接下来会讨论这一问题。

（四）前期并购和后期并购的协同效应分析

H4 假设前期并购交易比后期并购交易能够实现更大的协同效应。表 2-6 的结果则证明了这一点。表 2-6 面板 A 显示，前期并购经历的协同效应显著大于后期并购。对于 5 种不同前期并购的划分方法，协同效应均存在显著差异。而且在表 2-6 面板 B 的 5 项回归中，前期并购的系数均显著为正，说明股票市场预期发生在并购浪潮前期的交易将实现更高的协同效应。当用并购浪潮前 10% 来划分前期交易时，前期收购方所能实现的协同收益显著大于后期收购方；当用前 20%、前 30%、前 40% 或者前 50% 来划分前期交易时，这种差异甚至更大。这与我们的假设相一致：前期收购方的 CEO 比后期收购方的 CEO 能够获得更多的个人收益，因此同一群体中其他银行 CEO 的嫉妒心理变得更强烈，即使在协同效应很低的情况下也会进行并购。如表 2-6 面板 C 所示，在控制过去业绩的情况下，我们也得到了相似的结果。此外，这些结果还说明前期（后期）收购方更不可能（更可能）进行缺少增长机会的并购。

（五）高层管理者的薪酬变化：前期与后期并购

H5 假设在前期并购中 CEO 和高级管理团队的薪酬比后期并购增长更大。我们计算了并购宣告日的 1 年前和 2 年后的收购方高层管理者的平均总收入，来检验薪酬的增长百分比（当我们采用高层管理者薪酬增长的中位数时，得到了相似的结果）。具体结果如表 2-7 所示。表 2-7 面板 A 报告了前期和后期收购方高层管理者薪酬的平均变化百分数。5 种划分方法中有 3 种显示前期收购方在薪酬方面经历了比后期收购方更显著的增长。当用并购浪潮的前 40% 或者前 50% 来定义前期并购时，这种差异更显著，分别为 −52.25%（t 检验值为 −2.044）和 −50.92%（t 检验值 −2.039）。

另外，我们以并购完成后的薪酬变化为因变量，对前期并购哑变量和其他控制变量进行了回归，同时控制了年份的影响。表 2-7 面板 B 的回归结果进一步证明，前期并购中高层管理者的薪酬比

表 2-6 前期并购的协同效应

该表报告了收购方在并购宣告日前后的协同效应。面板 A 报告了前期和后期并购的协同效应，以及两组间的差异。面板 B 报告了采用普通最小二乘法对并购浪潮期间进行并购宣告的协同效应回归的结果，自变量有前期并购和收购方其他控制变量，同时控制了固定年份的影响。对 Synergy($-1,+1$) 的计算采用的是 Bradley，Desai 和 Kim（1988）的方法，即目标公司和收购方宣告日累计超额收益的加权（按市场价值）和公式：Synergy($-1,+1$) = [$ACAR($-1,+1$) + $ TCAR($-1,+1$)] / [BidderMCAP(-2) + (1-Toehold) × TargetMCAP(-2)]。前期并购是哑变量，当并购宣告发生在并购浪潮的前 10%，20%，30%，40% 或 50% 时，该变量等于 1，否则为 0。控制变量包括：相对交易规模——交易价值除以并购宣告日前一个月收购方收购市场价值；股票支付——哑变量，当交易用股票支付时等于 1；友好收购——哑变量，当该交易为非敌意收购时等于 1。前 1 年股票收益——并购宣告之前收购方 12 个月的累计超额收益率。括号里的数字为 t-统计量。***，** 和 * 分别代表在 1%，5% 和 10% 的水平显著。

面板 A：协同效应收益：前期并购和后期并购比较

	10%	20%	30%	40%	50%
划分前期并购的百分比（%）					
（1）前期并购的协同效应（%）	0.044	0.031	0.027	0.023	0.015
（2）后期并购的协同效应（%）	0.008	0.006	0.006	0.006	0.007
（2）-（1）	-0.036***	-0.025**	-0.020**	-0.018**	-0.009*
t-统计量	(-3.579)	(-2.317)	(-2.418)	(-2.220)	(-1.853)

面板 B：对协同效应的回归

因变量			Synergy($-1,+1$)		
划分前期并购的百分比	10.00%	20.00%	30.00%	40.00%	50.00%

续表

因变量	Synergy(−1,+1)				
常数项	0.009	−0.001	0.002	0.002	0.002
	(0.070)	(−0.012)	(0.013)	(0.020)	(0.020)
前期并购	0.071*	0.072**	0.074***	0.101***	0.129***
	(1.860)	(2.544)	(2.853)	(4.686)	(7.024)
相对交易规模	0.005	−0.002	−0.003	−0.007	0.001
	(0.205)	(−0.059)	(−0.134)	(−0.289)	(0.022)
股票支付	0.006	0.004	0.004	−0.004	0.005
	(0.237)	(0.166)	(0.185)	(−0.183)	(0.217)
友好变量	0.022	0.029	0.026	0.023	−0.009
	(0.175)	(0.228)	(0.210)	(0.193)	(−0.082)
是否控制年份固定影响	Y	Y	Y	Y	Y
观测数	176	176	176	176	176
调整后的 R^2	0.068	0.048	0.037	0.043	0.171

续表

面板 C：在控制并购前收益的情况下对协同效应的回归

因变量	Synergy(−1,+1)				
划分前期并购的百分比	10.00%	20.00%	30.00%	40.00%	50.00%
常数项	−32.961	−30.615	−39.55	−34.591	−35.323
	(−0.562)	(−0.524)	(−0.684)	(−0.625)	(−0.688)
前期并购	0.081**	0.069**	0.074***	0.105***	0.129***
	(2.002)	(2.350)	(2.789)	(4.744)	(7.124)
相对交易规模	0.006	0.004	0.006	−0.001	0.01
	(0.261)	(0.171)	(0.236)	(−0.022)	(0.460)
股票支付	0.005	−0.002	−0.003	−0.006	−0.003
	(0.189)	(−0.092)	(−0.124)	(−0.245)	(−0.109)
友好变量	32.996	30.652	39.582	34.617	35.311
	(0.563)	(0.525)	(0.684)	(0.625)	(0.688)
前1年股票收益	0.016	0.015	0.02	0.017	0.018
	(0.562)	(0.525)	(0.684)	(0.625)	(0.688)
是否控制年份固定影响	Y	Y	Y	Y	Y
观测数	167	167	167	167	167
调整后的 R^2	0.045	0.035	0.021	0.065	0.196

表 2-7　高层管理者的薪酬比较：前期收购方与后期收购方

该表报告了收购方高级管理者在并购后的薪酬的差异。面板 A 分别报告了前期收购和后期收购方管理者的薪酬增长，以及两组间的差异。面板 B 报告了采用普通最小二乘法对薪酬增长进行回归的结果，自变量有前期和后期并购和其他控制变量，同时控制了固定年份的影响。对薪酬增长的定义采用并购后 2 年的薪酬变化：即并购之后 2 年高层管理者的总收入除以收购前 1 年的总收入减去 1。前期并购是哑变量，当并购宣告发生在并购浪潮前的 10%、20%、30%、40% 或 50% 时，该变量等于 1，否则为 0。控制变量包括：相对交易规模——交易价值除以并购宣告日前前个月收购方的股权市场价值；股票用股票支付——哑变量，当交易用股票支付时等于 1；友好收购——哑变量，当该交易为非敌意收购时等于 1。括号里的数字为 t-统计量。***、**、和 * 分别代表在 1%、5% 和 10% 的水平显著。

面板 A：收购方的薪酬变化：前期并购和后期并购比较

划分前期并购的百分比	10%	20%	30%	40%	50%
(1) 前期收购方的平均 2 年薪酬变化	143.64%	102.95%	99.22%	111.30%	108.57%
(2) 后期收购方的平均 2 年薪酬变化	71.27%	76.93%	73.83%	59.06%	57.66%
(2)-(1)	−72.37%*	−26.02%	−25.39%	−52.25%**	−50.92%**
t-统计量	(−1.661)	(−0.837)	(−0.976)	(−2.044)	(−2.039)

59

面板 B:对薪酬增长的回归

因变量	2 年薪酬变化				
划分前期并购的百分比	10.00%	20.00%	30.00%	40.00%	50.00%
常数项	−0.043	0.112	0.079	−0.014	0.231
	(−0.027)	(0.069)	(0.049)	(−0.009)	(0.148)
前期并购	0.748*	0.053	0.219	0.558*	0.522*
	(1.875)	(0.141)	(0.659)	(1.735)	(1.678)
相对交易规模	0.546	0.331	0.424	0.651	0.564
	(0.635)	(0.378)	(0.481)	(0.744)	(0.651)
股票支付	−0.687	−0.701	−0.669	−0.631	−0.585
	(−1.628)	(−1.610)	(−1.542)	(−1.482)	(−1.405)
友好变量	1.252	1.342	1.267	1.155	1.059
	(0.796)	(0.836)	(0.790)	(0.731)	(0.671)
是否控制年份固定影响	Y	Y	Y	Y	Y
观测数	108	108	108	108	108
调整后的 R^2	0.030	0.070	0.065	0.036	0.032

后期并购增长更大。在控制相对交易规模和支付方式的情况下，5个前期并购的系数中有 3 个显著为正。和前面的结果一样，当我们控制收购银行的以往绩效时，这一结果并未发生变化，即衡量银行过去的绩效采用的是前 1 年的 ROA 和前 12 个月股票累计超额收益率，在所有的回归中均不显著。

总之，我们的最后一个假设，即前期并购产生的薪资增长比后期并购要大，得到了数据的支持。

(六)稳健性检验：银行监管和技术革新

以上结果显示，CEO 的嫉妒心理在促使美国银行业并购浪潮的形成方面扮演着重要角色。重要的是，高级管理者的嫉妒心理是银行业并购浪潮的最可行的解释。本部分检验是否监管和技术变革导致了并购浪潮。

银行业并购浪潮的一个重要解释是监管政策的变革可能会触发银行业的并购浪潮。Bruner 认为美国银行业放松监管引起了银行数目的过度增长，从而导致了活跃的并购活动①。联邦政府监管的放松，1994 年的《瑞格尔-尼尔州际银行和分行效率法案》(简称《瑞格尔-尼尔法案》)和 1999 年的《格雷姆-里奇-比利雷法案》(亦称为《金融服务现代化法案》)，使银行得以涉足州外业务和非银行产品，如投资银行业务、经纪业务以及保险销售和承销②。为了在稳健分析中检验监管变化带来的影响，我们根据《瑞格尔-尼尔州际银行和分行效率法案》和《格雷姆-里奇-比利雷法案》通过的时间定义了两个代表监管的哑变量，分别是后《瑞格尔-尼尔法案》哑变量和后《格雷姆-里奇-比利雷法案》哑变量。

并购浪潮的另一个重要解释是行业特定的经济冲击导致了同行

①　Bruner, R. F. *Applied Mergers and Acquisitions* [M]. Hoboken, NJ: John Wiley, 2004; Jones, K., Critchfield, T. Consolidation in the US Banking Industry: Is the Long, Strange Trip about to End? [J]. FDIC *Banking Review*, 2005, 17(4): 31-61.

②　Jones, K., Critchfield, T. Consolidation in the US Banking Industry: Is the Long, Strange Trip about to End? [J]. FDIC *Banking Review*, 2005, 17(4): 31-61.

业并购事件的相关性①。然而我们的结果显示：并购浪潮中的前期并购比后期并购更有价值，而且前期并购的目标银行比后期并购小。该结果说明 CEO 的并购倾向与其嫉妒心理的程度有关；而行业特定经济冲击导致并购浪潮的理论则认为并购所产生收益以及目标公司规模呈随机分布。

银行业的技术进步也可能触发并购浪潮②。它与金融市场以及信息技术的创新有关，这些创新不仅为储户、保值者拓宽了投资领域，如货币市场共同基金、401K 账户管理者、贴现经纪商，而且为借款人提供了更多选择，如商业票据、高收益债券、股票的柜台交易（OTC）市场，还触发了"金融脱媒"的现象，威胁着高度监管的美国商业银行的主要金融中介地位。这导致了银行业依赖于新的信息渠道（个人征信局）和新的融资方式（资产证券化）的规模密集型的经营模式，并为足以有效应用新技术的银行带来了大量的非利息（以交易费用为主的）收入。从 1995 年到 1997 年，美国银行业经历了巨大的技术变革，体现为以信息技术为基础的自动取款机（ATM 机）的快速增长，其数量超过了当时营业网点的 4 倍；授信承诺（备用信用证、商业信用证、承诺和参与承兑）和利率互换的交易数量也迅速增长③。我们构造了一个哑变量——新技术，来分析技术变革的影响。对于 1995 年、1996 年和 1997 年发生的并购，该变量等于 1，否则为 0。该二元变量反映了 1995—1997 年银行业融资技术的剧增。

表 2-8，表 2-9 和表 2-10 对之前的实证结果进行了稳健性的额

① Mitchell, M. L., Mulherin, J. H. The Impact of Industry Shocks on Takeover and Restructuring Activity [J]. *Journal of Financial Economics*, 1996, 41: 193-229.

② Berger, A. N., Demsetz, R. S., Strahan, P. E. The Consolidation of the Financial Services Industry: Causes, Consequences, and Implications for the Future [J]. *Journal of Banking and Finance*, 1999, 23: 135-194.

③ Berger, A. N. The Economic Effects of Technological Progress: Evidence From the Banking Industry [R]. Working Paper, Federal Reserve Board, 2002.

外检验。表 2-8 报告了短期绩效(CAR)和长期绩效(1 年 BHAR 和 1 年 AROA)对自变量前期并购的多元回归结果，同时控制了放松监管的影响。

通过检验前期并购决策对收购方绩效的影响，我们发现二元变量前期并购对短期绩效(3 日 CAR)和长期绩效(1 年和 3 年 BHAR，1 年和 3 年 AROA)具有正向影响。与表 2-5 的结果相一致，表 2-8(面板 A、面板 B1 和面板 B2)显示前期并购的大部分回归系数(15 个中的 9 个)为正数。表 2-8(面板 C1 和面板 C2)对 1 年 AROA 和 3 年 AROA 的回归中，前期并购的 10 个回归系数全部为正。这些新结果进一步支持了 H3，即前期并购的收购方相对于后期收购方获得更好的绩效。有趣的是，两个放松监管的哑变量对宣告日收益率都没有显著影响(面板 A)。然而，它们对长期收益率(BHAR)有不同的影响。后《瑞格尔-尼尔法案》变量对 1 年和 3 年 BHAR 有显著的正向影响；而后《格雷姆-里奇-比利雷法案》变量对 1 年和 3 年 BHAR 有负向影响，且后者在统计上显著。表 2-8 面板 C1 和 C2 呈现类似结果，在对 AROA 的回归中，后《瑞格尔-尼尔法案》哑变量和后《格雷姆-里奇-比利雷法案》哑变量的系数均显著为负。这些结果说明放松监管对收购方银行的长期绩效有负面影响。从事后来看，也许可以把它看做 2007—2008 年金融危机的前兆。所有回归中新技术的回归系数并不显著，说明我们的结果对于银行业的技术变革具有稳健性。

现在我们从银行业放松监管和技术变革两个方面对协同效应分析结果的稳健性进行检验。表 2-6 和表 2-9 的结果与 H4 假设(前期并购实现更大的协同效应)相一致，说明即便在控制了放松监管和技术变革的影响后，前期并购相对于后期并购依然带来更大的协同效应。具体来讲，在所有 10 项回归中，前期并购的系数均显著为正，说明进行前期并购的 CEO 更可能获得较多的个人收益，而其他银行 CEO 的嫉妒心理会更变得更加强烈，驱动其即使在协同效应很低的情况下仍然进行并购。

表 2-10 对假设 H5(即前期并购中 CEO 和高层管理团队的薪酬增长比后期并购更大)进行了检验，得出了与表 2-7 面板 B 相一致

表 2-8 前期并购的绩效检验:监管和技术变革

该表采用普通最小二乘法,对并购浪潮期间宣告事件的 CAR(-1,+1),1 年 BHAR(+1,+12)和 1 年 AROA 进行回归,自变量有前期并购和其他控制变量,同时控制了固定年份的影响。前期并购宣告发生在购浪潮的前 10%,20%,30%,40%或 50%时,该变量等于 1,否则为 0。控制变量包括:相对交易规模——交易价值除以并购宣告日前个月收购方的股权市场价值;股票支付——哑变量,当交易用股票支付时等于 1;友好收购——哑变量,当该交易为非敌意收购时等于 1。后《瑞格尔-尼尔州际银行分行效率和竞争法案》——哑变量,若并购宣告发生在 1994 年 1 月 1 日《瑞格尔-尼尔州际银行分行效率和竞争法案》颁布之后,该变量等于 1。后《格雷姆-里奇-比利雷法案》——哑变量,若并购宣告发生在 1999 年 11 月 12 日《格雷姆-里奇-比利雷法案》版本之后,该变量等于 1。新技术哑变量——哑变量,若并购宣告发生在 1995 年,1996 年和 1997 年,否则为 0。CAR(-1,+1)是宣告日收购率。1Y-AROA(3Y-AROA)是并购方日后收购方 1 年(3 年)超额收益率。BHAR(+1,+12)[(BHAR(+1,+36)]是并购宣告日后收购方 1 年(3 年)超额资产回报率。括号里面的数字为 t 统计量。***,**和*分别代表在 1%,5%和 10%的水平显著。

面板 A:对 CAR 的回归

因变量	Car(-1,1)				
划分前期并购的百分比	10.00%	20.00%	30.00%	40.00%	50.00%
常数项	0.003	0.003	0.003	0.003	0.003
	(0.072)	(0.075)	(0.069)	(0.075)	(0.083)
前期并购	0.008	0.001	0.003	0.001	-0.002
	(1.205)	(0.150)	(0.609)	(0.148)	(-0.388)

续表

因变量	Car(−1,1)				
相对交易规模	−0.010*	−0.010*	−0.010*	−0.010*	−0.010*
	(−1.711)	(−1.753)	(−1.710)	(−1.745)	(−1.783)
股票支付	−0.007	−0.006	−0.007	−0.006	−0.006
	(−1.293)	(−1.257)	(−1.288)	(−1.259)	(−1.236)
友好变量	−0.001	−0.001	−0.001	−0.001	0
	(−0.023)	(−0.014)	(−0.021)	(−0.017)	(0.000)
后《瑞格尔-尼尔法案》	−0.001	−0.001	−0.001	−0.001	0.000
	(−0.222)	(−0.099)	(−0.179)	(−0.082)	(−0.046)
后《格雷姆-里奇-比利雷法案》	−0.001	−0.001	−0.001	−0.001	−0.001
	(−0.096)	(−0.119)	(−0.092)	(−0.124)	(−0.158)
新技术哑变量	−0.001	−0.002	−0.001	−0.002	−0.002
	(−0.094)	(−0.278)	(−0.152)	(−0.314)	(−0.428)
是否控制年份固定影响	Y	Y	Y	Y	Y
观测数	414	414	414	414	414
调整后的 R^2	0.006	0.009	0.009	0.009	0.009

续表

面板 B1:对 BHAR(+1,+12)的回归

因变量	BHAR(+1,+12)				
划分前期并购的百分比	10.00%	20.00%	30.00%	40.00%	50.00%
常数项	-0.382	-0.384	-0.382	-0.382	-0.38
	(-1.369)	(-1.376)	(-1.369)	(-1.368)	(-1.360)
前期并购	0.055	0.022	-0.004	-0.009	-0.024
	(1.081)	(0.588)	(-0.123)	(-0.285)	(-0.815)
相对交易规模	-0.112**	-0.110**	-0.111**	-0.111**	-0.113**
	(-2.534)	(-2.482)	(-2.495)	(-2.504)	(-2.551)
股票支付	-0.002	-0.004	-0.003	-0.002	-0.002
	(-0.041)	(-0.097)	(-0.065)	(-0.060)	(-0.055)
友好变量	0.266	0.262	0.263	0.265	0.272
	(0.952)	(0.939)	(0.943)	(0.949)	(0.974)
后《瑞格尔-尼尔法案》	0.115**	0.100*	0.109**	0.110**	0.110**
	(2.318)	(1.968)	(2.171)	(2.208)	(2.223)
后《格雷姆-里奇-比利雷法案》	-0.110	-0.103	-0.108	-0.109	-0.112
	(-1.597)	(-1.493)	(-1.572)	(-1.583)	(-1.621)

续表

因变量	BHAR(+1,+12)				
新技术哑变量	0.003	0.022	0.011	0.01	0.007
	(0.075)	(0.497)	(0.258)	(0.242)	(0.155)
是否控制年份固定影响	Y	Y	Y	Y	Y
观测数	384	384	384	384	384
调整后的 R^2	0.263	0.262	0.261	0.261	0.262

面板 B2:对 BHAR(+1,+36) 的回归

因变量	BHAR(+1,+36)				
划分前期并购的百分比	10.00%	20.00%	30.00%	40.00%	50.00%
常数项	-0.287	-0.293	-0.289	-0.29	-0.289
	(-0.431)	(-0.439)	(-0.433)	(-0.435)	(-0.433)
前期并购	-0.085	0.034	-0.001	0.013	-0.006
	(-0.771)	(0.377)	(-0.016)	(0.182)	(-0.083)
相对交易规模	-0.475***	-0.471***	-0.471***	-0.470***	-0.472***
	(-4.504)	(-4.464)	(-4.465)	(-4.455)	(-4.464)

续表

因变量	BHAR(+1, +36)				
股票支付	0.119	0.115	0.117	0.116	0.117
	(1.298)	(1.247)	(1.266)	(1.257)	(1.269)
友好变量	0.028	0.023	0.025	0.021	0.027
	(0.043)	(0.035)	(0.037)	(0.032)	(0.040)
后《瑞格尔-尼尔法案》	0.412***	0.390***	0.401***	0.398***	0.401***
	(3.543)	(3.270)	(3.409)	(3.424)	(3.472)
后《格雷姆-里奇-比利雷法案》	−0.718***	−0.703***	−0.712***	−0.709***	−0.713***
	(−4.309)	(−4.189)	(−4.260)	(−4.245)	(−4.266)
新技术哑变量	−0.055	−0.025	−0.04	−0.036	−0.041
	(−0.549)	(−0.236)	(−0.388)	(−0.354)	(−0.409)
是否控制年份固定影响	Y	Y	Y	Y	Y
观测数	389	389	389	389	389
调整后的 R^2	0.137	0.136	0.135	0.135	0.135

续表

面板 C1:对 1 年 AROA 的回归

因变量	1Y_AROA				
划分前期并购的百分比	10.00%	20.00%	30.00%	40.00%	50.00%
常数项	0.830**	0.838**	0.834**	0.834**	0.837**
	(2.335)	(2.350)	(2.342)	(2.343)	(2.361)
前期并购	0.076	0.005	0.037	0.039	0.073
	(1.137)	(0.098)	(0.770)	(0.855)	(1.631)
相对交易规模	-0.085	-0.084	-0.079	-0.077	-0.071
	(-1.059)	(-1.039)	(-0.981)	(-0.951)	(-0.880)
股票支付	-0.003	0.001	0	0	-0.004
	(-0.050)	(0.021)	(-0.005)	(0.007)	(-0.075)
友好变量	-0.498	-0.498	-0.505	-0.508	-0.522
	(-1.418)	(-1.415)	(-1.436)	(-1.446)	(-1.490)
后《瑞格尔-尼尔尔法案》	-0.356***	-0.364***	-0.360***	-0.360***	-0.364***
	(-3.281)	(-3.329)	(-3.320)	(-3.323)	(-3.374)
后《格雷姆-里奇-比利雷法案》	-0.339***	-0.326***	-0.331***	-0.329***	-0.329***
	(-3.001)	(-2.883)	(-2.938)	(-2.922)	(-2.941)

续表

因变量	1Y_AROA				
新技术哑变量	0.012	0.011	0.013	0.011	0.013
	(0.137)	(0.131)	(0.148)	(0.132)	(0.150)
是否控制年份固定影响	Y	Y	Y	Y	Y
观测数	258	258	258	258	258
调整后的 R^2	0.151	0.146	0.148	0.149	0.155

面板 C2:对 3 年 AROA 的回归

因变量	3Y_AROA				
划分前期并购的百分比	10.00%	20.00%	30.00%	40.00%	50.00%
常数项	1.048**	1.044**	1.047**	1.048**	1.054**
	(1.997)	(1.982)	(1.990)	(1.990)	(2.007)
前期并购	0.139	0.064	0.066	0.059	0.079
	(1.260)	(0.686)	(0.799)	(0.761)	(1.026)
相对交易规模	−0.006	−0.008	−0.001	0.002	0.006
	(−0.042)	(−0.051)	(−0.006)	(0.012)	(0.043)

续表

因变量	3Y_AROA				
股票支付	0.12	0.128	0.124	0.126	0.119
	(1.124)	(1.207)	(1.161)	(1.180)	(1.112)
友好变量	-0.853	-0.856	-0.861*	-0.866*	-0.876*
	(-1.654)	(-1.654)	(-1.665)	(-1.673)	(-1.694)
后《瑞格尔-尼尔法案》	-0.207	-0.202	-0.206	-0.207	-0.214
	(-1.118)	(-1.086)	(-1.112)	(-1.114)	(-1.156)
后《格雷姆-里奇-比利雷法案》	-0.202	-0.182	-0.173	-0.168	-0.158
	(-0.647)	(-0.584)	(-0.556)	(-0.540)	(-0.509)
新技术哑变量	-0.132	-0.137	-0.134	-0.136	-0.132
	(-0.956)	(-0.984)	(-0.964)	(-0.982)	(-0.950)
是否控制年份固定影响	Y	Y	Y	Y	Y
观测数	190	190	190	190	190
调整后的 R^2	0.112	0.106	0.107	0.107	0.109

表 2-9 前期并购的协同效应：监管和技术变革

本表采用普通最小二乘法对并购浪潮期间的协同效应进行回归，自变量有前期并购和其他期并购方并购和其他控制变量，同时控制了固定年份的影响。对 Synergy(-1,+1) 的计算采用的是 Bradley，Desai 和 Kim（1988）的方法，即目标公司和收购方并购宣告日累计超额收益的加权（按市场价值）和公式：Synergy(-1,+1) = ($ ACAR(-1,+1) + $ TCAR(-1,+1)) / (BidderMCAP(-2) + TargetMCAP(-2))。前期并购是哑变量，当并购宣告日发生在并购浪潮的前 10%，20%，30%，40% 或 50% 时，该变量等于 1，否则为 0。

回归的控制变量包括：相对交易规模——交易价值除以并购宣告日前 1 个月目标公司的市场价值，当交易易用股票支付时等于 1；友好收购——哑变量，当该交易为非敌意收购时等于 1。后《端格尔-尼尔州际银行和分行效率法案》——哑变量，若交易发生在 1994 年 1 月 1 日《端格尔-尼尔际州行效率法案》颁布之后，该变量等于 1。后《格雷姆-里奇-比利雷法案》——哑变量，若并购宣告发生在 1999 年 11 月 12 日《格雷姆-里奇-比利雷法案》颁布之后，该变量等于 1。新技术哑变量——哑变量，若并购宣告发生在 1995 年，1996 年和 1997 年，则该变量等于 1，否则为 0。括号里的数字为 t-统计量。***，** 和 * 分别代表在 1%，5% 和 10% 的水平显著。

面板 A：监管变革

因变量	Synergy(-1,1)				
划分前期并购的百分比	10.00%	20.00%	30.00%	40.00%	50.00%
常数项	0.032	0.03	0.031	0.029	-0.003
	(0.253)	(0.242)	(0.246)	(0.245)	(-0.026)
前期并购	0.075**	0.075***	0.079***	0.104***	0.126***
	(1.987)	(2.648)	(3.054)	(4.894)	(7.163)

续表

因变量	Synergy(−1,1)				
相对交易规模	0.001	−0.003	−0.002	−0.011	0.005
	(0.041)	(−0.126)	(−0.095)	(−0.467)	(0.234)
股票支付	0.004	−0.004	−0.006	−0.01	−0.002
	(0.149)	(−0.159)	(−0.239)	(−0.408)	(−0.095)
友好变量	0.024	0.031	0.029	0.026	−0.006
	(0.188)	(0.252)	(0.234)	(0.219)	(−0.052)
后《瑞格尔-尼尔法案》	−0.034	−0.039	−0.036	−0.03	0.001
	(−0.714)	(−0.825)	(−0.764)	(−0.667)	(0.035)
后《格雷姆-里奇-比利雷法案》	0.013	0.005	−0.004	−0.01	−0.005
	(0.257)	(0.106)	(−0.072)	(−0.216)	(−0.110)
是否控制年份固定影响	Y	Y	Y	Y	Y
观测数	176	176	176	176	176
调整后的 R^2	0.053	0.034	0.019	0.062	0.184

面板 B：监管和技术变革

因变量	Synergy(−1,1)				
划分前期并购的百分比	10.00%	20.00%	30.00%	40.00%	50.00%
常数项	0.029	0.023	0.024	0.018	−0.004

续表

因变量	Synergy(−1,1)				
	(0.229)	(0.184)	(0.191)	(0.150)	(−0.033)
前期并购	0.073*	0.070**	0.071***	0.097***	0.122***
	(1.972)	(2.554)	(2.859)	(4.735)	(7.058)
相对交易规模	0.002	−0.001	0.001	−0.006	0.007
	(0.072)	(−0.043)	(0.021)	(−0.250)	(0.308)
股票支付	0.003	−0.005	−0.007	−0.011	−0.004
	(0.100)	(−0.209)	(−0.291)	(−0.460)	(−0.187)
友好变量	0.025	0.032	0.03	0.027	−0.003
	(0.199)	(0.262)	(0.247)	(0.232)	(−0.026)
后《瑞格尔-尼尔尔法案》	−0.029	−0.023	−0.024	−0.017	0.003
	(−0.790)	(−0.626)	(−0.655)	(−0.503)	(0.099)
后《格雷姆-里奇-比利雷法案》	−0.002	−0.017	−0.014	−0.016	−0.008
	(−0.037)	(−0.364)	(−0.309)	(−0.357)	(−0.205)
新技术哑变量	0.017	0.015	0.017	0.011	0.017
	(0.526)	(0.488)	(0.532)	(0.377)	(0.618)
是否控制年份固定影响	Y	Y	Y	Y	Y
观测数	176	176	176	176	176
调整后的 R^2	0.037	0.021	0.011	0.067	0.188

表 2-10　高层管理者的薪酬:监管与技术变革

本表采用普通最小二乘法对薪酬增长进行了回归,自变量有前期并购和其他控制变量,同时控制了固定年份的影响。对薪酬增长的定义采用并购后 2 年的薪酬变化:即并购之后 2 年高层管理者的总收入除以收购以收入除去收购前 1 年的总收入减去 1。前期并购是哑变量,当该变量发生在并购浪潮的前 10%,20%,30%,40% 或 50% 时,该变量等于 1,否则为 0。控制变量包括:相对交易规模——交易价值除以并购方的股权市场价值;股票支付——哑变量,当交易用股票支付时等于 1;友好收购——哑变量,当交易为非敌意并购时等于 1。后《瑞格尔-尼尔法案》——哑变量,若并购宣告发生在 1994 年 1 月 1 日《瑞格尔-尼尔州际银行和分行效率法案》通过之后,该变量等于 1。后《格雷姆-里奇-比利雷法案》——哑变量,若并购宣告发生在 1999 年 11 月 12 日《格雷姆-里奇-比利雷法案》通过之后,该变量等于 1。新技术哑变量——若并购宣告发生在 1995 年,1996 年和 1997 年,该变量等于 1,否则为 0。括号里的数字为 t-统计量。***,** 和 * 分别代表在 1%,5% 和 10% 的水平显著。

面板 A:后《瑞格尔-尼尔法案》与技术变革

因变量	2 年薪酬变化				
划分前期并购的百分比	10.00%	20.00%	30.00%	40.00%	50.00%
常数项	-0.049	0.168	0.101	-0.116	-0.023
	(-0.031)	(0.105)	(0.063)	(-0.073)	(-0.014)
前期并购	0.773*	0.105	0.244	0.569*	0.503
	(1.970)	(0.291)	(0.761)	(1.831)	(1.653)
相对交易规模	0.378	0.17	0.264	0.489	0.453
	(0.455)	(0.200)	(0.308)	(0.577)	(0.533)

续表

因变量	2 年薪酬变化				
股票支付	-0.765^*	-0.783^*	-0.762^*	-0.731^*	-0.734^*
	(-1.929)	(-1.915)	(-1.875)	(-1.833)	(-1.834)
友好变量	1.326	1.417	1.354	1.252	1.214
	(0.857)	(0.897)	(0.859)	(0.806)	(0.778)
后《瑞格尔-尼尔法案》	-0.079	-0.177	-0.155	-0.046	-0.085
	(-0.139)	(-0.304)	(-0.269)	(-0.081)	(-0.148)
新技术哑变量	0.298	0.134	0.168	0.202	0.167
	(0.715)	(0.318)	(0.399)	(0.493)	(0.408)
是否控制年份固定影响	Y	Y	Y	Y	Y
观测数	108	108	108	108	108
调整后的 R^2	0.003	0.043	0.038	0.008	0.015

面板 B:后《格雷姆-里奇-比利雷法案》与技术变革

因变量	2Y Comp-Change				
划分前期并购的百分比	10.00%	20.00%	30.00%	40.00%	50.00%

续表

因变量	2Y Comp-Change				
常数项	-0.444	-0.471	-0.676	-0.968	-0.871
	(-0.221)	(-0.227)	(-0.328)	(-0.477)	(-0.430)
前期并购	0.687*	-0.021	0.222	0.544*	0.499*
	(1.791)	(-0.028)	(0.706)	(1.789)	(1.684)
相对交易规模	0.24	0.014	0.143	0.375	0.345
	(0.295)	(0.017)	(0.171)	(0.452)	(0.415)
股票支付	-0.473	-0.489	-0.445	-0.408	-0.409
	(-1.147)	(-1.155)	(-1.054)	(-0.984) ——	(-0.984)
友好哑变量	1.043	1.136	1.042	0.934	0.89
	(0.689)	(0.737)	(0.677)	(0.616)	(0.584)
后《格雷姆-里奇-比利雷法案》	0.009	0.150	0.315	0.536	0.465
	(0.007)	(0.100)	(0.212)	(0.366)	(0.318)
新技术哑变量	0.664	0.653	0.848	1.069	0.991
	(0.473)	(0.444)	(0.586)	(0.752)	(0.698)
是否控制年份固定影响	Y	Y	Y	Y	Y
观测数	108	108	108	108	108
调整后的 R^2	0.048	0.016	0.021	0.048	0.045

的结果。具体来讲，表 2-7 面板 A 和面板 B 显示，前期并购的所有
10 个系数均为正，并且当采用并购浪潮前 10% 和前 40% 的划分方
法时，前期并购的系数显著为正，说明前期收购方获得了比后期收
购方显著更高的薪酬增长。然而，哑变量后《瑞格尔-尼尔法案》和
后《格雷姆-里奇-比利雷法案》的系数都不显著，说明银行业监管放
松和技术变革并未带来 CEO 的薪酬增长。总之，我们的稳健性检
验进一步支持了 H3，H4 和 H5 的假设，即放松监管和技术变革并
不能推翻我们的主要实证结果。

（七）其他检验：收入差距与发生在并购浪潮中的收购宣告

目前，我们已经证实，银行 CEO 之间的嫉妒心理导致了银行业
的并购浪潮以及 CEO 的薪酬增长。嫉妒心理理论还认为，最高
收入银行 CEO 和进行并购的同侪之间的收入差距越大，后者就越
有可能进行并购来追赶最高收入者。为了进一步分析嫉妒心理的作
用，我们检验了收入差距对并购可能性的影响以及对并购溢价的影
响。我们采用了 Probit 模型，当收购方银行在并购浪潮的前 10%，
前 20%，前 30%，前 40% 或者前 50% 进行并购宣告时，该因变量
等于 1，控制变量则与我们前面的回归分析相似。我们最感兴趣的
变量是收入差距(%)，等于并购发生当年收入最高的银行高层管
理者的平均收入减去并购方银行高管的平均收入，再除以当年收入
最高的银行高管的平均收入。当我们用收入最高的 3 家银行 CEO
的平均收入和并购方银行高层管理者的平均收入来计算收入差距
(%)时，得到了类似的计算结果。

表 2-11 面板 A 中的所有回归都表明进行并购的可能性与收入
差距正相关。表 2-11 面板 B 的回归结果还显示，并购溢价与收入
差距(%)正向显著相关。这说明 CEO 的嫉妒性收入对其所支付的
收购溢价具有放大作用。表 2-11 面板 A1 和面板 B1 报告了类似的
结果，对于前期并购的 5 种不同划分方法，收入差距的作用均显著
为正。这与表 2-2 面板 B 的结果相一致。简而言之，我们观察到，
在控制其他通常会影响宣告日回报率的变量的情况下，被收购方的
宣告日超额收益率与收入差距(%)间存在着显著为正的关系。总
的来说，这些结果为证明嫉妒心理理论提供了补充。

表 2-11　对在并购浪潮（早期）进行并购宣告的 Probit 回归和对收购溢价的 OLS 回归

面板 A（A1）对在并购浪潮（早期）进行并购宣告的可能性进行了 Probit 回归。当收购方银行的收购宣告发生在并购浪潮中时，因变量为 1。面板 B（B1）对收购溢价（早期并购）进行了最小二乘回归。收购溢价等于收购方银行收购宣告日 4 周前目标公司股票价格，再减去 1。收入差距（%）等于并购发生当年收入最高的银行高层管理者的平均收入减去并购方银行每股净资产；P/V 指股票价格与当年收入最高的银行高层管理者的平均收入，再除以当年收入最高的银行高层管理者的平均收入（内在价值以账面每股净资产获得）。将收购方银行的 P/V 值按照大小进行排序，并分成 5 组，值最小（最为低估的）的那组排序数为 1。P/V（k=12.5%）为当假设资本成本 k 为 12.5% 时的 P/V 值。地域多样化——哑变量，当并购双方位于不同的州时，该变量等于 1，否则为 0。业务多样化——哑变量，当并购双方的标准产业分类（SIC）代码的前 3 位不同时，该变量等于 1，否则为 0。交易规模—宣告的交易价值。杠杆率——收购方的总负债/总资产。括号里的数字为 t-统计量。$***$、$**$ 和 $*$ 分别代表在 1%、5% 和 10% 的水平显著。

因变量	面板 A:Probit 回归		面板 B:对收购溢价的回归	
	在并购浪潮中进行并购宣告		收购溢价	
常数项	1.871*	1.612*	-48.547	-40.281
	(1.972)	(1.775)	(-1.077)	(-0.795)
收入差距（%）	1.425*	1.112*	0.841*	0.858*
	(1.962)	(1.819)	(1.873)	(1.677)
P/B 值（2 年前）	-0.019	-0.018	0.352	0.323
	(-1.241)	(-1.191)	(0.393)	(0.329)

续表

因变量	面板 A：Probit 回归 在并购浪潮中进行并购宣告		面板 B：对收购溢价的回归 收购溢价	
收购方 P/V 值	0.230	0.110	0.519	314
	(0.055)	(0.085)	(0.849)	(0.076)
收购方 P/V 值（k = 12.5%）	0.007			0.231
	(0.040)			(0.253)
业务多样化	0.009	0.011	7.589	9.829*
	(0.097)	(0.110)	(1.501)	(1.757)
地域多样化	−0.138	−0.127	−1.697	−4.107
	(−1.405)	(−1.293)	(−0.290)	(−0.634)
Log（交易规模）	−0.030	−0.034	1.782	2.145
	(−1.021)	(−1.143)	(0.971)	(1.081)
杠杆率	−0.006	−0.004	0.126	−0.08
	(−1.182)	(−0.868)	(0.457)	(−0.264)
观测数	162	162	158	158
调整后的 R^2	(0.045)	(0.042)	(0.019)	(0.042)

面板 A1：Probit 回归：在并购浪潮早期进行并购宣告

因变量	在并购浪潮早期进行并购宣告				
划分前期并购的百分比	10%	20%	30%	40%	50%
常数项	-6.235	-6.66	-6.643	-6.023	-6.771*
	(-0.817)	(-1.134)	(-1.438)	(-1.497)	(-1.754)
收入差距(%)	4.775	5.805*	5.733*	5.381*	6.563*
	(1.614)	(1.968)	(1.821)	(1.719)	(1.672)
P/B值(2年前)	-0.023	-0.057	-0.057	-0.078	-0.082
	(-0.236)	(-0.757)	(-0.982)	(-1.392)	(-1.557)
收购方P/V值	0.413	0.421	0.507	0.454	0.462
	(0.833)	(0.453)	(0.569)	(0.550)	(0.466)
收购方P/V值(k=12.5%)	0.088*	0.041	0.028	0.026	0.019
	(1.790)	(1.454)	(1.350)	(1.388)	(1.112)
业务多样化	-0.245	-0.673	-0.561	-0.197	0.191
	(-0.400)	(-1.198)	(-1.392)	(-0.618)	(0.689)
地域多样化	-0.677	-0.863**	-0.727**	-0.459	-0.391
	(-1.368)	(-2.250)	(-2.210)	(-1.542)	(-1.401)

续表

因变量	在并购浪潮早期进行并购宣告				
	10%	20%	30%	40%	50%
划分前期并购的百分比					
Log(交易规模)	0.243	−0.056	−0.131	−0.102	−0.072
	(1.403)	(−0.436)	(−1.189)	(−1.015)	(−0.774)
杠杆率	0.034	0.007	0.013	0.002	−0.01
	(1.474)	(0.341)	(0.808)	(0.145)	(−0.734)
观测数	162	162	162	162	162
调整后的 R^2	(0.310)	(0.190)	(0.123)	(0.082)	(0.088)

面板 B1:对收购溢价的回归:在并购浪潮早期进行并购宣告

因变量	收购溢价				
	10%	20%	30%	40%	50%
划分前期并购的百分比					
常数项	−47.692	−37.799	−41.317	−46.931	−47.109
	(−1.045)	(−0.770)	(−0.912)	(−1.048)	(−1.042)
收入差距(%)	84.458*	74.684	78.892*	5.381*	84.160*
	(1.830)	(1.505)	(1.725)	(1.887)	(1.841)

续表

因变量	收购溢价				
划分前期并购的百分比	10%	20%	30%	40%	50%
P/B值(2年前)	0.403	0.266	0.405	0.555	0.486
	(0.440)	(0.285)	(0.451)	(0.617)	(0.536)
收购方 P/V 值	0.523	0.512	0.518	0.584	0.602
	(0.845)	(0.823)	(0.849)	(0.960)	(0.977)
业务多样化	7.664	7.407	8.259	7.615	7.09
	(1.476)	(1.365)	(1.606)	(1.495)	(1.373)
地域多样化	-1.34	-3.192	-1.182	-1.711	-2.189
	(-0.224)	(-0.506)	(-0.201)	(-0.293)	(-0.371)
Log(交易规模)	1.827	1.524	1.921	2.243	1.896
	(0.982)	(0.809)	(1.046)	(1.218)	(1.029)
杠杆率	0.096	0.133	0.006	-0.01	0.059
	(0.332)	(0.452)	(0.022)	(-0.035)	(0.210)
观测数	24	39	56	70	86
调整后的 R^2	(0.007)	(0.009)	(0.032)	(0.044)	(0.025)

（八）内生性

为了保证我们的分析结果不会受到 CEO 嫉妒心理内生性的干扰，我们需要构建至少一个由嫉妒性收入或者外在冲击（即技术变革或者法律变革）决定与并购倾向无关的辅助变量。我们采用后者将嫉妒心理与外在冲击相联系。不太可能影响嫉妒心理的冲击因素包括：一个代表银行业技术革新的技术变量，和两个代表银行业法律变革的变量：后《瑞格尔-尼尔法案》和后《格雷姆-里奇-比利雷法案》。具体来讲，我们以薪酬差异的百分比和嫉妒性收入的因变量对技术变革（新技术）、银行法律变革（后《瑞格尔-尼尔法案》和后《格雷姆-里奇-比利雷法案》）等外部冲击以及一系列控制变量进行回归。我们采用了两阶段最小二乘法进行分析：

收入差距（％）＝ a ＋ 控制变量 ＋ 新技术 ＋后《瑞格尔-尼尔法案》＋后《格雷姆-里奇-比利雷法案》＋ $\mu(t)$ ＋ $\xi(t)$

$\mu(t)$ 代表不可观测的异质性，假设其随时间不发生变化；$\xi(t)$ 是随时间而变化的误差项。我们用上个方程中获得的收入差距（％）预测值来分析在并购浪潮中进行并购的可能性，具体方程为：

Pr（在并购浪潮中进行并购）＝ a ＋ 收入差距（％）预测值 ＋ 控制变量 ＋ $\xi(t)$

然后我们采用收入差距（％）的预测值来检验它对银行并购决策的影响。表 2-12 报告了两种两阶段最小二乘固定效应回归模型。与我们之前的结果相一致，这些回归说明嫉妒性收入的增长导致了银行的并购浪潮。在两个回归中，收入差距（％）的系数在统计意义上均显著。总而言之，新的结果进一步证明嫉妒性收入在银行并购决策中扮演着重要角色。

七、本章小结

本章研究了银行 CEO 的嫉妒心理是否导致了并购浪潮的形成。我们的分析为并购浪潮提供了基于嫉妒心理的解释，并对高层管理

表 2-12　两阶段最小二乘回归

本表报告了采用两阶段最小二乘固定效应回归模型来解决收入差距(%)与并购倾向之间内生关系的结果。收入差距(%)等于并购发生当年收入最高的银行收入减去并购方高管的平均率高管者的平均收入，再除以当年收入最高的银行高管的平均收入。控制变量包括：2年前的市净率(P/B)，即股票价格以账面每股净资产；P/V，指股票价格与内在价值之比的排序数（内在价值采用剩余收益的永续模型，折现率用资本资产定价模型计算获得）。将收购资本成本 k 为 12.5% 时的 P/V 值进行按照大小进行排序，并分成 5 组，值最小(最为低估的)的那组的排序数为 1。$P/V(k=12.5\%)$ 为当期收益资本为 12.5% 时的 P/V 值。业务多样化——哑变量，当并购双方的标准产业分类(SIC)代码的前 3 位不同时，该变量等于 1，否则为 0。地域多样化——哑变量，当并购双方位于不同的州时，该变量等于 1，否则为 0。交易规模——交易的交易价值。杠杆率——收购方的总负债/总资产。后《瑞格尔-尼尔州际银行分行法案》——收购宣告发生在 1994 年 1 月 1 日《瑞格尔-尼尔际银行分行效率法案》通过之后，该变量等于 1。后《格雷姆-里奇-比利雷法案》——哑变量，若并购宣告发生在 1999 年 11 月 12 日《格雷姆-里奇-比利雷法案》通过之后，该变量等于 1。新技术哑变量——若并购宣告发生在 1995 年、1996 年和 1997 年，否则为 0。括号里的数字为 t-统计量。***、**和*分别代表在 1%，5% 和 10% 的水平显著。

因变量	收入差距(%)	并购宣告	收入差距(%)	并购宣告
常数项	1.882*	1.619*	1.443*	1.815*
	(1.991)	(1.665)	(1.872)	(1.535)
收入差距(%)		1.312*		1.542*
		(1.990)		(1.986)
P/B值(2年前)	-0.019	-0.018	-0.021	-0.026
	(-1.241)	(-1.191)	(-1.314)	(-1.421)
收购方 P/V 值	0.000	0.000	0.001	
	(0.085)	(0.084)	(0.084)	

续表

因变量	收入差距(%)	并购宣告	收入差距(%)	并购宣告
收购方 P/V 值($k=12.5\%$)				
业务多样化	0.011	0.009	0.022	0.010
	(0.110)	(0.097)	0.001	(0.082)
地域多样化	-0.127	-0.138	-0.100	-0.114
	(-1.293)	(-1.405)	(-1.293)	(-1.125)
Log(交易规模)	-0.034	-0.030	-0.034	-0.041
	(-1.143)	(-1.021)	(-1.143)	(-1.014)
杠杆率	-0.004	-0.006	-0.002	-0.001
	(-0.868)	(-1.182)	(-0.846)	(-1.132)
后《瑞格尔-尼尔尔法案》	1.205		1.103	
	(0.040)		(0.050)	
后《格雷姆-里奇-比利雷法案》	1.021		1.022	
	(0.006)		(0.005)	
新技术哑变量	1.102		1.082	
	(0.022)		(0.031)	
观测数	153	150	153	150
F-值	61.12	42.71	41.24	29.45
概率>F	0.000	0.000	0.000	0.000

人员的薪酬设计具有指导意义。基于 Goel 和 Thakor① 的理论模型，我们提出并验证了 6 项源自于嫉妒理论的假设。与以往的研究不同，我们的样本数据更为同质，更有利于检验并购浪潮的首次并购交易是否受到嫉妒性心理的驱动。另外，关注银行业并购，采用这一未被之前的研究使用过的数据对 CEO 的嫉妒心理进行分析，能够克服通过数据挖掘来观测实证规律的典型批评。

本章的实证分析显示，在并购浪潮中，前期并购银行的市值与后期并购银行的市值没有显著差别。前期并购与后期并购相比：目标银行的市场价值更低、交易规模更小；前期收购方获得略高的短期股票市场超额回报以及显著更好地长期市场表现和业绩增长。另外，前期并购带来显著更高的协同效应，以及高层管理者薪酬的更高增长。分析结果还表明，并购浪潮的首次并购同样受到嫉妒性收入的影响。我们的结果对于银行业的监管变革（《瑞格尔-尼尔法案》和《格雷姆-里奇-比利雷法案》）和技术变革的检验具有稳健性。我们在控制并购决策内生性的情况下，发现高层管理者的嫉妒心理对其并购倾向具有显著影响。

总之，我们的分析证明了银行高管间的嫉妒心理能够带来并购浪潮的主要假设。我们认为嫉妒心理是推动银行业并购浪潮的一个关键因素。

① Goel, A. M., Thakor, A. V. Do Envious CEOs Cause Merger Waves? [J]. *Review of Financial Studies*, 2010, 23: 487-451.

第三章 股票错误定价、管理者薪酬激励与美国银行业并购

一、关于美国银行业并购动机的理论概述

近年来，美国银行业通过并购迅速合并。结果，美国商业银行的数目从1980年的14000家下降到2010年底的6500家①。在每年发生的并购交易中，银行与金融服务业的并购数量一直居于所有行业的前5位。从1980年到2010年，美国最大的前10家银行(按照资产规模排序)所拥有的资产份额从22%上升至53.4%，而前10家银行(按存款规模排序)所拥有的存款份额从19%上升到了42%②

到目前为止，学者已经对银行并购的各种动机进行了研究，例如通过挖掘协同效应(规模经济或者范围经济)为股东创造价值、提高被收购方业绩、实现目标公司的资本变现、获得未来的成长机会、实现行业集中以及追求交易规模③。有研究认为通过收购表现

---

① 参见美国联邦存款保险公司(FDIC)网站，http：//www2. fdic. gov/SDI/SOB/[EB/OL].

② 参见联邦金融机构检查委员会各年度的财务状况与收入整合报表，http：//www. federalreserve. gov/releases/lbr/20101231/default. htm[EB/OL]；联邦存款保险公司(FDIC)的国家统计表，http：//www2. fdic. gov/sod/sodSumReport. asp? sInfoAsOf=2010[EB/OL].

③ Hannan, T., Pilloff, S. J. Acquisition Targets and Motives in the Banking Industry [J]. *Journal of Money，Credit and Banking*，2009，41(6)：1167-1187；Hernando, I., Nieto, M. J., Wall, L. D. Determinants of Domestic and Cross-Border Bank Acquisitions in the European Union [J]. *Journal of Banking & Finance*，2009，33(6)：1022-1032.

较差的目标公司获得的效率收益是驱动银行并购的主要动力①。
与 Akhigbe 和 Whyte②（他们认为被收购的可能性与被收购方的
资本资产比率有关）相一致，有研究发现，具有较高资本资产
比率的银行被收购的可能性较低③。还有研究证明，竞争问题
在银行并购活动中扮演重要角色④。之前的研究还对其他的影
响因素进行了探讨，包括扩张银行规模⑤，管理者薪酬激励⑥，

①　Amel, D. F., Rhoades, S. A. Empirical Evidence on the Motives for Bank Mergers [J]. *Eastern Economic Journal*, 1989, 15: 17-27; Hannan, T., Pilloff, S. J. Acquisition Targets and Motives in the Banking Industry [J]. *Journal of Money, Credit and Banking*, 2009, 41(6): 1167-1187;

②　Akhigbe, A., Madura, J., Whyte, A. M. Partial Anticipation and the Gains to Bank Merger Targets [J]. *Journal of Financial Services Research*, 2004, 26: 55-71.

③　Hannan T., Pilloff, S. J. Acquisition Targets and Motives in the Banking Industry [J]. *Journal of Money, Credit and Banking*, 2009, 41(6): 1167-1187; Lanine, G., Vennet, R. V. Microeconomic Determinants of Acquisitions of Eastern European Banks by Western European Banks [J]. *Economics of Transition*, 2007, 15: 285-308.

④　Hannan, T., Rhoades, S. A. Acquisition Targets and Motives: The Case of the Banking Industry [J]. *The Review of Economics and Statistics*, 1987, 69: 67-74; Moore, R. Banking's Merger Fervor: Survival of the Fittest? [R]. *Financial Industry Studies*, Federal Reserve Bank of Dallas, 1996, Dec: 9-15; Pasiouras, F., Tanna, S. Gaganis, C. What Drives Acquisitions in the EU Banking Industry? The Role of Bank Regulation and Supervision Framework, Bank-Specific and Market Specific Factors [J]. *Financial Markets, Institutions & Instruments*, 2011, 20(2): 29-77.

⑤　Hannan, T., Pilloff, S. J. Acquisition Targets and Motives in the Banking Industry [J]. *Journal of Money, Credit and Banking*, 2009, 41(6): 1167-1187; Lanine, G., Vennet, R. V. Microeconomic Determinants of Acquisitions of Eastern European Banks by Western European Banks [J]. *Economics of Transition*, 2007, 15: 285-308.

⑥　Hadlock, C, Houston, J., Ryngaert, M. The Role of Managerial Incentives in Bank Acquisitions [J]. *Journal of Banking and Finance*, 1999, 23: 221-249.

成长前景①以及行业的经济状况②等。研究发现，在美国表现较差的银行更可能被收购，这与收购方的类型无关，并发现对于整个样本代表低效率的变量与被收购的概率之间存在正向关系③。并购将资产从表现较差的银行转移到表现较好的银行④。另有学者⑤的发现与关于管理者业绩(用 ROA 来衡量管理者业绩)的假设相反，支持了堑壕假说，即拥有公司相当股份的管理者为了自保而阻止公司被收购，即使收购价格合理。总的来说，在科学论证中很难找到令人信服的证据证明收购方为股东创造了价值、降低了成本或者改善

① Hannan, T., Pilloff, S. J. Acquisition Targets and Motives in the Banking Industry [J]. *Journal of Money, Credit and Banking*, 2009, 41(6): 1167-1187; Pasiouras, F., Tanna, S. Gaganis, C. What Drives Acquisitions in the EU Banking Industry? The Role of Bank Regulation and Supervision Framework, Bank-Specific and Market Specific Factors [J]. *Financial Markets, Institutions & Instruments*, 2011, 20(2): 29-77.

② Mitchell, M. L., Mulherin, J. H. The Impact of Industry Shocks on Takeover and Restructuring Activity [J]. *Journal of Financial Economics*, 1996, 41: 193-229.

③ Hannan T., Pilloff, S. J. Acquisition Targets and Motives in the Banking Industry [J]. *Journal of Money, Credit and Banking*, 2009, 41(6): 1167-1187.

④ Amel, D. F., Rhoades, S. A. Empirical Evidence on the Motives for Bank Mergers [J]. *Eastern Economic Journal*, 1989, 15: 17-27; Moore, R. Banking's Merger Fervor: Survival of the Fittest? [R]. *Financial Industry Studies*, Federal Reserve Bank of Dallas, 1996, Dec: 9-15; Knapp, M., Gart, A., Chaudhry, M. The Impact of Mean Reversion of Bank Profitability on Post-Merger Performance in the Banking Industry [J]. *Journal of Banking and Finance*, 2006, 30: 3503-3517; Koetter, M., Bos, J. W. B., Heid, F., Kolari, J. W., Kool, C. J. M., Porath, D. Accounting for Distress in Bank Mergers [J]. *Journal of Banking and Finance*, 2007, 31: 3200-3217.

⑤ Hannan, T., Rhoades, S. A. Acquisition Targets and Motives: The Case of the Banking Industry [J]. *The Review of Economics and Statistics*, 1987, 69: 67-74; Hadlock, C., Houston, J., Ryngaert, M. The Role of Managerial Incentives in Bank Acquisitions [J]. *Journal of Banking and Finance*, 1999, 23: 221-249.

了盈利能力。同样，缺少证据支持银行能够从经营范围的扩张中受益①。因此，银行为什么要进行并购的问题依然值得研究，本书的目的也在于此。但是，近期将关于并购动因的争辩与股票市场的较高估值联系起来②。一些研究则通过构建模型来说明，并购以及并购浪潮受到收购方管理者对高估的股票进行选择时的驱动③，即错误定价理论。该理论认为收购方试图通过以低于基本面价值的价格现金购买低估的目标公司，或者股票购买相对低估的目标公司（即便高估，其高估程度也小于收购方的高估程度）获益。近期的实证分析证明了这一点④。然而，关于银行并购的股票错误定价分析还没有得到研究者的关注。

　　既然从平均来说银行并购并不创造价值⑤，那么它们为什么还会持续发生呢？在本研究中，我们将采用不同的衡量股票高估的指标来检验股票高估是否推动着美国银行业的并购。我们具体回答以下问题：错误定价是否导致了美国银行业的并购？美国银行收购上市银行和非上市银行有什么区别？回答这些问题，当然要求我们考

① Berger, P. G., Ofek, E. Diversification's Effect on Firm Value [J]. *Journal of Financial Economics*, 1995, 37(1): 39-65.

② Shleifer, A., Vishny, R. Stock Market Driven Acquisitions [J]. *Journal of Financial Economics*, 2003, 70: 295-311; Rhodes-Kropf, M., Viswanathan, S. Market Valuation and Merger Waves [J]. *Journal of Finance*, 2004, 59(6): 2685-2718.

③ Shleifer, A., Vishny, R. Stock Market Driven Acquisitions [J]. *Journal of Financial Economics*, 2003, 70: 295-311; Rhodes-Kropf, M., Viswanathan, S. Market Valuation and Merger Waves [J]. *Journal of Finance*, 2004, 59(6): 2685-2718.

④ Dong, M., Hirshleifer, D., Richardson, S., Teoh, S. H. Does Investor Misvaluation Drive the Takeover Market? [J]. *Journal of Finance*, 2006, 61: 725-762; Ang, J. S., Cheng, Y. Direct Evidence on the Market-Driven Acquisition Theory [J]. *The Journal of Financial Research*, 2006, 29(2): 199-216.

⑤ Berger, P. G., Saunders, A., Scalise, J. M., Udell, G. F. The Effects of Bank Mergers and Acquisitions on Small Business Lending [J]. *Journal of Financial Economics*, 1998, 50: 187-229.

虑收购方的成长前景。控制收购方银行成长前景的需要来自于投资的 Q 理论①，该理论认为 Q 值高的银行更可能具有高的成长机会，以高的股票价格进行交易，也进行更多的投资。

本章的实证结果与股票错误定价基本一致。在我们分析中采用的两个相对估值指标(P/V)均显示，对于整个样本，与目标公司相比(尤其是在股票交易中)，收购方具有更高的相对估值(P/V)。而且证据显示，高估的收购方会：更倾向于采用股票而不是现金进行支付；愿意支付与被收购方市价相比更高的相对价格；更可能收购非上市公司；获得较低的并购宣告收益率。估值较高的被收购方，并购时得到与市价相比较低的收购溢价，更可能收到以股票支付的并购邀请和经历较低的宣告日收益率。

同样，如果并购没有为股东创造价值，那么又是什么在推动着股票高估的收购方购买高估程度相对较低的目标公司呢？关于 CEO 薪酬的研究②认为，管理人员的薪酬机制经常推动着 CEO 进行并购，我们同样检验了收购方银行进行并购是否与管理者的薪酬激励有关。我们具体检验股票高估的收购方所进行的未能为股东创造财富的并购，是否与高层管理人员在并购后的财富增长相关联。分析结果显示，股票高估的收购方在并购之后为它们的高层管理人员带来了较大的薪酬增长。

本书将从以下几个方面对当前研究作出贡献。第一，我们从股票错误定价的角度检验银行进行并购的动机。第二，我们研究相对高估的收购方所进行的银行并购是否受到管理者薪酬激励机制的驱

---

① Martin, K. J. The Method of Payment in Corporate Acquisitions, Investment Opportunities, and Management Ownership [J]. *Journal of Finance*, 1996, 51: 1227-1246.

② Grinstein, Y., Hribar, P. CEO Compensation and Incentives—Evidence from M&A Bonuses [J]. *Journal of Financial Economics*, 2004, 73: 119-143; Harford, J., Li, K. Decoupling CEO Wealthand Firm Performance: The Case of Acquiring CEOs [J]. *Journal of Finance*, 2007, 62: 917-949; Fich, E. M, Starks, L. T., Yore, A. S. CEO Deal-Making Activity, CEO Compensation and Firm Value [R]. Working Paper, Drexel University, 2010.

动。据我们所知，本书首次从股票高估和管理者薪酬的角度对银行并购进行研究。第三，集中研究特定的行业，能够最小化存在于不同行业间的跨行业干扰、提供与行业相关的见解。第四，关于并购中股票高估和管理者薪酬动机的证明，即收购方试图通过并购利用其暂时高估的股票获益，而不是创造协同收益，这对于监管权力所应扮演的角色也具有实际的指导意义。

二、股票错误定价驱动的并购

"股票市场驱动型并购"（Stock Market-Driven Acquisitions）理论背后的基本假设为，市场缺乏效率，因而一些公司的定价出现错误。而且，管理者完全理性，理解股票市场的无效性，并通过并购等方式对其加以利用。错误定价理论认为，收购方要么以现金按照低于内在价值的价格购买低估的被收购方，要么以股票购买被收购方（即便高估，其高估程度也要小于收购方的高估程度）的方式获取收益。

从收购方的角度，采用股票支付的并购可以看成两个同时进行的交易，一个是并购和一个是股票发行①。Myers 和 Majluf 认为，具有信息优势的管理者为了维护老股东的利益，会在股价高估的时候发行新股。而且，当收购方的股票被市场较大幅度地低估时，管理者就会放弃净现值（NPV）为正的投资。Myers 和 Majluf 的模型说明，当且仅当老股东所能获得的未来成长机会的价值大于他们必须转让给新股东的现有营运资产（Assets in Place）的价值时，该公司将进行投资②。因此，发行新股和进行投资的决策向市场传递了关于其现有资产的负面信息。结果，一项关于股票发行的宣告将导致公司股票下跌，但对于风险型（无风险）债券的发行宣告，市场上

---

① Andrade, G., Mitchell, M., Stafford, E. New Evidence and Perspectives on Mergers [J]. *Journal of Economic Perspectives*, 2001, 15: 103-120.

② Myers, S. C., Majluf, N. S. Corporate Financing and Investment Decisions When Firms have Information that Investors Do not Have [R]. NBER Working Paper, No. W1396, 1984.

却几乎没有(完全没有)反应。

理性的管理者会利用缺乏理性的市场①。收购方和被收购方的错误定价会影响其侵占机会(Expropriation Opportunities)和管理者激励,以及包括支付方式(股票或者现金)、并购方式[兼并或者收购要约(Tender Offer)]、收购溢价(Bid Premium)、被收购方对交易的敌意、并购的成功概率,以及事件期间的收益率等在内的交易特征。当收购方股票大幅高估,而被收购方股票的估值相对较低时,并购往往采用股票支付。当行业估值较高(低)时,并购更可能通过股票(现金)交易来完成。然而,被收购方的股票高估鼓励其管理层自愿接受侵占性的并购邀请(Expropriation Offers)以进行套现(Cash Out)。Shleifer 和 Vishny 认为,收购方被高估时,并购的目的不是为了获得协同效应,而是让其长期股东能够保留暂时的股票高估。使用高估的股票收购估值相对较低的被收购方时,收购方可以为其股东留下更多的每股硬资产(Hard Assets)以缓冲其股价下跌。或者,如果股东认为交易能够实现协同效应,他们也可能高估合并后的价值。在这种情况下,尽管收购方为被收购方支付了较高溢价,依然可以获得长期的缓冲效应。总之,Shleifer 和 Vishny 的模型有助于解释交易双方的选择、支付方式以及并购的评估结果。

同样,Rhodes-Kropf 和 Viswanathan 的模型预测,以股票支付的并购活动与较高的市场估值相关联②。他们的模型说明,不管并购背后的动力是什么,市场估值都对并购以及并购浪潮产生影响。交易双方市场价格相对于内在价值的潜在偏离能够理性地导致股票并购活动与市场估值的相关性;并购浪潮以及现金和股票购买的浪潮可能受到股票市场高估(或低估)时期的理性推动。因此,估值从根本上影响着并购;现金收购方往往比股票收购方的高估程度要

---

① Shleifer, A., Vishny, R. Stock Market Driven Acquisitions [J]. *Journal of Financial Economics*, 2003, 70: 295-311.

② Rhodes-Kropf, M., Viswanathan, S. Market Valuation and Merger Waves [J]. *Journal of Finance*, 2004, 59(6): 2685-2718.

低，现金交易中的被收购方与股票交易中的被收购方的估值相比则往往相对低估。

为了检验估值误差是否影响并购，Rhodes-Kropf 和 Viswanathan 将(M/B)分解成 3 部分：公司特定的偏离短期行业价格的部分，部门短期内偏离公司长期价格的部分和长期市净率(P/B)①。他们的实证分析很好地支持了并购的错误定价理论，即估值误差不仅影响谁收购谁，还影响交易的支付方式。他们还发现了长期市净率较低的公司往往收购市净率较高的公司这一不同于传统观点的现象。

另有研究②检验了股票的高估假设，并证明了 Shleifer 和 Vishny 的错误定价理论；还采用市净率(P/B)和股价与剩余收益内在价值之比(P/V)，对收购方和被收购方的估值进行了具体计算，用以检验并购的错误定价理论和 Q 假设。他们的分析结果与两个理论基本一致。与 Q 假设相一致的结果在 1990 年以前比在 1990—2000 年更为显著，而错误定价理论在 1990—2000 年得到更多支持。

最后，Ang 和 Cheng 的研究直接证实了股票高估是推动采用股票进行并购的重要动力③，支持了 Shleifer 和 Vishny 关于市场推动型并购的理论。他们发现，在控制其他因素之后，股票高估增加了公司使用股票进行并购以及完成股票并购的概率。

基于之前的研究，尤其是 Shleifer 和 Vishny 的理论模型，我们将探讨股票市场的错误定价是否在推动美国银行业的并购活动，以及潜在影响其并购特征（比如，支付方式、溢价程度、为交易双方

---

① Rhodes-Kropf, M., Robinson, D., Viswanathan, S. Valuation Waves and Merger Activity: The Empirical Evidence [J]. *Journal of Financial Economics*, 2005, 77: 561-603.

② Dong, M., Hirshleifer, D., Richardson, S., Teoh, S. H. Does Investor Misvaluation Drive the Takeover Market? [J]. *Journal of Finance*, 2006, 61: 725-762.

③ Ang, J. S., Cheng, Y. Direct Evidence on the Market-Driven Acquisition Theory [J]. *The Journal of Financial Research*, 2006, 29(2): 199-216.

带来的财富效应)方面起到重要作用。

三、管理者的薪酬激励

Jensen 指出，股票高估为股东带来了不小的代理成本，股票高估推动型并购的动力来自于收购方管理者的经济激励①。即使并购后收购方的股价在下跌，大型银行 CEO 的薪酬在并购后依然获得增长②。有能力影响董事会决策的收购方 CEO 们获得了显著更多的并购奖励③。在股票高估推动型并购中的收购方 CEO 在交易完成后获得了大量货币收益④，而这类并购交易带给管理者的收益要高于其股东⑤。之前的研究总体上显示，收购方公司采用高估的股票进行并购的动力来自于收购方管理者的薪酬激励。

在本研究中，我们通过分析交易完成后收购方银行高层管理者的薪酬变化来进一步阐述该问题。

四、实证研究的方法与数据

(一)股票高估的计算

为了回答股票市场错误定价是否推动了银行并购这一问题，就要求我们对错误定价进行度量。然而，实证研究关于如何衡量股票

---

① Jensen, M. C. The Agency Costs of Overvalued Equity and the Current State of Corporate Finance [J]. *European Financial Management*, 2004, 10: 549-565; Jensen, M. C. Agency Costs of Overvalued Equity [J]. *Financial Management*, 2005, 34: 5-19.

② Bliss, R. T., Rosen, R. J. CEO Compensation and Bank Mergers[J]. *Journal of Financial Economics*, 2001, 61: 107-138.

③ Grinstein, Y., Hribar, P. CEO Compensation and Incentives—Evidence from M&A Bonuses [J]. *Journal of Financial Economics*, 2004, 73: 119-143.

④ Harford, J., Li, K. Decoupling CEO Wealth and Firm Performance: The Case of Acquiring CEOs [J]. *Journal of Finance*, 2007, 62: 917-949.

⑤ Fu, F., Ling, L., Officer, M. Acquisitions Driven by Stock Overvaluation: Are They Good Deals? [R]. Working Paper, Singapore Management University, 2010.

的错误定价的看法并不一致①。Q 值是衡量错误定价的常用指标，其部分变化来自于投资者信念的偏差，而大部分变化来自于投资者对公司生产力的理性预期。关于市净率(P/B)作为衡量错误定价的指标存在诸多争议②，因此我们在本研究中采用 P/V 作为衡量错误定价的指标。Dong，Hirshleifer 和 Richardson ③在实证研究中采用了两个代理变量：股票价格与账面价值比(即市净率，P/B)和价格与内在价值(按照 Ohlson④ 的剩余收益模型进行计算)之比(P/V)。尽管账面价值(B)和内在价值(V)均代表基本面价值，剩余收益价值(V)包含了未来的信息，即分析师对未来收益的预测。P/V 比 P/B 更好地剔除了关于成长和管理者代理问题的无关信息⑤。P/V 相对更集中于度量股票的错误定价，因此被不少研究所采用⑥。

———————————

①　Ang，J. S.，Cheng，Y. Direct Evidence on the Market-Driven Acquisition Theory [J]. *The Journal of Financial Research*，2006，29(2)：199-216.

②　Rhodes-Kropf，M.，Robinson，D.，Viswanathan，S. Valuation Waves and Merger Activity：The Empirical Evidence [J]. *Journal of Financial Economics*，2005，77：561-603.

③　Dong，M.，Hirshleifer，D.，Richardson，S.，Teoh，S. H. Does Investor Misvaluation Drive the Takeover Market? [J]. *Journal of Finance*，2006，61：725-762.

④　Ohlson，J. A. Earnings，Book Values，and Dividends in Equity Valuation [J]. *Contemporary Accounting Research*，1995，11：661-687.

⑤　Dong M.，Hirshleifer，D.，Richardson，S.，Teoh，S. H. Does Investor Misvaluation Drive the Takeover Market? [J]. *Journal of Finance*，2006，61：725-762.

⑥　Frankel，R.，Lee，C. Accounting Valuation，Market Expectation，and the Book-To-Market Effect [J]. *Journal of Accounting and Economics*，1998，25：283-321；Lee，C. M. C.，Myers，J.，Swaminathan，B. What is the Intrinsic Value of the Dow? [J]. *Journal of Finance*，1999，54，1693-1741；D'Mello，R.，Shroff，P. K. Equity Undervaluationand Decisions Related to Repurchase Tender Offers：An Empirical Investigation [J]. *Journal of Finance*，2000，55：2399-2424；Ali，A.，Hwang，L. S.，Trombley，M. A. Residual-Income-Based Valuation Predicts Future Stock Returns：Evidence on Mispricingversus Risk Explanations [J]. *Accounting Review*，2003，78：377-396；Doukas，J.，Kim，C.，Pantzalis，C. Arbitrage Riskand Stock Mispricing [J]. *Journal of Financial and Quantitative Analysis*，2010，45(4)：907-934.

我们用并购宣告 2 年前的市净率(P/B)来衡量并购双方银行的成长前景(当我们采用并购 1 年前的 P/B 值时,得到了类似的结果)。之所以采用滞后 2 年的 P/B 值,是因为临近并购宣告时的 P/B 值更可能成为衡量成长性的噪声测度。

1. 基于剩余收益估值模型计算股票的错误定价

Ohlson[1] 认为,股票的内在价值包括两部分:股权的账面价值和预测的超额收益(Excess Income)的现值。超额收益是基于分析师对未来收益的预测。任何一只股票在月份 t 的内在价值为:

$$V(t) = B(t) + \sum_{i=1}^{\infty} \frac{E_t(\{\text{ROE}(t+i) - r_e(t)\} B(t+i-1))}{(1 + r_e(t))^i}$$

其中,E_t 为期望算子,$B(t)$ 代表在时间 t 的账面价值(只保留 $B(t)$ 为正的观测值),$\text{ROE}(t+i)$ 是 $t+i$ 时期的股权收益率,$r_e(t)$ 为公司的年化资本成本。为了方便计算,我们采用了三阶段预测模型[2]:

$$V(t) = B(t) + \frac{(f^{\text{ROE}}(t+1) - r_e(t)) B(t)}{1 + r_e(t)}$$
$$+ \frac{(f^{\text{ROE}}(t+2) - r_e(t)) B(t+1)}{(1 + r_e(t))^2}$$
$$+ \frac{(f^{\text{ROE}}(t+3) - r_e(t)) B(t+2)}{(1 + r_e(t))^2 r_e(t)}$$

其中,$f^{\text{ROE}}(t+i)$ 为 $t+i$ 期的预测股权收益率,时期长度为 1 年,公式中的最后一项将 $t+3$ 期的剩余收入作为永续年金进行计算。对 ROEs 的计算公式如下:

$$f^{\text{ROE}}(t+i) = \frac{f^{\text{EPS}}(t+i)}{B(t+i-1)}$$

---

① Ohlson, J. A. Earnings, Book Values, and Dividends in Equity Valuation [J]. *Contemporary Accounting Research*, 1995, 11: 661-687.

② Lee, C. M. C., Myers, J., Swaminathan, B. What is the Intrinsic Value of the Dow? [J]. *Journal of Finance*, 1999, 54, 1693-1741; Dong, M., Hirshleifer, D., Richardson, S., Teoh, S. H. Does Investor Misvaluation Drive the Takeover Market? [J]. *Journal of Finance*, 2006, 61: 725-762.

其中,

$$\overline{B}(t+i-1) \equiv \frac{B(t+i-1)+B(t+i-2)}{2}$$

$f^{EPS}(t+i)$ 是从 I/B/E/S 数据库提取的 $t+i$ 期的预计每股收益(EPS)。股权的未来账面价值计算如下:

$$B(t+i)=B(t+i-1)+(1-k)f^{EPS}(t+i)$$

其中, k 为股利支付率, $k=\dfrac{D(t)}{EPS(t)}$, 并剔除了 $k>1$ 的观测值①。

年化股权成本($r_e(t)$)采用 CAPM 模型计算出的公司特定收益率, t 时期的 beta 值根据之前 3 年的月收益率计算得到。

2. 基于永续剩余收益模型计算股票的错误定价

与剩余收益模型②相类似,我们构建了另一个测量内在价值的变量,该变量不依赖于分析师对未来收益的预测。采用该变量主要出于以下两个原因:第一,允许对较大样本银行的内在价值进行估计;第二,能够用做对股票高估假设的稳健性检验。把实际的 EPS (t) 作为公司的永久性收入,留存收益 $EPS(t)*(1-k)$ 作为公司的剩余收益。则内在价值的计算方法为:

$$V=B(t)+\frac{EPS(1-k)}{r_e(t)},$$

其中, k 为股利支付率 $k=\dfrac{D(t)}{EPS(t)}$ 。

这种方法的一个缺陷是,样本期间银行经历了可能向下(或向上)影响其 EPS 的监管变化,从而导致其内在价值低于(或高于)剩余收益模型的估计。股票收益率($r_e(t)$)可能由于同样的原因受到

---

① Lee, C. M. C., Myers, J., Swaminathan, B. What is the Intrinsic Value of the Dow? [J]. *Journal of Finance*, 1999, 54: 1693-1741.

② Ohlson, J. A. Earnings, Book Values, and Dividends in Equity Valuation [J]. *Contemporary Accounting Research*, 1995, 11: 661-687; Dong M., Hirshleifer, D., Richardson, S., Teoh, S. H. Does Investor Misvaluation Drivethe Takeover Market? [J]. *Journal of Finance*, 2006, 61: 725-762.

影响。实际的 P/V 值就可能高于(或低于)按照固定收益模型计算的结果。但是，如果这种方法与我们的剩余收益模型得出类似的分析结果，就说明我们的第二个估值方法不是一个合格的相对估值变量。另外，说明我们样本期间的监管变化对于银行业的相对估值没有实质性的影响。效仿 Lee，Myers 和 Swaminathan[1] 的研究，我们剔除了 $k>1$ 的观测值。年化的股权成本($r_e(t)$)是通过 CAPM 模型计算的公司特定收益率，t 期的 beta 值通过并购前 3 年的月收益率计算得到。

为了检验研究结果的稳健性，我们还在对两种 P/V 值进行计算时，采用了常数 12.5%[2]作为折现率。然后对 P/B(2 年前)和 P/V 值在 1%与 99%处进行截尾处理。较高(较低)的 P/B(2 年前)显示较高(较低)的成长性，而较高(较低)的 P/V 值代表股票相对高估(低估)。之前的研究说明，P/V 的预测能力对于模型所采用的资本成本[3]，以及不同公司是否采用不同的折现率具有稳健性[4]。

(二)宣告期收益率

从实际股票收益率中减去没有发生该事件时的正常收益率(或期望收益率)就得到了超额收益率，即 $AR_{it} = R_{it} - E(R_{it})$ 。有几种

---

① Lee, C. M. C., Myers, J., Swaminathan, B. What is the Intrinsic Value of the Dow? [J]. *Journal of Finance*, 1999, 54: 1693-1741.

② D'Mello, R., Shroff, P. K. Equity Undervaluation and Decisions Related to Repurchase Tender Offers: An Empirical Investigation [J]. *Journal of Finance*, 2000, 55: 2399-2424; Dong, M., Hirshleifer, D., Richardson, S., Teoh, S. H. Does Investor Misvaluation Drive the Takeover Market? [J]. *Journal of Finance*, 2006, 61: 725-762.

③ Lee, C. M. C., Myers, J., Swaminathan, B. What is the Intrinsic Value of the Dow? [J]. *Journal of Finance*, 1999, 54: 1693-1741; Dong, M., Hirshleifer, D., Richardson, S., Teoh, S. H. Does Investor Misvaluation Drivethe Takeover Market? [J]. *Journal of Finance*, 2006, 61: 725-762.

④ D'Mello, R., Shroff, P. K. Equity Undervaluation and Decisions Related to Repurchase Tender Offers: An Empirical Investigation [J]. *Journal of Finance*, 2000, 55: 2399-2424.

方法可以计算出期望收益率 $E(R_{it})$。常被用做基准期望收益率的有：通过市场模型预测的收益率、市场收益率以及公司之前的特定平均收益率。在这些计算方法中，市场模型最为常用①。本章采用市场模型，公式如下：

$$R_{it} = \alpha_i + \beta_i R_{mt} + \varepsilon_{it}$$

其中 $t = -274$，…，-20。效仿 Flannery 和 James②，我们在市场模型中加入短期利率（即代表美国财政部或者政府担保债务成本的第二个因子）变动，以考虑银行股票收益率的利率敏感性。通过这 2 个因素模型的计算获得了相似的结果。

本研究使用美国证券价格研究中心（CRSP）数据库的等权重收益率（equal-weighted return）作为市场收益率，市场模型的参数是基于宣告日前第 274 日至第 20 日这 255 天的数据估计出来的。R_{it} 表示公司 i 在 t 日的股票收益率，R_{mt} 是市场指数在 t 日的收益率，ε_{it} 为误差项。因此，在事件期间，用实际收益率减去估计出的系数计算得到的期望收益率，便是超额收益率，公式如下：

$$AR_{it} = R_{it} - \hat{\alpha}_i - \hat{\beta}_i R_{mt} ,$$

其中 $t = -10$，…，$+10$。累积超额收益率（CAR）也可以基于不同的事件窗口进行计算。时间 0 为并购宣告当天，计算期为宣告日前后的 n 天，即（$-n$，$+n$）天。

我们还根据 Fama-French 的三因素模型估计了长期超额收益率，估计期为 5 年：

$$R_{jt} = \alpha + \beta_j R_{mt} + s_j \, \mathrm{SMB}_t + h_j \, \mathrm{HML}_t + \varepsilon_{jt}$$

公司 j 的普通股在 t 期的月超额收益率为：

$$\mathrm{AR}_{jt} = R_{jt} - (\hat{\alpha}_j + \hat{\beta}_j R_{mt} + \hat{s}_j \, \mathrm{SMB}_t + \hat{h}_j \, \mathrm{HML}_t)$$

对累计平均超额收益率（CAAR）的计算与市场模型相同。

---

①　Kallunki, J. P., Broussard, J., Boehmer, E. *Using* SAS *in Financial Research* [M]. Cary, NC: SAS Press, 2002.

②　Flannery, M. J, James, C. M. The Effect of Interest Rate Changes on Common Stock Returns of Financial Institutions [J]. *Journal of Finance*, 1984, 39: 1141-1153.

（三）数据

关于美国银行业的并购事件的信息来自汤姆森银行家数据库（Thomson ONE Banker Database），时间跨度为1985—2006年。由于2007年发生的次贷危机可能严重影响到研究结果，因此本书将样本的截至日期选取在2006年12月31日，即并购宣告发生在1985年1月1日至2006年12月31日期间。原始样本包含了2148起成功完成的并购交易，而且在这些交易中收购方都在纽约证券交易所（NYSE）、美国证券交易所（AMEX）或纳斯达克（NASDAQ）上市，并能够在CRSP数据库中找到宣告期的股票数据。关于并购双方账面价值、股利支付率和每股收益的会计数据来自Compustat数据库。用剩余收益模型计算内在价值时用到的收益预测数据来自I/B/E/S数据库。为了维持样本规模，我们暂不剔除会计数据或者预测数据缺失的交易。表3-1（面板A）将每年的并购事件按照支付方式、目标银行类型、是否地域多元化（跨州），以及是否业务多元化分别进行了统计；并逐年报告了名义平均交易额与通货膨胀调整后的平均交易额（以2005年为基年），以及交易双方的市场价值。表3-1面板B将所有的并购事件按照支付方式、目标银行的类型、是否地域多元化（跨州并购）以及是否业务多元化进行了划分，同时标明了每一类交易额的中位数。

可以看出，银行业的并购交易数在20世纪90年代达到了顶峰，67%的交易发生在1993—2000年。并购活动在20世纪80年代初和21世纪最开始的几年有所下降。平均交易额同样是在20世纪90年代末达到了高峰。目标银行的平均市场价值大约为并购方市场价值的1/5。如表3-1面板B所示，大约一半的银行并购采用股票支付，多于半数的并购旨在上市的目标银行，1/3的并购为跨州并购。在所有的银行并购中，多于一半（1286起）为地域且经营集中化的并购。

五、相对估值与并购特征

本部分报告检验1985—2006年股票估值变量与并购特征之间关系的一元分析结果。

面板 A：频度描述

该表对整个样本进行了描述性统计，包括 1985—2006 年全部美国银行的并购交易 2148 起。面板 A 按年份报告了银行的并购宣告事件数，股票支付的事件数，并购上市目标公司的事件数，跨州并购事件数，采用通货膨胀调整后的平均交易额和交易额双方的市场价值。"通货膨胀调整"指以 2005 年作为基年，采用美国商务部经济分析局构造的国内生产总值折算指数（Gross Domestic Product: Implicit Price Deflator）对交易价值对双方市场价值进行调整。

表 3-1　美国银行业并购宣告的描述性统计

年份	并购交易数	跨州并购数	业务多元化并购数	收购上市银行的交易数	收购非上市银行的交易数	通胀调整后的平均交易额（百万美元）	通胀调整后的收购方市场规模（百万美元）	通胀调整后的目标银行市场规模（百万美元）
1985	18	9	1	11	7	155.91	NA	NA
1986	93	29	7	23	70	174.75	1364.56	487.52
1987	53	23	3	22	31	83.63	1011.11	271.51
1988	39	16	6	25	14	77.07	1608.84	214.58
1989	65	21	11	34	31	89.38	1843.57	288.87
1990	60	9	7	40	20	23.75	334.22	407.12
1991	66	22	6	39	27	263.24	2086.68	359.4
1992	96	37	23	57	39	129.07	2433.71	538.58
1993	161	51	25	85	76	116.62	2818.77	395.68
1994	195	71	32	102	93	57.03	2027.67	556.72

年份	并购交易数	跨州并购数	业务多元化并购数	收购上市银行的交易数	收购非上市银行的交易数	通胀调整后的平均交易额（百万美元）	通胀调整后的收购方市场规模（百万美元）	通胀调整后的目标银行市场规模（百万美元）
1995	205	57	38	137	68	291.69	2802.42	607.56
1996	207	43	22	175	32	56.23	2663.42	553.93
1997	190	71	41	122	68	482.08	3498.36	944.71
1998	205	56	33	126	79	813.52	3168.27	1099.78
1999	152	38	24	117	35	279.07	6796.65	1622.82
2000	130	34	15	114	16	447.98	8769.61	1327.17
2001	71	16	11	58	13	456.52	4309.82	3295.16
2002	22	6	6	13	9	34.64	3604.54	103.35
2003	37	11	8	22	15	1555.08	4369.21	815.68
2004	40	12	9	22	18	315.31	4958.91	1411.88
2005	28	13	4	10	18	194.33	5705.88	422.22
2006	25	16	5	15	10	164.37	11724.47	254.6
总和	2148	661	337	1369	779			
平均值						284.6	3709.56	760.9

续表

面板 B：各类型并购的平均规模

面板 B 按照支付方式，目标银行种类，地域多元化（跨州并购）和业务多元化报告了各类银行并购的数目和各类交易规模的中值。

并购种类	并购数目	平均交易规模（百万美元）	收购银行的平均市值（百万美元）	相对交易规模（交易规模/收购方市场价值）
所有并购	2148	19.4	650.7	2.98%
股票支付的并购	1063	44.9	768.4	5.84%
现金支付的并购	1085	6.89	308.8	2.23%
收购上市公司的并购	1369	22.01	1 261.91	1.74%
收购非上市公司的并购	779	17.95	395.33	4.54%
地域多元化并购	143	65	1617.5	4.02%
地域目业务集中化并购	1286	9.85	302.38	3.26%
地域集中化和业务多元化并购	199	31.78	249.3	12.75%
地域多元化和业务集中化并购	520	50.4	1 786.79	2.82%

来源：国内生产总值扩算指数，参见 http://www.bea.gov/national/nipaweb.

（一）收购方和被收购方的相对估值与支付方式

正如前文讨论的，错误定价理论认为，理性的管理者理解股票市场的无效性，并以并购的方式利用这种无效性。Shleifer 和 Vishny 等研究[1]构建的模型预测，被高估的公司会使用股票收购相对低估的被收购方；现金交易中目标公司比股票交易中的目标公司更为低估；现金收购方的高估程度低于股票收购方。

表 3-2 按照被收购方类型（上市与非上市公司）和支付方式（现金与股票交易）报告了两种估值指标的计算结果。表 3-2 面板 A 报告了市净率（P/B（2 年前））和按照三阶段剩余收益模型计算出的价格与内在价值之比（P/V）的平均值，以及在不同的支付方式下，收购方与被收购方银行之间的差异。表 3-2 面板 B 报告了关于市净率 [P/B（2 年前）] 和基于永续剩余收益模型计算的价格与内在价值之比（P/V）的结果。

计算结果与错误定价理论基本一致。表 3-2 面板 A 关于 P/V 的计算结果显示，对于整个样本，收购方银行的相对估值高于其所收购的上市目标公司。具体地说，收购上市目标公司的收购方的 P/V（$k = 12.5\%$）和 P/V 分别为 5.56 和 6.23；而被收购银行的 P/V（$k = 12.5\%$）分别为 3.64 和 6.17。对于 198 起我们能够计算错误定价变量的交易来讲，收购方减去被收购方的 P/V（$k = 12.5\%$）和 P/V 差值分别为 1.92 和 0.06，当折现率采用常数 12.5% 时该差值显著不为 0。因此，实证分析显示，对于整个样本，股票高估的收购方倾向于收购高估程度相对较低的上市银行。另外，具有高成长性 [以 P/B（2 年前）衡量] 的收购方，倾向于收购具有较低成长性的目标公司。收购上市公司的收购方及其目标公司的平均 P/B（2 年前）分别为 3.55 和 2.42。有意思的是，收购非上市公司的收购方的高估程度比收购上市公司的收购方要高。对于收购上市公司的收

---

① Shleifer, A., Vishny, R. Stock Market Driven Acquisitions [J]. *Journal of Financial Economics*, 2003, 70: 295-311; Rhodes-Kropf, M., Viswanathan, S. Market Valuation and Merger Waves [J]. *Journal of Finance*, 2004, 59(6): 2685-2718.

购方，其平均 $P/V(k=12.5\%)$ 和 P/V 值分别为 5.56 和 6.23，而对于收购非上市公司的收购方则分别为 7.54 和 9.68。收购方的成长前景[P/B(2 年前)]，在收购上市公司和非上市公司时，则没有显著区别。

对于能够计算出 P/V 值的 137 笔现金交易，收购方与被收购方的 $P/V(k=12.5\%)$ 和 P/V 值之差分别为 1.34 和-1.10(只有当 k =12.5%时较为显著)。由于 IBES 数据缺失造成的样本规模的大幅下降可能会影响实证结果的一致性。所以，我们还采用了永续模型对内在价值进行估计(见表 3-2 面板 B)，并得到了更好的结果。收购方与被收购方的 P/B(2 年前)的差异为-0.05，统计上并不显著。关于现金并购的结果说明现金并购的动力并非来自于收购方的股票高估或者成长前景。与现金交易不同，股票交易中收购方的估值明显高于上市的被收购方。在表 3-2 面板 A 的 61 项有数据的股票交易中，收购方与被收购方的 P/B(2 年前)，P/V(k =12.5%) 和 P/V 值的差异分别为 2.55，2.31 和 3.19(三项均具有较高的显著性)。对于股票交易，收购上市公司的收购方与收购非上市公司的收购方的 P/V(k =12.5%) 和 P/V 均存在显著差异，分别为 - 1.67 和 - 2.26。收购方与被收购方的 P/B(2 年前)差异，在收购上市公司和非上市公司两种情况下，并不存在显著差异(其差值为-0.15)。这说明收购上市的收购方和收购非上市公司的收购方成长前景相似。对于整个样本，不论用股票还是现金收购非上市公司的收购方都比收购非上市公司的收购方更为高估。

与股票高估假设(现金收购方的相对估值低于股票收购方)相一致，本书的分析显示，在股票收购方的估值高于现金收购方，收购方与被收购方的平均估值差异在股票交易中更大。表 3-2 面板 A 中的第(5)和第(6)列显示，代表使用股票收购上市公司的收购方成长前景/估值的三个相对估值变量，均高于使用现金支付的收购方；P/B(2 年前)，P/V(k =12.5%) 和 P/V 的差值分别为 1.75，1.04 和 2.30。同样，表 3-2 面板 A 中的第(7)列显示，采用股票收购非上市公司的收购方，其成长前景/估值高于使用现金支付的收购方；三个相对估值变量：P/B(2 年前)，P/V(k =12.5%) 和 P/V，差值分别为 3. 55，1. 18 和 1. 06。这些结果与股票高估假设(股票被大幅高估的收购方更可能采用股票支付)相一致。表 3-2 面板 A 中的第(8)列说明，对于整个样本，采用现金进行并购的收购方成长前景/估值显著低于使用股票支付的收购方；现金收购方和股票收购方的 P/B(2 年前)值分别为 2. 26 和 4. 56，相差 $-2. 30$(在 1% 的水平显著)。同样，现金收购方和股票收购方的 P/V($k = 12. 5\%$)值分别为 5. 71 和 7. 31，P/V 值分别为 6. 54 和 9. 21(两个指标的组间差异均显著)。这说明，股票收购方为股票高估的银行，与股票高估假设(股票高估的收购方更可能采用其被高估的股票，而不是现金，进行收购)相一致。另外，对于所有三个相对估值变量，收购方与被收购方的估值差异在股票交易中均要显著高于现金交易(p 值 $< 0. 01$，文中未报告此结果)。

为了保证面板 A 中的结果不受所采用的相对估值变量的影响，我们采用不依赖于分析师对未来盈余预测的第二种估值方法——永续剩余收益模型，来计算 P/V 并重复前面的分析。基于这一较大样本的计算结果(见表 3-2 面板 B)与表 3-2 面板 A 一致。

总的来说，不论采用哪个相对估值变量，结果都证明了股票高估的收购方使用股票购买相对低估的被收购方。

(二)被收购方估值与并购特征

在文中第 2 和第 3 部分，我们检验了被收购方(收购方)并购宣告前的价值变量与交易特征的关系。表 3-3 的面板 A1 和 A2(面板 B1 和 B2)报告了被收购方(收购方)的估值和收购特征之间的关系。但是受到 I/B/E/S 数据库数据可获得性的影响，样本规模大幅缩减，基于三阶段剩余收益模型计算出的被收购方(收购方)P/V 值将样本降低到了 $N = 14$($N = 71$)每 1/5 等份，不能得出有意义的结论。因此，我们将集中讨论以按照永续剩余收益模型计算出的内在价值(V)为基础的实证结果。

为了可获得相关数据的交易，把每月发生的收购方和被收购方按照它们各自的估值比率进行排序，并进行 5 等份(即按顺序平均分成 5 组)。对每月数据进行排序保证了我们的任何结果都是基于横截面分析，因而不会受到估值和并购特征随时间波动性的影响。

表 3-2　并购双方的估值比率:按交易方式分类

面板 A:基于三阶段剩余收益模型的 P/V 值

该面板按照被收购方的类型(上市或非上市)和支付方法(股票或现金)分别报告了两种估值方法,2 年前的市净率(P/B)和价格与内在价值之比(P/V)。对于内在价值的估计采用三阶段剩余收入模型,资本成本($r_e(t)$)分别采用资本资产定价模型(CAPM)的计算结果和固定值12.5%。括号里的数字为检验收购方和被收购方,以及股票和现金收购之间差异的 t-统计量。样本包括了1985—2006 年发生的所有成功收购上市和非上市银行的交易。***,** 和 * 分别代表该数字在1%,5%和10%的水平显著。

		收购上市公司				收购非上市公司				
		(1)收购方	(2)被收购方	(1)-(2)(t-统计量)	N	(3)收购方	N	(1)-(3)(t-统计量)	(4)所有的收购方	N
现金交易	P/B(2 年前)	2.74	2.78	-0.05 (-0.17)	341	1.09	99	1.64*** (5.31)	2.26	440
	P/V($r_e(t)=12.5\%$)	5.24	3.90	1.34* (1.662)	137	6.77	57	-1.53 (-1.31)	5.71	194
	P/V	5.52	6.62	-1.1 (-0.489)	137	9.02	57	-3.50* (-1.77)	6.54	194
股票交易	P/B(2 年前)	4.49	1.94	2.55*** (9.80)	188	4.64	158	-0.15 (-0.42)	4.56	346
	P/V($r_e(t)=12.5\%$)	6.28	3.97	2.31** (3)	61	7.95	97	-1.67** (-2.17)	7.31	158
	P/V	7.82	4.63	3.19*** (2.7)	61	10.08	97	-2.26* (-1.70)	9.21	158
所有交易	P/B(2 年前)	3.55	2.42	1.12*** (5.64)	529	3.36	247	0.19 (0.81)		
	P/V($r_e(t)=12.5\%$)	5.56	3.64	1.92*** (3.38)	198	7.54	154	-1.98*** (-2.73)		
	P/V	6.23	6.17	0.06 (0.03)	198	9.68	154	-3.45*** (-2.89)		

		(5)收购上市公司的收购方	(6)上市目标公司	(7)收购非上市公司的收购方	(8)所有的收购方
股票-现金 (t-统计量)	P/B(2 年前)	1.75*** (6.1)	-0.84*** (-3.51)	3.55*** (9.60)	2.30*** (10.69)
股票-现金 (t-统计量)	P/V($k=12.5\%$)	1.04 (1.25)	0.07 (1.00)	1.18 (1.01)	1.60** (2.30)
股票-现金 (t-统计量)	P/V	2.3** (2.19)	-1.99 (-0.96)	1.06 (0.49)	2.67*** (2.59)

面板 B:基于永续剩余收入模型的 P/V 值

该面板按照被收购方的类型(上市或非上市)和支付方式分别报告了两种估值方法,2 年前的市净率(P/B)比率和当前的价格与内在价值比(P/V)。对于内在价值的估计采用永续剩余收入模型,资本成本($r_e(t)$)分别采用资本资产定价模型(CAPM)的计算结果和固定值12.5%。括号里的数字为检验收购方和被收购方,以及股票和现金收购之间差异的 t-统计量。样本包括了1985—2006 年发生的所有成功收购上市或非上市银行的交易。***,** 和 * 分别代表该数字在1%,5%和10%的水平显著。

		收购上市公司				收购非上市公司				
		(1)收购方	(2)被收购方	(1)-(2)(t-统计量)	N	(3)收购方	N	(1)-(3)(t-统计量)	(4)所有的收购方	N
现金交易	P/B(2 年前)	2.74	2.78	-0.05 (-0.17)	341	1.09	99	1.64*** (5.31)	2.26	440
	P/V($r_e(t)=12.5\%$)	3.44	1.61	1.42*** (8.51)	341	4.35	99	-0.91 (-1.26)	3.64	440
	P/V	3.69	1.39	2.05*** (6.13)	341	4.92	96	-1.23* (-1.80)	3.99	337
股票交易	P/B(2 年前)	4.49	1.94	2.55*** (9.80)	188	4.64	158	-0.15 (-0.42)	4.56	346
	P/V($r_e(t)=12.5\%$)	4.00	1.84	2.17*** (4.08)	187	8.27	190	-4.26*** (-4.09)	6.15	346
	P/V	4.66	1.61	3.33*** (6.03)	183	9.5	180	-4.84*** (-4.12)	7.05	346
所有交易	P/B(2 年前)	3.55	2.42	1.12*** (5.64)	529	3.36	257	0.19 (0.81)		
	P/V($r_e(t)=12.5\%$)	3.64	1.96	1.67*** (5.2)	528	6.92	289	-3.29*** (-3.47)		
	P/V	4.08	1.55	2.53*** (8.54)	524	7.98	276	-3.90*** (-3.71)		

		(5)收购上市公司的收购方	(6)上市目标公司	(7)收购非上市公司的收购方	(8)所有的收购方
股票-现金 (t-统计量)	P/B(2 年前)	1.75*** (6.10)	-0.84*** (-3.51)	3.55*** (9.60)	2.30*** (10.69)
股票-现金 (t-统计量)	P/V($k=12.5\%$)	0.57 (1.10)	0.23 (1.38)	3.92*** (3.37)	2.50*** (3.81)
股票-现金 (t-统计量)	P/V	0.96* (1.75)	0.22* (1.84)	4.58*** (3.68)	3.06*** (4.32)

在估值最高的第 5 组，收购方和被收购方的 P/B(2 年前)和 P/V 值最大；第 1 组代表具有最低的估值比率。我们还报告了最高和最低估值组之间的差异，以分析较高的市场估值是否与交易特征有关。

如表 3-3 中面板 A1 所示，具有较高成长前景[P/B(2 年前)]的目标公司更可能面临股票收购。具体来讲，面对具有高成长性和低成长性的目标公司时，收购方采用股票支付的概率差异为 18.34%。有意思的是，具有高成长性的目标银行获得的并购溢价比具有低成长性的目标银行低 48.46%(在 1%的水平显著)。另外，具有低成长性的目标银行获得的累计超额收益率比具有高成长性的目标银行高 5.63%(在 5%的水平显著)。而之前的研究[①]则认为，并购的概率与被收购银行的成长前景正相关。与之不同，我们的发现似乎和 Moore[②] 更为一致，他认为成长较慢的银行对于想要提高目标公司成长率的收购方来讲更具吸引力。

表 3-3 中面板 A2 的结果说明，被高估的目标公司通常面临股票收购。第 5 组与第 1 组使用股票交易的概率差异为 13.24%(在 1%的水平显著)。如前所述，收购方为具有较低估值的被收购方支付更高的溢价，估值较低的目标公司能实现比高估值目标公司更高的宣告期累计超额收益率。具有高估值(P/V)的目标银行比低估值的目标银行获得的并购溢价低 12.92%(在 1%的水平显著)，累计超额收益率低 6.39%(在 1%的水平显著)。这些结果与 Walkling 和 Edmister[③] 的发现相同，即相对低估的公司要求显著更高的收购溢价。这些结果总体上进一步支持了股票高估假设。

---

① Hannan, T., Rhoades, S. A. Acquisition Targets and Motives: The Case of the Banking Industry [J]. *The Review of Economics and Statistics*, 1987, 69: 67-74; Lang, H. P., Stulz, R., Walkling, R. A. Managerial Performance, Tobin's Q, and the Gains from Successful Tender Offers [J]. *Journal of Financial Economics*, 1989, 24: 137-154.

② Moore, R. Banking's Merger Fervor: Survival of the Fittest? [R]. Financial Industry Studies, Federal Reserve Bank of Dallas, 1996, Dec: 9-15.

③ Walkling, R. A., Edmister, R. O. Determinants of Tender Offer Premiums [J]. *Financial Analysts Journal*, 1985, 41: 27-37.

（三）收购方估值影响与并购特征

表 3-3 的面板 B1 和面板 B2 描述了收购方估值与并购特征之间的关联关系。第一，这些结果说明，估值较高的收购方更多地使用股票、较少地使用现金作为支付手段。具有高成长性的收购方与具有低成长性的收购方使用股票收购的概率差异为 74.77%[P/B（2年前）]，具有高估值的收购方与具有低估值的收购方使用股票收购的概率差异为 42.04%（P/V），均在 1% 的水平显著。

第二，较高的收购方估值与较高的收购溢价相关联。在表 3-3 的面板 B1 中，具有较高收购方 P/B（2年前）值的第 5 组与较低 P/B（2年前）值的第 1 组所对应的溢价差异为 26.61%（在 1% 的水平显著）。这说明具有高成长性的收购方银行比具有低成长性的收购方银行愿意支付更高的收购溢价。若按照表 3-3 面板 B2 中的 P/V 值进行排序，收购溢价的相应差异为 11.76%（在 1% 的水平显著）。因此，分析结果说明，具有较高估值的收购方支付更高的收购溢价。

第三，具有较高成长性的收购方对应较高的目标公司股票收益率。表 3-3 面板 B1 显示，若对整个样本按照 P/B（2年前）排序，被收购方宣告日的股票收益率的组间差异为 10.18%（在 1% 的水平显著）。然而，之前的研究[①]则显示（基于成功的交易），收购方的 Q 值与目标公司的宣告日收益率不显著相关。

第四，较高的收购方估值对应较低的收购方宣告收益率。当收购方估值[P/B（2年前）或者 P/V]较高时，其平均宣告日收益显著较低。收购方超额收益的平均组间差异为 -1.71%[按照 P/B（2年前）排序]和 -2.14%（按照 P/V 排序，见表 3-3 面板 B2），均在 1% 的水平显著。

另外，表 3-3 面板 B2 显示，股票高估的收购方不太可能（更可能）成功并购上市（非上市）目标公司。按照 P/V 排序时，收购上市

---

① Lang, H. P., Stulz, R., Walkling, R. A. Managerial Performance, Tobin's Q, and the Gains from Successful Tender Offers [J]. *Journal of Financial Economics*, 1989, 24: 137-154; Servaes, H. Tobin's Qand the Gains from Takeovers [J]. *Journal of Finance*, 1991, 46: 409-419.

表 3-3　交易双方估值与银行并购特征

该表总结了按照交易双方估值大小排序的每组交易的平均特征,以及第 1 组和第 5 组的组间差异。整个样本按照收购方和被收购方的估值比率 P/B(2 年前)进行排序,然后进行 5 等份(即平均分成 5 组),1 代表具有估值最低的第 1 等份(组)。P/B(2 年前)为两年前的市净率。P/V 为当前的价格与内在价值之比。对于内在价值的估计采用永续剩余收入模型,资本成本($r_e(t)$)采用资本资产定价模型(CAPM)进行估计。在面板 A 中,收购溢价(Premium)等于收购价格除以宣告日 4 周前被收购方的股票报价/被收购方的股票价格 $-1]×100$,即[(收购报价/被收购方的股票价格)$-1]×100$。收购方和被收购方的宣告日前累计超额收益 CAAR 指(CAR)是采用市场模型对 3 日事件窗($-1,+1$)计算出的,即从并购宣告日前 1 日至宣告后 1 日。累计平均超额收益 CAAR 指该组中所有收购方 CAR 的平均值。在面板 C1 和面板 C2 中,对 Synergy($-1,+1$)的计算采用的是 Bradley,Desai 和 Kim(1988)的方法,即目标公司和收购方并购宣告日累计超额收益的加权(按市场价值计算)之和,公式为:Synergy($-1,+1$)= [\$ BCAR($-1,+1$)+ \$ TCAR($-1,+1$)]/[BidderMCAP(-2)+(1-Toehold)× TargetMCAP(-2)]。 \$ BCAR($-1,+1$)=(\$ TCAR($-1,+1$)× TargetMCAP(-2)/ [BidderMCAP(-2)+(1-Toehold)× TargetMCAP(-2)]代表事件窗口($-1,+1$)]代表收购方的收购方(被收购方)的累计超额收益,以美元计计算超额收益宣告日累计超额收益的收购方数。N 代表每组能够计算估值比率的并购数。上市的目标公司 1985—2006 年进行宣告,并成功收购组约定完成并购的所有交易。*** 、** 和 * 分别代表对该组同差异异进行双方的联合检验,在美国证券交易所(NYSE),美国证券交易所(AMEX)或纳斯达克(NASDAQ)上市的目标公司约定完成并购。样本 t 检验时,在 1%,5% 和 10% 的水平显著。

面板 A:被收购方估值与交易特征

面板 A1:按照并购宣告 2 年前被收购方的 P/B 值排序

被收购方 P/B 值排序数	N	被收购方 P/B(2 年前)	股票支付 (%)	被收购方 上市公司 (%)	收购溢价 (%)	被收购方 CAAR (%)	收购方 CAAR (%)
1(低成长性)	55	0.86	21.09		52.83	11.45	0.82

续表

面板 A:被收购方估值与交易特征

面板 A1:按照并购宣告 2 年前被收购方的 *P/B* 值排序

	N	被收购方 *P/B*	股票支付(%)	被收购方为上市公司(%)	收购溢价	被收购方 CAAR(%)	收购方 CAAR(%)
2	55	1.21	37.27		21.24	10.18	-1.03
3	55	1.63	54.55		23.05	11.47	0.26
4	56	2.47	60.71		21.96	9.54	0.07
5(高成长性)	56	5.89	39.43		4.37	5.82	1.00
差异 5-1		5.02***	18.34		-48.46*	-5.63**	0.18

面板 A2:按照被收购方的 *P/V* 值(基于永续剩余收益模型)排序

被收购方 *P/V* 值排序数	N	被收购方 *P/V*	股票支付(%)	被收购方为上市公司(%)	收购溢价	被收购方 CAAR(%)	收购方 CAAR(%)
1(股票低估)	68	0.50	19.12		19.78	10.06	0.73
2	68	0.78	20.59		10.11	6.70	1.23
3	68	1.08	32.35		16.83	10.56	0.39
4	68	1.65	39.71		16.03	10.04	0.97
5(股票高估)	68	3.56	32.35		6.86	3.67	1.40
差异 5-1		3.06***	13.24*		-12.92***	-6.39**	0.67

面板 B:现金交易的 CAAR

事件窗 (N1,N2)	(1)收购上市公司的收购方 (n=874)	(2)上市的目标公司 (n=874)	(3)收购非上市公司的收购方 (n=211)	(1)-(2)	(1)+(2)	(1)-(3)
(-1,0)	1.20%***	3.38%***	0.40%*	-2.18%***	4.58%***	0.80%***
	(12.20)	(28.36)	(1.92)	(-14.10)	(29.63)	(2.88)
(-1,+1)	1.74%***	4.80%***	0.36%	-3.06%***	6.54%***	1.38%***
	(14.62)	(33.93)	(1.53)	(-16.55)	(35.37)	(5.07)
(-2,0)	1.20%***	3.52%***	0.34%	-2.32%***	4.72%***	0.86%***
	(9.89)	(24.05)	(1.20)	(-12.20)	(24.82)	(2.71)
(-2,+2)	2.04%***	5.14%***	0.38%	-3.10%***	7.18%***	1.66%***
	(13.09)	(28.30)	(1.35)	(-12.95)	(30.00)	(4.93)
(-10,0)	1.40%***	4.21%***	-0.42%	-2.81%***	5.61%***	1.82%***
	(5.34)	(14.50)	(-1.30)	(-7.18)	(14.34)	(3.27)
(-10,+10)	2.39%***	6.01%***	-0.16%	-3.62%***	8.40%***	2.55%***
	(6.41)	(15.26)	(-0.50)	(-6.68)	(15.49)	(3.82)

续表

收购方 P/V 值排序数	N	收购方 P/V	股票支付(%)	被收购方为上市公司(%)	收购溢价	被收购方 CAAR(%)	收购方 CAAR(%)
3	160	2.51	64.63	60.54	44.77	11.62	-0.54
4	160	5.17	63.95	64.63	26.25	11.18	0.05
5(股票高估)	160	17.7	61.9	40.82	22.36	6.95	0.13
差异 5-1		16.99***	42.04***	-35.89***	11.76***	0.59	-2.14***

面板 C: 股票高估与协同效应

面板 C1: 按照收购方的 P/V 值(基于永续剩余收益模型)排序

收购方 P/V 值排序数	1(股票低估)	2	3	4	5(股票高估)	差异 5-1
N	160	160	161	161	161	
协同效应[Synergy(-1,+1)]	1.564%*	1.867%	-0.023%	0.681%	-0.220%	-1.784%*
(t-统计量)	(1.717)	(0.849)	(-0.032)	(1.076)	(-0.321)	(-1.775)

面板 C2: 按照收购方的 P/V 值(基于永续剩余收益模型($k=12.5\%$))排序

收购方 P/V 值排序数	1(股票低估)	2	3	4	5(股票高估)	差异 5-1
N	163	163	163	164	164	
协同效应[Synergy(-1,+1)]	2.813%***	1.237%	-0.034%	1.090%*	0.178%	-2.635%**
(t-统计量)	(2.666)	(0.659)	(-0.057)	(1.867)	(0.245)	(-2.042)

目标公司概率的组间差异为-35.89%，在1%的水平显著。这种差异主要来自于股票交易，收购上市银行的收购方[表3-2第(1)列]的估值(所有三个变量)显著低于收购非上市银行的收购方[表3-2第(3)列]。因此，具有较高估值的收购方银行更可能收购非上市银行而不是上市银行。

第五，我们分析收购方银行的协同收益，以确定它们的交易是否能够让股东受益。我们采用Bradley，Desai和Kim[1]的方法对协同效应[Synergy(-1，+1)]进行计算，即目标公司和收购方并购宣告日累计超额收益的加权(按市场价值)平均。表3-3的面板C报告了关于协同效应的结果，说明具有较高估值的收购方无法实现协同收益。在表3-3的面板C1和C2中，从第2组到第5组的8个主要协同效应价值中，7个都未能显著不为0，说明未从并购中实现协同收益。但在第1组的协同效应值显著为正，说明估值较低的收购方所从事的并购产生了协同收益。当资本成本[$r_e(t)$]用资本资产模型(CAPM)进行估计时，第5组(股票高估)与第1组(股票低估)相差-1.784%，在5%的水平显著(见表3-3面板C1)；当($r_e(t)$)采用固定值12.5%时，该差异为-2.635%，在1%的水平显著(见表3-3面板C2)。总的来说，结果说明股票高估的收购方银行未能实现协同收益。

(四)并购宣告的短期收益

本部分集中讨论市场对于银行并购宣告的反应。表3-4分别报告了当采用不同的支付方式收购非上市或上市银行时，收购方的宣告日收益率。表3-4面板A和面板B分别报告了采用股票现金支付的并购交易宣告的短期财富效应。

第一，当并购采用股票支付且被收购方为上市公司时(见表3-4面板A)，并购宣告会引起收购方的股价下跌，但当被收购方为非上市公司时，则不会对收购方的股价产生负面影响。对于股票支

① Bradley, M., Desai, A., Kim, E. H. Synergistic Gains from Corporate Acquisitions and Their Division between the Stockholders of Target and Acquiring Firms [J]. *Journal of Financial Economics*, 1988, 21: 3-40.

付的并购，收购方宣告日（$t=0$）附近不同事件窗口的累计平均超额收益（CAAR），均显著为负。例如，当收购上市公司时，收购方银行的 CARR（-1，$+1$）的-1.86%，在 1%的水平显著（对于 492 起并购宣告，有 335 起为负，说明这一结果并非来自于异常值）。表 3-4 面板 A 中的第（3）列显示，当采用股票收购非上市公司时，收购方的 CAAR（-1，$+1$）为 0.01%，不显著区别于 0。收购上市公司与非上市公司的收购方 CAAR（-1，0）之差（第（1）列-第（3）列）为-1.39%，在 1%的水平显著。对于 5 日事件窗口（-2，$+2$）的分析得出了相似的结果。这说明收购非上市银行有利于收购方银行的股东，这与监管假设相一致，即采用股票收购非上市公司时，收购方将受益于目标公司的集中股权结构。这是因为非上市公司通常只有少数的股东，预计会对收购方产生监督作用①。大股东能够对管理者绩效进行有效监督，或者促成并购，因此通过并购产生的外部大股东能够增加公司价值。为了更全面地理解监督效应的重要性，我们还会研究收购方在使用股票收购非上市公司之后，对公司长期市场表现的影响。

第二，采用股票支付的并购宣告会引起被收购方股票价格的上涨。被收购方的超额收益率显著高于其收购方。对于采用股票支付的并购，上市目标公司的 CAAR（-1，$+1$）为 14.98%，在 1%的水平显著。这说明被收购方银行的股东从其收购方付出的成本中获益。492 起宣告中有 362 起的宣告收益为正，证明这些结果并非来自异常值。对 5 日窗口（-2，$+2$）的分析也得出了相似的结果。

第三，当使用现金收购上市公司时，并购宣告会给收购方带来股票价格的上涨；但在收购非上市公司时，对收购方的股价没有显著影响。如表 3-4 面板 B 的第（1）列显示，当收购上市目标公司时，收购方的 3 日累计超额收益率 CAAR（-1，$+1$）为 1.74%，在

---

① Demsetz, H. The Structure of Ownership and the Theory of the Firm [J]. *Journal of Law and Economics*, 1983, 26(2): 375-390;

Shleifer, A., Vishny, R. W. Large Shareholders and Corporate Control [J]. *The Journal of Political Economy*, 1986, 94(3): 461-488.

表 3-4　银行并购宣告的累计平均超额收益

本表报告了股票交易（面板 A）和现金交易（面板 B）中收购方和被收购方的累计平均超额收益（CAAR）。计算采用市场模型。样本包括了汤姆森银行家数据库（Thomson ONE Banker Database）中提取的 1985—2006 年宣告的并最终成功完成的所有银行业并购交易，其中采用股票（现金）支付的交易数为 1063（1085）起。我们采用市场模型对 CAAR 进行估计：

$$R_{jt} = \alpha_j + \beta_j R_{mt} + \varepsilon_{jt}$$

公司 j 在 t 日的超额收益率等于 t 日的实际股票收益率减去基于估计期计算出的期望收益率：

$$AR_{jt} = R_{jt} - (\hat{\alpha}_j + \hat{\beta}_j R_{mt})$$

AAR_t 为 t 日的样本均值：

$$AAR_t = \frac{\sum_{j=1}^{N} AR_{jt}}{N}$$

从 T_1 交易日到 T_2 交易日（多于两个交易日）的 CAAR 为：

$$CAAR_{T_1,T_2} = \frac{1}{N} \sum_{j=1}^{N} \sum_{t=T_1}^{T_2} AR_{jt}$$

括号里的数字为 t-统计量。***，** 和 * 分别表示进行单尾检验时，在 1%、5% 和 10% 的水平显著。

117

面板 A:股票交易的 CAAR

事件窗 (N1,N2)	(1)收购上市公司的收购方 (n=492)	(2)上市的目标公司 (n=492)	(3)收购非上市公司的收购方 (n=571)	(1)-(2)	(1)+(2)	(1)-(3)
(-1,0)	-1.38%***	10.62%***	0.01%	-12.00%***	9.24%***	-1.39%***
	(-13.49)	(75.23)	(-0.09)	(-68.83)	(53.00)	(-9.57)
(-1,+1)	-1.86%***	14.98%***	0.04%	-16.84%***	13.12%***	-1.90%***
	(-15.19)	(86.24)	(-0.14)	(-79.25)	(61.74)	(-6.11)
(-2,0)	-1.21%***	11.53%***	0.07%	-12.74%***	10.32%***	-1.28%***
	(-10.16)	(66.40)	(0.22)	(-60.52)	(49.02)	(-3.75)
(-2,+2)	-1.94%***	15.84%***	0.03%	-17.78%***	13.90%***	-1.97%***
	(-12.47)	(70.93)	(-0.29)	(-65.34)	(51.08)	(-10.58)
(-10,0)	-1.53%***	14.91%***	-0.23%	-16.44%***	13.38%***	-1.30%***
	(-6.40)	(44.02)	(-0.97)	(-39.66)	(32.28)	(-3.87)
(-10,+10)	-2.65%***	19.34%***	-0.74%*	-21.99%***	16.69%***	-1.91%***
	(-7.94)	(41.47)	(-1.76)	(-38.35)	(29.11)	(-3.56)

面板 B:现金交易的 CAAR

事件窗 (N1,N2)	(1)收购上市公司的收购方(n=874)	(2)上市的目标公司(n=874)	(3)收购非上市公司的收购方(n=211)	(1)-(2)	(1)+(2)	(1)-(3)
(-1,0)	1.20%***	3.38%***	0.40%*	-2.18%***	4.58%***	0.80%***
	(12.20)	(28.36)	(1.92)	(-14.10)	(29.63)	(2.88)
(-1,+1)	1.74%***	4.80%***	0.36%	-3.06%***	6.54%***	1.38%***
	(14.62)	(33.93)	(1.53)	(-16.55)	(35.37)	(5.07)
(-2,0)	1.20%***	3.52%***	0.34%	-2.32%***	4.72%***	0.86%***
	(9.89)	(24.05)	(1.20)	(-12.20)	(24.82)	(2.71)
(-2,+2)	2.04%***	5.14%***	0.38%	-3.10%***	7.18%***	1.66%***
	(13.09)	(28.30)	(1.35)	(-12.95)	(30.00)	(4.93)
(-10,0)	1.40%***	4.21%***	-0.42%	-2.81%***	5.61%***	1.82%***
	(5.34)	(14.50)	(-1.30)	(-7.18)	(14.34)	(3.27)
(-10,+10)	2.39%***	6.01%***	-0.16%	-3.62%***	8.40%***	2.55%***
	(6.41)	(15.26)	(-0.50)	(-6.68)	(15.49)	(3.82)

1%的水平显著；877起并购宣告中有537起宣告收益为正。面板B的第(3)列显示，当收购非上市目标公司时，收购方的3日累计超额收益率CAAR(-1，+1)为0.36%，未能显著区别于0。收购上市公司与收购非上市公司相比，收购方的3日累计超额收益率CAAR(-1，+1)要高出1.38%(第(1)列-第(3)列)，在1%的水平显著。对5日窗口(-2，+2)的分析得出了相似的结果。

第四，采用现金支付的并购进行宣告时，会带来被收购方股价的上涨；被收购方的股票收益率高于收购方。表3-4面板A的第(2)列显示，对于采用现金支付的交易，上市目标公司的3日累计超额收益率CAAR(-1，+1)为4.80%，在1%的水平显著；877起并购宣告中有584起为正。收购方与被收购方的3日累计超额收益率CAAR(-1，+1)的差异(第(1)列-第(2)列)为-3.06%，在1%的水平显著。对5日事件窗(-2，+2)的分析得出相似的结果。收购上市公司的收购方与收购非上市公司的收购方相比，其5日累计超额收益率CAAR(-2，+2)较低(第(1)列-第(3)列的差值为-3.10%)，在1%的水平显著。

总之，表3-4说明被收购方为上市公司时，股票收购方经历了负的超额收益，但当被收购方为非上市公司时，收购方并未遭受损失。与收购上市公司的现金收购方相比，收购非上市公司的现金收购方并未获得较高的收益，说明当并购不能带来额外的监督作用时，被收购方的缺乏流动性影响了收购方的股东价值。

(五)交易完成后的业绩

因为收购方在其估值较高时更可能采用股票进行支付①，而且并购的银行最终将面临股价回落的问题②，因此，我们预计进

---

① Shleifer, A., Vishny, R. Stock Market Driven Acquisitions [J]. *Journal of Financial Economics*, 2003, 70: 295-311.

② Loughran, T., Vijh, A. M. Do Long-Term Shareholders Benefit from Corporate Acquisitions? [J]. *Journal of Finance*, 1997, 52: 1765-1790; Rau, P. R., Vermaelen, T. Glamour, Value and the Post-Acquisition Performance of Acquiring Firms[J]. *Journal of Financial Economics*, 1998, 49: 223-253. Ang, J. S., Cheng, Y. Direct Evidence on the Market—Driven Acquisition Theory [J]. *The Journal of Financial Research*, 2006, 29(2): 199-216.

行股票交易的收购方长期收益为负，在现金交易中其长期收益为正。

表 3-5 分别报告了基于市场模型和 Fama-French 三因素模型①计算的收购方股票在交易完成后的长期表现。表 3-5 的面板 A1 和 A2 报告了股票交易中收购方的长期表现。面板 A1 的计算结果基于市场模型。用股票收购上市公司的收购方的 2 年累计超额收益 CAAR 为-0.50%，收购非上市公司的收购方的 2 年累计超额收益 CAAR 为-6.96%（在 1%的水平显著）。基于 Fama-French 三因素模型的计算结果（见表 3-5 面板 A2）显示，收购方使用股票购买上市目标公司的 2 年累计超额回报为-1.83%，收购非上市目标公司时的 2 年累计超额回报为-6.37%，两者均显著为负。在两种计算方法下，得出收购私有银行比收购上市银行都给股东带来更多的损失。这种差异说明，非上市公司的监督效应并不显著。考虑到收购方并购前 1 年的收益率显著为正，这些结果说明收购方银行的股东在并购后遭受了重大损失。

表 3-5 的面板 B1 和 B2 报告了收购方完成现金支付的并购之后的长期表现。面板 B1 的计算结果基于市场模型，说明购买上市公司的收购方在并购后的 2 年累计平均超额收益为 0.80%，而购买非上市公司的收购方在交易后的 2 年累计平均超额收益为 2.76%。面板 B2 的计算结果基于 Fama-French 三因素模型，显示收购方使用现金购买上市目标公司的 2 年累计平均超额收益为 2.98%，而使用现金购买非上市公司后的 2 年累计超额收益率为 3.40%，均显著大于 0。

总的来说，我们的分析结果与股票高估理论②相一致，股票收购方在并购后的长期表现显著为负，而现金收购方则显著为正。

---

① Fama, E. F., French, K. R. Common Risk Factors in Returns on Stocks and Bonds [J]. *Journal of Financial Economics*, 1993, 33: 3-56.

② Shleifer, A., Vishny, R. Stock Market Driven Acquisitions [J]. *Journal of Financial Economics*, 2003, 70: 295-311.

表 3-5　银行并购的长期累积超额收益

本表报告了交易完成后收购方的长期累计平均超额收益（CAAR），计算采用了市场模型和 Fama-French（1993）三因素模型两种方法。样本包括了汤姆森银行家数据库（Thomson ONE Banker Database）中提取的 1985—2006 年宣告的并最终成功完成的所有银行业的并购交易，其中采用股票（现金）支付的交易数为 1063（1085）起。面板 A1 和面板 A2 的研究对象为股票交易，面板 B1 和 B2 的研究对象为现金交易。

在面板 A1 和面板 B1 中，我们采用市场模型估计对 CAAR 进行估计，

$$R_{jt} = \alpha_j + \beta_j R_{mt} + \varepsilon_{jt}$$

公司 j 在 t 月的超额收益率等于 t 月的实际股票收益率减去根据估计期估计的期望收益率：

$$AR_{jt} = R_{jt} - (\hat{\alpha}_j + \hat{\beta}_j R_{mt})$$

从 T_1 交易月到 T_2 交易月（超过两个交易月份）的 CAAR 为：

$$CAAR_{T_1, T_2} = \frac{1}{N} \sum_{j=1}^{N} \sum_{t=T_1}^{T_2} AR_{jt}$$

在面板 A2 和面板 B2 中，我们还采用 Fama-French（1993）三因素模型对长期累计平均超额收益（CAAR）进行了计算：

$$R_{jt} = \alpha + \beta_j R_{mt} + s_j SMB_t + h_j HML_t + \varepsilon_{jt}$$

公司 j 在 t 月的超额收益率为：

$$AR_{jt} = R_{jt} - (\hat{\alpha}_j + \hat{\beta}_j R_{mt} + \widehat{s_j} SMB_t + \widehat{h_j} HML_t)$$

从 T_1 交易月到 T_2 交易月（超过两个交易月份）的 CAAR 为：

$$CAAR_{T_1, T_2} = \frac{1}{N} \sum_{j=1}^{N} \sum_{t=T_1}^{T_2} AR_{jt}$$

面板 A：采用股票支付的收购方的长期累计平均超额收益（CAAR）

该面板报告了股票交易中收购方的长期 CAAR。在面板 A1 中，我们采用市场模型进行估计 CAAR。在面板 A2 中，我们采用 Fama-French 三因素模型估计 CAAR。我们按照被收购方的类型（上市和非上市公司）报告了 CAAR。括号里为 t-统计量。***，** 和 * 分别表示进行单尾检验时，在 1%，5% 和 10% 的水平显著。

面板 A1：基于市场模型的长期累计平均超额收益（CAAR）：股票交易

事件窗口 （月份 1，月份 2）	收购方 CAAR		
	（1）被收购方为 上市公司（$n=492$）	（2）被收购方为非 上市公司（$n=615$）	（1）－（2）
（－12，－1）	8.13%***	5.28%***	2.85%
	（6.47）	（3.72）	（1.61）
（－1，0）	－0.81%*	0.23%	－1.04%*
	（－1.56）	（0.29）	（－1.75）
（－1，+1）	－0.85%	0.44%	－1.29%*
	（－1.25）	（0.99）	（－1.83）
（+1，+12）	0.63%	－5.45%***	6.08%***
	（0.15）	（－7.74）	（4.76）
（+1，+24）	－0.50%	－6.96%***	6.46%***
	（－0.86）	（－6.93）	（3.60）

面板 A2：基于 Fama–French 三因素模型的长期累计平均超额收益（CAAR）：股票交易

事件窗口 （月份 1，月份 2）	收购方 CAAR		
	（1）被收购方为 上市公司（$n=492$）	（2）被收购方为非 上市公司（$n=615$）	（1）－（2）
（－12，－1）	7.92%***	5.45%***	2.47%
	（5.75）	（4.14）	（1.00）
（－1，0）	－1.15%**	0.30%**	－1.45%***
	（－2.93）	（1.97）	（－2.58）
（－1，+1）	－1.52%***	0.46%	－1.98%
	（－3.23）	（0.99）	（－0.21）
（+1，+12）	－0.59%**	－5.20%***	4.61%***
	（－2.40）	（－3.88）	（5.70）
（+1，+24）	－1.83%*	－6.37%***	4.54%***
	（－1.33）	（－4.71）	（3.26）

面板 B：采用现金支付的收购方的长期累计平均超额收益（CAAR）

该面板报告了现金交易中收购方的长期 CAAR。在面板 B1 中，我们采用市场模型对 CAAR 进行估计。在面板 B2 中，我们采用 Fama-French 三因素模型对 CAAR 进行估计。我们按照被收购方的类型（上市和非上市公司）报告了CAAR。括号里为 t-统计量。***，** 和 * 分别表示进行单尾检验时，在 1%，5% 和 10% 的水平显著。

面板 B1：基于市场模型的长期累计平均超额收益（CAAR）：现金交易

事件窗口	收购方 CAAR		
（月份1，月份2）	（1）被收购方为上市公司（$n=874$）	（2）被收购方为非上市公司（$n=211$）	（1）-（2）
（-12，-1）	-5.98%***	2.98%	-8.96%***
	（-6.04）	（1.11）	（-3.56）
（-1，0）	0.43%	0.59%*	-0.16%
	（1.26）	（1.34）	（-0.21）
（-1，+1）	-0.03%	1.25%**	-1.28%
	（-0.06）	（1.97）	（-1.46）
（+1，+12）	-0.71%	2.26%	-2.97%*
	（-0.89）	（0.91）	（-1.82）
（+1，+24）	0.80%*	2.76%*	-1.96%
	（1.54）	（1.38）	（-0.94）

面板 B2：基于 Fama-French 三因素模型计算的长期累计平均超额收益（CAAR）：现金交易

事件窗口	收购方 CAAR		
（月份1，月份2）	（1）被收购方为上市公司（$n=874$）	（2）被收购方为非上市公司（$n=211$）	（1）-（2）
（-12，-1）	-10.26%***	0.50%	-10.76%***
	（-4.73）	（0.23）	（-3.04）
（-1，0）	0.24%	0.40%	-0.16%
	（0.69）	（0.59）	（-0.73）

续表

事件窗口 （月份 1，月份 2）	收购方 CAAR		
	（1）被收购方为 上市公司（$n=874$）	（2）被收购方为非 上市公司（$n=211$）	（1）-（2）
（-1，+1）	-0.26%	1.42%**	-1.68%***
	（-0.66）	（1.81）	（-3.70）
（+1，+12）	-0.72%	0.90%	-1.62%
	（-0.90）	（0.60）	（-1.17）
（+1，+24）	2.98%***	3.40%*	-0.42%
	（2.34）	（1.60）	（-0.13）

六、多元回归分析

从心理学和计算结果角度来看，错误估值变量均与成长前景相关联。首先，投资者往往会高估成长型公司[1]。其次，估值变量的计算误差可能与公司的成长机会相关联，因为 P/B 和 P/V 中的市场价格（P）不仅包含定价误差，而且代表了投资者对未来增长机会的理性判断。比如，尽管一家公司的托宾 Q 值（P/B）通常被作为衡量错误定价的代理变量，只有 Q 值的部分变动来自于投资者的错误判断，而其主要的变动来自于对公司不断变化的生产能力的理性预期。前文的讨论指出，P/V 的优势在于其考虑了分析师对未来收益的预测，因此解决了衡量错误定价的局限性。然而，现实中的错误定价可能远远大于 P/V，因为公司的生产力具有无法观测性[2]。因此，我们的分析更可能低估错误定价对于并购主要方面，如收购溢价和超额收益率的影响。

为了解决这个问题，我们采用多元检验来分析错误定价（P/V）

　　① Lakonishok, J., Shleifer, A., Vishny, R. Contrarian Investment, Extrapolation, and Risk [J]. *Journal of Finance*, 1994, 49(5)：1541-1578.

　　② Alti, A., Tetlock, P. C. How Important is Mispricing? [R]. Working Paper, Columbia University, 2011.

的影响，并使用代表公司的成长前景的 P/B（2 年前），而不是 P/B 作为控制变量。因为 P/B（2 年前）在时间上离并购宣告较远，不太可能反映宣告时的错误估价。因此，在控制 P/B（2 年前）的情况下研究 P/V 的影响是对错误定价理论更为严格的检验。

另外，我们还在多元回归中添加了其他控制变量（见表 3-6 和表 3-7）。回归包含了代表地域多元化和业务多元化的哑变量，并以公司规模和财务杠杆作为控制变量。将财务杠杆作为控制变量的依据来自于融资和资本结构理论，即杠杆水平很可能与公司的成长机会相关联。因此，杠杆和融资约束可能影响收购方的行为。

表 3-6 报告了分析收购方和被收购方估值与支付方式之间关系的逻辑回归结果。依赖变量和股票支付（Stock）为哑变量，当并购采用股票支付时等于 1，否则为 0。我们对 P/V 和 P/V 排序数进行了回归。首先，我们用股票支付（Stock）对收购方和被收购方的 P/B（2 年前）进行回归。其次，我们用股票支付（Stock）对收购方和被收购方的 P/V 进行回归（第（2）和第（3）列）。最后，我们同时对 P/B（2 年前）和 P/V 进行回归（第（4）和第（5）列），以检验在收购方成长前景 P/B（2 年前）给定的情况下，收购方的错误定价（P/V）是否还对因变量具有解释作用。

表 3-6 中关于目标公司估值的多元回归与一元分析的结果基本一致。回归结果说明，较高的目标公司 P/B（2 年前）值与收购方更多地使用股票（而不是现金）进行支付相关联。对于所有三类回归均存在这种现象，说明当收购方把被收购方看成是有价值的成长性期权时采用股票进行支付。由于成长前景通常具有不确定性，这就解释了为什么收购方更可能使用高估的股票而不是现金来执行该期权。有趣的是，目标公司 P/B（2 年前）的系数在显著程度和绝对大小上均高于收购方 P/B（2 年前）的系数。这说明目标公司的成长前景对股票支付决策的影响大于收购方的成长前景。

与书中的一元分析结果相一致，收购方与被收购方的估值变量 P/V，与股票支付正向相关，而且对回归中包含的 P/B（2 年前）和其他控制变量具有稳健性。在回归（2）和（3）中，当同时考虑了交易双方 P/V 值的影响时，目标公司 P/B（2 年前）的回归系数仍显

表 3-6　逻辑（Logistic）回归

本表报告了逻辑回归的结果，预测采用股票支付的可能性。样本包含了所有在 1985—2006 年进行官告并最终成功交易的美国银行业的并购交易。P/B（2 年前）为收购方（被收购方）的股价与在价值之比，其中采用永续剩余收益模型对其内在价值进行计算，资本成本（$r_e(t)$）在官告日 2 年前的市净率。P/V 为收购方资本资产定价模型（CAPM）的计算结果值。按照收购方和被收购方的估值比率 P/V 进行排序，然后进行 5 等份（即，平均分成 5 组），1 代表具有估值最低的第 1 等份（组）。股票支付（stock）为哑变量，当并购采用股票支付时为 1，否则为 0。收购方与目标银行 SIC 代码的前 3 位不同时等于 1，否则为 0。地域多元化为哑变量，当并购双方位于不同的州时等于 1，否则为 0。相对规模＝收购方市场价值／目标公司市场价值。交易规模＝并购官告的交易价值。财务杠杆＝收购方总负债／总资产。每个回归系数下面的括号内为 p 值。

	股票支付				
	(1)	(2)	(3)	(4)	(5)
截距	-2.161*	-8.425***	-6.990***	-0.589**	-0.581**
	(0.076)	(0.002)	(0.002)	(0.021)	(0.028)
目标公司 P/B（2 年前）	1.366***	1.864**	1.516**	0.130**	0.120*
	(0.002)	(0.011)	(0.012)	(0.024)	(0.059)
收购方 P/B（2 年前）	0.181*	-0.079	-0.032	-0.01	-0.002
	(0.076)	(0.625)	(0.836)	(0.450)	(0.909)

续表

	股票支付				
	（1）	（2）	（3）	（4）	（5）
目标公司 P/V		1.979^{**}			
		（0.028）			
收购方 P/V		0.775^{***}			
		（0.005）			
目标公司 $P/V(k=12.5\%)$			1.006^{*}		
			（0.065）		
收购方 $P/V(k=12.5\%)$			0.741^{***}		
			（0.007）		
目标公司 P/V 排序数				0.012	
				（0.708）	
收购方 P/V 排序数				0.185^{***}	
				（0.000）	
目标公司 $P/V(k=12.5\%)$ 排序数					0.013
					（0.690）

续表

	股票支付				
	(1)	(2)	(3)	(4)	(5)
收购方 P/V($k=12.5\%$)排序数					0.132***
					(0.004)
业务多元化	0.238	1.208	0.724	0.081	0.097
	(0.699)	(0.223)	(0.381)	(0.331)	(0.277)
地域多元化	1.100*	0.367	0.229	0.035	0.031
	(0.070)	(0.679)	(0.776)	(0.722)	(0.759)
Log(相对规模)	2.577*	6.073**	4.759*	0.087**	0.117***
	(0.059)	(0.033)	(0.051)	(0.029)	(0.006)
Log(交易规模)	2.834**	6.594**	5.102*	0.171**	0.218***
	(0.050)	(0.030)	(0.047)	(0.017)	(0.004)
财务杠杆	0.009	0.071	0.080	0.003	0.001
	(0.787)	(0.167)	(0.113)	(0.596)	(0.842)
观测数	109	77	77	77	77
McFadden R^2	0.274	0.547	0.471	0.383	0.324

著为正，而收购方 P/B（2 年前）的回归系数变得不再显著。这进一步说明，错误定价理论，即收购方的成长前景并不影响银行并购中是否使用股票支付。回归（2）和（3）中，收购方 P/V 和 P/V（$k=$ 12.5%）的系数分别为 0.775 和 0.741，均在 1% 的水平显著。这说明，是收购方的股票高估，而不是成长前景主导的是否采用股票支付。值得注意的是，目标公司 P/V 的系数显著为正，说明其股票高估提高了被股票收购的可能性。当我们对收购方和被收购方的 P/V 排序数进行回归时，得到类似但稍弱的结果，分别见表 3-6 第（4）和第（5）列。

接下来我们检验在加入表 3-6 中的控制变量的情况下，并购溢价与交易双方的累计超额收益率 CAR（-2，+2）以及主要估值变量之间的关系。表 3-7 报告了这些回归的结果。与一元分析的结果相一致，表 3-7 的面板 A 显示，较高的收购方估值［P/V 和 P/V（$k=$ 12.5%）排序数］与较高的收购溢价相关联。然而，收购方的成长前景似乎对收购溢价没有显著影响。当在回归中加入地域多元化、业务多元化和财务杠杆等控制变量时，收购方 P/V 排序数与收购溢价之间依然存在正相关关系。但是由于样本的大量减少（缩减了60% 以上），当加入相对规模（收购方的市场价值/被收购方的市场价值）和交易规模时，这一关系变得模糊，在书中未报告该结果。

表 3-7 面板 B 显示，目标公司和收购方的成长前景对于交易双方的宣告日超额收益率没有显著影响。因此，股票市场对银行并购的反应看起来并非来自于并购双方银行的成长前景。我们发现较高的收购方估值 P/V（主要衡量股票价格的错误定价部分）与较低的收购方收益相关联，这与一元分析的结果相一致。这种反向关系说明，市场的负面反应受到了收购方股票高估的影响。面板 B 的最后三项回归显示，在控制其他影响因素的情况下，银行并购宣告所引起的被收购方的超额收益与收购方的高估程度间存在较弱的正向关系。

七、关于管理者薪酬激励的实证结果

至此，我们的分析显示，股票交易中高估的收购方银行支付较

表 3-7　最小二乘回归

本表报告了对收购溢价、收购方和被收购方的累积超额收益(CAR)进行的普通最小二乘(OLS)回归。收购溢价(Premium),等于收购价格除以宣告日 4 周前被收购方的股票价格,减去 1,再乘以 100,即[(收购价格/被收购方的股票价格)−1]×100。收购方和被收购方的宣告期累计超额收益(CAR)基于 2 日事件窗(−1,0)进行计算,即从并购宣告日的前 1 天至宣告当天日。样本包含了 1985—2006 年所有银行业最终成功交易的并购宣告,交易双方均在纽约证券交易所(NYSE)、美国证券交易所(AMEX)或纳斯达克(NASDAQ)上市交易,而且能够获得计算 P/B(2 年前)和 P/V 所需的数据。P/B(2 年前)为并购宣告 2 年前的市净率;P/V 为股价与内在价值之比,其中采用永续剩余收益模型对内在价值进行计算,资本成本($r_e(t)$)分别采用资本资产定价模型(CAPM)的计算结果和固定值 12.5%。按照收购方和被收购方的估值比率 P/B(2 年前)和 P/V 进行排序,然后进行 5 等分(即平均分成 5 组),1 代表估值最低的第 1 等分(组)。股票支付(stock)为哑变量,当并购采用股票支付时为 1,否则为 0。业务多元化为哑变量,当收购方与目标银行 SIC 代码的前 3 位不同时等于 1,否则为 0。地域多元化为哑变量,当并购双方位于不同的州时等于 1,否则为 0。财务杠杆=收购方总负债/总资产。相对规模=收购方市场价值/目标公司市场价值。交易规模=并购宣告的交易价值。每个回归系数下面的括号内为 p-值。

面板 A:对收购溢价的 OLS 回归

	收购溢价									
截距	25.846**	11.388	3.359	1.817	2.496	1.111	5.202	4.447	4.893	4.546
	(0.013)	(0.337)	(0.432)	(0.639)	(0.551)	(0.767)	(0.355)	(0.399)	(0.365)	(0.369)
目标公司 P/B(2 年前)	−5.72	−2.594	−0.719	0.526	−1.278	0.300	−0.164	0.532	−0.548	0.379
	(0.107)	(0.487)	(0.374)	(0.489)	(0.121)	(0.698)	(0.847)	(0.512)	(0.515)	(0.641)
收购方 P/B(2 年前)	3.641	1.100	0.771	−0.179	1.213*	−0.069	0.493	−0.078	0.796	0.003
	(0.192)	(0.710)	(0.264)	(0.781)	(0.081)	(0.915)	(0.492)	(0.909)	(0.260)	(0.997)
目标公司 P/V 排序数			−2.800**	−1.306			−2.500*	−1.019		
			(0.028)	(0.266)			(0.059)	(0.424)		
收购方 P/V 排序数			7.241***	3.550***			5.701***	2.968*		
			(0.000)	(0.010)			(0.000)	(0.051)		
目标公司 $P/V(k=12.5\%)$ 排序数					−1.322	−0.386			−1.313	−0.523
					(0.305)	(0.739)			(0.306)	(0.666)
收购方 $P/V(k=12.5\%)$ 排序数					5.914***	2.865**			4.703***	2.671*
					(0.000)	(0.033)			(0.001)	(0.061)
股票支付		36.498**		21.014***		21.807***		19.103***		18.617***
		(0.017)		(0.000)		(0.000)		(0.000)		(0.000)
							(0.057)	(0.329)	(0.025)	(0.199)
地域多元化							12.737***	4.955	13.750***	6.128
							(0.002)	(0.225)	(0.001)	(0.126)
财务杠杆							−0.19	−0.199	−0.255	−0.243
							(0.254)	(0.203)	(0.121)	(0.115)
观测数 N	241	241	169	169	173	173	158	158	162	162
调整后的 R^2	0.003	0.023	0.200	0.345	0.151	0.320	0.258	0.347	0.244	0.337

面板 B:对收购方/被收购方 CAR 的 OLS 回归

因 变 量	收购方 CAR(−2,+2)			被收购方 CAR(−2,+2)		
截距	−0.040***	0.002	0.006	0.175**	0.259***	0.253***
	(0.007)	(0.950)	(0.814)	(0.013)	(0.002)	(0.003)
目标公司 P/B(2 年前)	0.002	−0.004	−0.004	−0.006	−0.011	−0.010
	(0.740)	(0.596)	(0.574)	(0.777)	(0.679)	(0.733)
收购方 P/B(2 年前)	0.003**	0.004	0.004	0.005	0.007	0.006
	(0.024)	(0.128)	(0.137)	(0.427)	(0.499)	(0.572)
目标公司 P/V 排序数		−0.002			−0.033	
		(0.753)			(0.171)	
		(0.080)			(0.798)	
目标公司 $P/V(k=12.5\%)$ 排序数			−0.001			−0.021
			(0.822)			(0.262)
收购方 $P/V(k=12.5\%)$ 排序数			−0.005*			0.002*
			(0.061)			(0.705)
业务多元化	0.005	0.011	0.01	0.015	0.014	0.011
	(0.529)	(0.412)	(0.417)	(0.730)	(0.766)	(0.817)
地域多元化	−0.004	0.006	0.006	0.040	0.085*	0.082*
	(0.657)	(0.643)	(0.638)	(0.350)	(0.082)	(0.095)
Log(相对规模)	−0.019**	−0.013	−0.013	0.000	0.016	0.020
	(0.011)	(0.195)	(0.179)	(0.989)	(0.681)	(0.623)
Log(交易规模)	−0.026***	−0.018	−0.018*	−0.010	0.024	0.027
	(0.002)	(0.110)	(0.100)	(0.792)	(0.580)	(0.536)
财务杠杆	0.000	−0.002**	−0.002**	−0.003	−0.005*	−0.005*
	(0.939)	(0.032)	(0.026)	(0.182)	(0.069)	(0.070)
观测数 N	109	77	77	99	77	77
调整后的 R^2	0.071	0.016	0.022	−0.041	0.012	0.002

高的收购溢价(见表 3-3 的面板 B 和表 3-7 的面板 A), 未能创造协同效应(见表 3-3 的面板 C), 并在并购完成后经历了较差的长期绩效(见表 3-5 面板 A)。这就提出了一个问题:如果并购并不为股东创造价值, 并购后的薪酬激励是否驱动着收购方的管理者收购估值相对较低的目标公司呢?Jensen 认为, 股票高估为股东带来了巨大的代理成本, 高估的收购方进行并购的动力来自于公司的管理者①。

之前的一些研究已经分析了管理者激励和并购之间的关系。例如, 有研究证明即使并购后收购方的股价是下跌的, 大型银行并购后 CEO 的薪酬也得到了增长②;有能力影响董事会决策的收购方 CEO 得到了较大的并购奖励③;在受到股票高估驱动的并购中, 收购方的 CEO 们在交易后得到了不菲的经济收益④。已有研究共同说明, 使用高估股票进行并购的动力来自于收购方公司管理者的薪酬激励。我们将通过研究并购后收购方银行高层管理者的薪酬变化来进一步解释这个问题。

并购的完成通常需要全体高层管理团队的努力, 他们对整个并购决策过程负责, 并在交易完成后因为潜在的协同收益而获得薪酬增长。因此, 我们研究整个高层管理团队的薪酬增长, 而不仅仅是 CEO 本人。表 3-8 报告了并购完成 1 年(2 年)之后收购方银行高层管理者的薪酬信息。

---

① Jensen, M. C. The Agency Costs of Overvalued Equity and the Current State of Corporate Finance [J]. *European Financial Management*, 2004, 10: 549-565; Jensen, M. C. Agency Costs of Overvalued Equity [J]. *Financial Management*, 2005, 34: 5-19.

② Bliss, R. T., Rosen, R. J. CEO Compensation and Bank Mergers[J]. *Journal of Financial Economics*, 2001, 61: 107-138.

③ Grinstein, Y., Hribar, P. CEO Compensation and Incentives-Evidence from M&A Bonuses [J]. *Journal of Financial Economics*, 2004, 73: 119-143.

④ Harford, J., Li, K. Decoupling CEO Wealth and Firm Performance: The Case of Acquiring CEOs [J]. *Journal of Finance*, 2007, 62: 917-949; Fu, F., Ling, L., Officer, M. Acquisitions Driven by Stock Overvaluation: Are They Good Deals? [R]. Working Paper, Singapore Management University, 2010.

表 3-8　股票高估与管理者的薪酬增长

本表报告了并购完成 1 年(2 年)后收购方银行高层管理者的薪酬信息。样本包含了 1985—2006 年所有最终成功交易的美国银行业并购宣告,其中收购方在纽约证券交易所(NYSE)、美国证券交易所(AMEX)或纳斯达克(NASDAQ)上市交易。1 年薪酬增长长比率(2 年薪酬增长长比率)等于高层管理者并购完成后 1 年(2 年)的总薪酬除以并购前 1 年的总薪酬,再减去 1。

面板 A:按照支付方式划分的收购方的平均薪酬增长

该面板按照支付报告了支付方式划分(上市公司与非上市公司)和支付方式划分的并购在交易完成后收购方银行高层管理者的薪酬增长。N 代表可以获得薪酬信息的收购方数目。括号里为 t-统计量。***，** 和 * 分别表示该增长比率在 1%、5% 和 10% 的水平显著为正。

	(1) 收购上市公司的收购方	N	(2) 收购非上市公司的收购方	N	(3) 所有的收购方	N
现金交易						
1 年薪酬增长比率	37.487%***	98	27.402%***	42	34.521%***	141
(t-统计量)	(5.394)		(2.819)		(6.112)	
2 年薪酬增长比率	61.107%***	86	74.920%***	41	65.452%***	127
(t-统计量)	(5.998)		(3.207)		(6.457)	
股票交易						
1 年薪酬增长比率	38.892%***	199	34.161%***	135	36.976%***	334
(t-统计量)	(7.738)		(5.058)		(9.135)	

	(1) 收购上市公司的收购方	N	(2) 收购非上市公司的收购方	N	(3) 所有的收购方	N
2 年薪酬增长比率	72.189%***	184	68.714%***	126	70.771%***	310
(t-统计量)	(8.100)		(7.320)		(10.869)	
所有交易						
1 年薪酬增长比率	38.422%***	297	32.571%***	177	36.246%***	475
(t-统计量)	(9.448)		(5.778)		(10.983)	
2 年薪酬增长比率	68.594%***	270	70.218%***	167	69.212%***	437
(t-统计量)	(9.980)		(7.747)		(12.646)	

面板 B：按照收购方估值比率排列的收购方平均薪酬增长

本面板报告了收购方估值变量与薪酬增长之间的关系。按照估值比率（P/V）对整个样本的收购方银行进行排序，然后进行 5 等份（即平均分成 5 组），1 代表具有估值值最低的第 1 等份（组）（最为低估）。P/V 为价格与内在价值之比，其中采用永续剩余收益模型对其内在价值进行计算，资本成本（$r_e(t)$）分别采用资本资产定价模型（CAPM）的计算结果（面板 B1）和固定值 12.5%（面板 B2）。

我们计算了第 5 组与第 1 组的 1 年薪酬增长比率（2 年薪酬增长比率）差异，括号里为 t-统计量。N 代表可以获得薪酬信息的收购方数目。***、** 和 * 分别表示该差异在 1%、5% 和 10% 的水平上显著（双尾检验）。

续表

面板 B1:按照收购方的 P/V 值(基于永续剩余模型计算)进行排序

收购方排序数	N	1 年薪酬增长比率	2 年薪酬增长比率
1（股票低估）	160	14.41%	47.74%
2	160	7.36%	24.42%
3	160	34.73%	71.03%
4	160	19.21%	52.92%
5（股票高估）	160	36.58%	61.74%
组间差异 5-1		22.169%***	14.00%
		(2.938)	(1.315)

面板 B2:按照收购方的 P/V 值(基于永续剩余模型计算,$k = 12.5\%$)进行排序

收购方排序数	N	1 年薪酬增长比率	2 年薪酬增长比率
1（股票低估）	163	5.81%	34.08%
2	163	15.37%	34.11%
3	163	28.12%	59.20%
4	164	24.17%	76.66%
5（股票高估）	164	35.93%	61.22%
组间差异 5-1		30.122%***	27.138%***
		(4.097)	(3.469)

面板 C：对管理者薪酬增长的最小二乘（OLS）回归

本面板报告了采用普通最小二乘法（OLS）对收购方薪酬增长进行回归的结果。P/B（2 年前）为公司并购前的市净率。P/V 为价格与价值内在价值比，其中采用承续剩余收益模型对其内在价值进行计算，资本成本（即 $r_e(t)$）的计算采用资本资产定价模型（CAPM）。按照估值比值比率（P/V）对整个样本的收购方银行业行进行排序，然后进行 5 等份，1 代表具有估值最低的第 1 等份（组）（最为低估）。收购溢价（Premium），等于收购价格除以宣告日 4 周前的被收购方的股票价格，减去 1，再乘以 100，即，[（收购报价/被收购方的股票价格）-1]×100。股票支付时为哑变量，当交易采用现金支付时等于 1，采用现金支付时为 0。相对规模=收购方市场价值/目标公司市场价值。交易规模=宣告的交易价值。财务杠杆=收购方的总负债/总资产。对于每一个回归系数，第二行的括号里为 t-统计量。$***$、$**$ 和 $*$ 分别表示该系数在 1%，5% 和 10% 的水平上显著不为 0。

| | 依 赖 变 量 | | | |
	1 年薪酬增长比率		2 年薪酬增长比率	
截距	-0.976	-0.754	0.309	0.686
	(-1.562)	(-1.169)	(0.357)	(0.737)
被收购方 P/B（2 年前）	0.002	0.046	-0.016	0.042
	(0.024)	(0.451)	(-0.103)	(0.258)
收购方 P/B（2 年前）	0.099	0.069	-0.211	-0.255
	(1.089)	(0.740)	(-1.421)	(-1.660)
收购方 P/V 排序数	0.133	0.156*	0.355***	0.380***
	(1.526)	(1.757)	(2.693)	(2.848)

续表

	依赖变量			
	1 年薪酬增长比率		2 年薪酬增长比率	
收购溢价	0.004	0.005	-0.003	-0.002
	(0.737)	(0.929)	(-0.393)	(-0.238)
股票支付		-0.371		-0.527
		(-1.260)		(-1.092)
Log(相对规模)	-0.064	-0.055	-0.247	-0.231
	(-0.223)	(-0.195)	(-0.530)	(-0.495)
Log(交易规模)	-0.08	-0.074	-0.185	-0.169
	(-0.269)	(-0.249)	(-0.384)	(-0.351)
财务杠杆	0.006	0.007	0.008	0.009
	(0.633)	(0.744)	(0.505)	(0.566)
观测数	51	51	52	52
调整后的 R^2	-0.018	-0.004	0.061	0.065

表 3-8 的面板 A 显示，收购方银行(尤其是采用股票支付的收购方)的高层管理者在交易完成后经历了显著的薪酬增长。表 3-8 的面板 B 显示，收购方的估值变量与薪酬增长之间存在正相关关系。当资本成本($r_e(t)$)采用固定值 12.5% 时，并购后 1 年和 2 年薪酬增长的组间差异分别为 30.122% 和 27.138%，均在 1% 的水平显著(见表 3-8 面板 B2)。当采用根据资本资产定价模型(CAPM)计算的资本成本($r_e(t)$)时，得到了类似的结果(见表 3-8 的面板 B1)。这说明，高估程度较高的银行的高层管理者在并购完成后收获较高的财富增长。表 3-8 的面板 C 报告了对薪酬增长和股票高估变量的多元回归结果，控制变量包括成长前景、并购溢价、支付方式、公司相对规模、交易规模，以及财务杠杆。结果证明，收购方的股票高估与高层管理者的薪酬增长(尤其是并购后 2 年的薪酬增长)之间存在显著的正向关联。收购方 P/V 排序数的两个回归系数均在 1% 的水平显著为正。

八、关于本章实证结果的讨论

我们在本部分回顾并讨论第 5 至第 7 部分中最为重要的实证结果。一方面，Shleifer 和 Vishny 的错误定价理论[1]认为，收购方倾向于用现金收购低估(与基本面相比)的目标公司，但当其股票的高估程度高于被收购方时往往使用股票进行收购。另一方面，当目标公司的股票处于高估状态时，其管理者往往会接受股票支付，因为并购为目标公司的管理者提供了将其所持有的非流通股票或者期权进行变现的机会。总的来说，错误定价理论反映了当目标公司股票更为高估时，其管理层变现的意愿更为强烈。此外，收购方和被收购方的错误定价不仅会影响支付方式(如前面的分析所示)，而且为影响收购溢价和超额收益率创造了不同的战略性激励。

---

① Shleifer, A., Vishny, R. Stock Market Driven Acquisitions [J]. *Journal of Financial Economics*, 2003, 70: 295-311.

效仿之前的研究①，我们对错误估值理论和 Q 理论进行了区分。Q 理论认为，并购将被收购方的资产重新分配于不同的用途②，而且从被并购方资产的重新分配中获得的收益依赖于收购方和被收购管理者的能力，以及双方的成长前景。该理论认为目标公司较差(具有较低的估值)而收购方较好(具有较高的估值)的并购，比目标公司较好而收购方较差的并购带来更多的总收益。因此，较高的收购方估值和较低的目标公司估值应带来较高的交易双方收益率③，以及较高的收购溢价。托宾 Q 值，即公司的市场价值除以账面价值(P/B)，提供了一种计量收购方或者被收购方基于当前资产创造价值能力的方法。因此，将并购宣告前的 P/B(2 年前)值作为控制变量，同时使用不同的价格与内在估值之比(P/V)进行分析，让我们可以对错误定价理论进行更为严格的检验。

(一)收购方与被收购方的相对估值

本章的分析显示，收购上市银行的收购方的估值比率[P/B(2 年前)和 P/V]平均高于其被收购方，这与错误定价理论相一致。与 Dong，Hirshleifer 和 Richardson④ 关于实业界公司的发现相似，

---

① Dong, M., Hirshleifer, D., Richardson, S., Teoh, S. H. Does Investor Misvaluation Drive the Takeover Market? [J]. *Journal of Finance*, 2006, 61: 725-762.

② Lang, H. P., Stulz, R., Walkling, R. A. Managerial Performance, Tobin's Q, and the Gains from Successful Tender Offers [J]. *Journal of Financial Economics*, 1989, 24: 137-154; Servaes, H. Tobin's Q and the Gains From Takeovers [J]. *Journal of Finance*, 1991, 46: 409-419; Jovanovic, B., Rousseau, P. L. The Q-Theory of Mergers [J]. *American Economic Review*, 2002, 92(2): 198-204.

③ Lang, H. P., Stulz, R., Walkling, R. A. Managerial Performance, Tobin's Q, and the Gains from Successful Tender Offers [J]. *Journal of Financial Economics*, 1989, 24: 137-154; Servaes, H. Tobin's Q and the Gains From Takeovers [J]. *Journal of Finance*, 1991: 46: 409- 419; Dong, M., Hirshleifer, D., Richardson, S., Teoh, S. H. Does Investor Misvaluation Drive the Takeover Market? [J]. *Journal of Finance*, 2006, 61: 725-762.

④ Dong, M., Hirshleifer, D., Richardson, S., Teoh, S. H. Does Investor Misvaluation Drive the Takeover Market? [J]. *Journal of Finance*, 2006, 61: 725-762.

这种关系在股票支付的交易中显著，但在现金支付的交易中并不显著。另外，股票收购方比现金收购方更为高估；收购方与被收购方在股票交易中的平均估值差异大于现金交易。错误定价理论认为，股票支付的并购只有在收购方比被收购方更为高估是才能获利；当被收购方股票处于高估状态时，其管理者更可能接受股票交易并进行变现。由于高估程度相对较低的收购方更可能使用现金进行并购，现金交易中收购方与被收购方的差异应该小于股票交易。总的来说，股票收购方的估值高于现金收购方；收购方与被收购方在股票交易中的平均估值差异高于现金交易。

（二）被收购方的估值与并购特征

一方面，我们的发现与错误定价理论相一致，即，由于股票高估的被收购方的管理者更愿意接受股票交易，因为他们急于变现手中的股份，即使得到的是收购方相对高估的股票。如果在目标公司被低估时管理层抗拒出售股票，这时收购方就可能绕开被收购方的管理层使用现金进行邀约收购。另外，拥有较好成长前景（P/B（2年前））的被收购方与更多股票交易相关联。

另一方面，Q 假设认为，相对于被收购方较好（较高的 P/B 值）而收购方较差（较低的 P/B 值）的并购，被收购方较差（较低的 P/B 值）而收购方较好（较高的 P/B 值）的并购产生了更大的总收益。我们的实证结果未能有力地证明这一点。

错误定价理论认为，较大的低估程度增加了目标公司努力获得高于基本面的收购溢价（或避免打折出售）的动力；收购方也有较强的动力来提高相对于被收购方市价的报价，以确保交易成功。因此，被低估程度越大（P/B 或者 P/V）的目标公司获得相对于市价越高的溢价。表 3-3 面板 A2 和表 3-7 面板 A 显示，对于低估值的被收购方，收购溢价和宣告日超额收益率平均来看都更高。这与股票被低估的目标公司争取较高（相对于过分低估的市场价格）的收购溢价，以及收购行动可以纠正被收购方并购前错误估值的观点相一致。

（三）收购方的估值与并购特征

本章的分析还显示，股票收购方比现金收购方的市场估值更高。同样，较高的收购方估值与更多的使用股票支付相关联。这两点均证明了高估的收购方更可能使用其高估的股票作为支付手段来收购目标公司资源的假设。

一元与多元分析均说明，较高的收购方估值带来较高的收购溢价，进一步证明了错误定价理论。高估的收购方可能要么发现筹集资金报出高价更为容易，要么更愿意以其高估的股票为支付手段报出高价。

一元分析还说明，较高的收购方估值与较高的被收购方股票收益以及较低的收购方宣告日收益率相关联。这两点都进一步支持了我们的错误定价假设。收购方估值与收购方市场收益率之间的负向关系在我们的多元分析中仍然具有稳健性。

（四）管理者薪酬激励

总体来看，我们的分析对收购方使用暂时高估的股票进行换股并购的有效性提出了严重质疑。我们发现股票高估的收购方银行经历了实质性的损失（并购未能带来协同收益），尽管收购方的 CEO 通常在并购完成后得到了大幅的薪酬增长。我们还发现了交易前对高估股价的纠正作用以及向目标公司支付的高溢价。这些因素看起来侵蚀了本来属于用高估股票收购相对低估目标公司的收购方的大部分收益，说明如果股票高估的公司不进行并购，也许对其股东来说更为有利。

（五）一些新的发现

如表 3-3 面板 B2 显示，较高的收购方估值降低了并购上市目标公司的概率，但增加了使用股票支付的概率。因此，相对于现金交易，非上市目标公司的股东更可能接受换股交易（即使在收购方股票被高估的情况下）。通过换股交易，非上市银行的股东成为上市银行的股东，有利于其提高声望以及实现投资多样化，这与错误定价理论相一致。

表 3-4 面板 A 和面板 B 的结果显示，无论在现金交易还是股票交易中，交易双方的短期联合收益均为正。股票支付的并购带来更高的联合收益，而该收益主要来自于被收购方的正向超额收益。

多元化和财务约束同样影响并购的财富效应。如表 3-7 所示，收购方的财务杠杆越高，双方股东在宣告期间获得的财富创造就越低。

九、本章小结

尽管在美国银行业并购方面进行的研究较多，但与之前的研究不同，本书首次检验了缺乏效率的股票市场错误定价是否推动银行业并购的重要因素。另外，我们还研究了股票高估的收购方所进行的并购是否与并购完成后高层管理者的财富增长有关。尽管之前的研究分别检验了股票高估和管理者薪酬激励的价值，但是还没有研究同时关注这两个问题，并集中研究银行业。本书填补了这一空白，并发现股票市场估值与银行并购之间存在正相关关系。另外，我们还发现股票高估的收购方银行 CEO 通常在并购完成后得到丰厚的薪酬增长回报。

为了检验 Shleifer 和 Vishny 关于错误定价的理论框架是否适用于银行并购，我们在控制并购双方成长前景［P/B（2 年前）］的同时，采用了两种不同的价格与剩余收入估值之比（P/V）进行实证检验。对内在价值（V）的计算分别采用 Ohlson 的三阶段剩余收益模型和不依赖于分析师对未来盈利前景的预测的永续剩余收益模型。由于数据的可获得性，后者能够对更多银行的内在价值（V）进行估计。因此，和之前的研究不同，我们的分析同时采用了两种计算 P/V 的方法来检验股票高估假设。使用 P/B（2 年前）有助于对 Q 假设（高质量的收购方对较差目标公司的改进作用大于差的收购方对较好目标公司的改进）与错误定价假设进行区分。

实证研究的结果基本上支持了错误定价理论和管理者的薪酬增长假设。对不同的相对估值变量（P/V）的分析显示，整个样本的收购方相对于他们的目标公司估值更高，尤其对于股票支付的交易。另外，结果显示，具有较高估值的收购方有以下行为：更可能采用股票而非现金进行支付，更愿意支付高于目标公司市价的交易价格，更倾向于收购非上市公司而不是上市公司，得到较低的宣告期收益率，无法创造协同收益，经历较差的长期表现以及在并购后为其高层管理者带来巨大的薪酬增长。

第四章　管理者的赌博心理：
基于银行并购

如果你已经身陷坑洞，则通常被建议不要再继续挖洞了。但我们可能不会遵循该建议。我们希望"为起死回生而再下赌注"，因为相信我们所选择支持的曼彻斯特城市足球队……将最终获得胜利。

一、前景理论与概率加权

在古典经济学家的眼里，购买彩票是非理性的。然而，赌博的欲望却深深地扎根于人们心里①。基诺彩票作为彩票(Lottery)的最早形式出现在两千多年前的中国(亦称"白鸽票")，并用于当时政府修建长城筹集资金②。彩票不仅是娱乐和赌博的一项重要工具，而且成为电影和电视剧的一个流行主题。例如，俄国作家陀斯妥耶夫斯基(Fedor Mikhaylovitch，1821—1881)(他自己就是个赌徒)在他的小说《赌徒》中就对赌博如何影响参与者的心理过程进行了叙述，将赌博和"快速致富"的想法联系在一起，显示了俄国人对赌博的偏爱。人们对于机会游戏的着迷来自于生物、心理、宗教和社会经济等因素，这些因素共同决定着人们的赌博倾向③。

---

① Kumar, A. Who Gambles in the Stock Market? [J]. *Journal of Finance*, 2009, 64: 1889-1933.

② Shelley, R. *The Lottery Encyclopedia* [M]. New York: NY Public Library, 1986.

③ France, C. J. The Gambling Impulse[J]. *American Journal of Psychology*, 1902, 13 (3): 364-407; Brenner, R. *History — The Human Gamble* [J]. Chicago: University of Chicago Press, 1983; Walker, M. B. *The Psychology of Gambling* [M]. Oxford, England: Pergamon Press, 1992.

在本研究中，我们以银行并购为对象，研究管理者的赌博心理在多大程度上影响其投资决策。之所以选择银行业，是因为若按照各个行业每年发生的并购数计算，银行业则一直排在全行业前5位。另外，关于银行业并购的相关文献显示，收购上市银行并不能创造价值①。这次金融危机过后，人们普遍相信这是银行缺乏有效风险管理带来的恶果，因而对于银行并购可能受到赌博心理影响的担忧就看起来具有合理性，并值得研究。与以往对银行业并购的研究不同，本章将探讨银行业并购是否受到了赌博心理的驱动。

期望效用理论认为，决策者通过比较期望效用值（即各种结果的效用值按照各自发生的概率加权求和）在风险性结果和确定性结果之间进行选择②。尽管几个世纪以来，期望效用理论一直是描述和规范不确定情景下进行决策的主导模型，但它开始面临其他模型越来越多的挑战③。期望效用理论"并未提供关于个人选择的充分描述"④，而且在过去的几十年，一些经济学家和心理学家也积累

①　Berger, P. G., Saunders, A., Scalise, J. M., Udell, G. F. The Effects of Bank Mergers and Acquisitions on Small Business Lending [J]. *Journal of Financial Economics*, 1998, 50: 187-229.

②　Mongin, P. Expected Utility Theory [M]//Davis, J., Hands, W., Maki, U., eds. *Handbook of Economic Methodology*. London: Edward Elgar, 1997: 342-350.

③　Kahneman, D., Tversky, A. Prospect Theory: An Analysis of Decision Under Risk [J]. *Econometrica*, 1979, 47 (2): 263-291; Tversky, A., Kahneman, D. Rational Choice and the Framing of Decisions [J]. *Journal of Business*, 1986, 59(4): S251-S278. Tversky, A., Kahneman, D. Advances in Prospect Theory: Cumulative Representation of Uncertainty [J]. *Journal of Risk and Uncertainty*, 1992, 5 (4): 297-323; Machina, M. J. Choice under Uncertainty: Problems Solved and Unsolved[J]. *Economic Perspectives*, 1987, 1 (1): 121-154; Fishburn, P. C. *Nonlinear Preference and Utility Theory* [M]. Baltimore, MD: Johns Hopkins University Press, 1988; Camerer, C. An Experimental Test of Several Generalized Utility Theories [J]. *Journal of Risk and Uncertainty*, 1989, 2(1): 61-104.

④　Tversky, A., Kahneman, D. Advances in Prospect Theory: Cumulative Representation of Uncertainty [J]. *Journal of Risk and Uncertainty*, 1992, 5(4): 297-323.

了大量的实验证据，证明当人们在面临风险决策时，经常偏离基于期望效用得的预测结果①。

在所谓的非期望效用模型中，以 Barberis 和 Huang 的前景理论（Prospect Theory）及其 Tversky 和 Kahneman 的累积前景理论（Cumulative Prospect Theory）最为突出②。根据前景理论③，当人们面对只有 2 种或 3 种结果的彩票时，会遵循"S"形的价值最大化方程。Kahneman 和 Tversky 认为，该价值函数（Value Function）是基于与参照点的偏离程度进行定义的，在收益区域通常是凹的，而在亏损区域则通常是凸的；亏损区域的斜率更大，表明人们普遍是风险规避型的。（累积）前景理论④的两大要素分别是参照依赖（Reference Dependence）和概率加权（Probability Weighting）。

参照依赖指决策者总是选择某一参照点对结果是盈利或损失作出判断⑤。"最简单的参照点通常为零，或者当前的财富水平"⑥。而且，有研究发现并购报价通常倾向于选择被收购方 52 周内的最高股价⑦。当收购报价高于 52 周最高价格时，被接受的概率呈非

① Tversky, A., Kahneman, D. Advances in Prospect Theory: Cumulative Representation of Uncertainty [J]. *Journal of Risk and Uncertainty*, 1992, 5(4): 297-323.

② Barberis, N., Huang, M. Stocks as Lotteries: The Implications of Probability Weighting for Security Prices [J]. *American Economic Review*, 2008, 98(5): 2066-2100.

③ Kahneman, D., Tversky, A. Prospect Theory: An Analysis of Decision Under Risk [J]. *Econometrica*, 1979, 47(2): 263-291.

④ Tversky, A., Kahneman, D. Advances in Prospect Theory: Cumulative Representation of Uncertainty [J]. *Journal of Risk and Uncertainty*, 1992, 5(4): 297-323.

⑤ Schneider, C., Spalt, O. G. Acquisitions as Lotteries: Do Managerial Gambling Attitudes Influence Takeover Decisions? [R]. Working Paper, Tilburg University, Tilburg, 2010.

⑥ Forbes, W. *Behavioral Finance* [M]. West Sussex, England: John Wiley & Sons Ltd, 2009: 166.

⑦ Baker, M., Pan, X., Wurgler, J. A. Reference Point Theory of Mergers and Acquisitions [R]. Working Paper, New York University, 2009.

连续性增长；然而，当收购报价越接近这一最高价格，收购方股东的市场反应则越差。当股票市场的高收益率使得收购方很容易报出52周最高价时，并购浪潮就会出现。但参照点可能会发生变动，并改变对期望的偏好顺序①。具体来讲，由于对最近损失的不完全适应，投资者往往把之前的损失算进未来的期望，并作出更为冒险的选择，即亏损状态下的赌博。

概率加权指高估低概率收益的决策权重，从而提高了保险和赌博的吸引力。Tversky 和 Kahneman 提出了一个新版本的前景理论，采用信息的是个体相对于某财富参照点的累积收益或损失和累积决策权重，而不是独立权重来进行计算②。累积前景理论使得"在单个概率难于准确估计时讨论概率变动"成为可能③。

累积前景理论将前景理论进一步发展成为风险态度的四分模式。Tversky 和 Kahneman 认为"前景理论最显著的特点就是风险态度的四分模式"④，他们通过研究伯克利和斯坦福的 25 名研究生，发现了 4 种截然不同的风险态度，即在面对风险性期望时：对低概率收益持风险偏好态度、对高概率收益持风险规避态度、对低概率损失持风险规避态度和对高概率损失持风险偏好态度。"因此，对具有显著概率（比如 10%）的赌博，前景理论的最初陈述看起来没有问题。只有在概率分布的尾部，接近确定性或者不可能性的地方，才会发生风险态度的转变"⑤。

---

① Kahneman, D., Tversky, A. Prospect Theory：An Analysis of Decision Under Risk ［J］. *Econometrica*, 1979, 47(2)：263-291.

② Tversky, A., Kahneman, D. Advances in Prospect Theory：Cumulative Representation of Uncertainty ［J］. *Journal of Risk and Uncertainty*, 1992, 5(4)：297-323.

③ Forbes, W. *Behavioral Finance* ［M］. West Sussex, England：John Wiley & Sons Ltd, 2009：177.

④ Tversky, A., Kahneman, D. Advances in Prospect Theory：Cumulative Representation of Uncertainty ［J］. *Journal of Risk and Uncertainty*, 1992, 5(4)：297-323.

⑤ Forbes, W. *Behavioral Finance* ［M］. West Sussex, England：John Wiley & Sons Ltd, 2009：177.

　　较高的赌博倾向可以用一个高估小概率事件的概率加权函数来进行描述①。根据累积前景理论，投资者显示了对偏度的喜好，在加权函数中体现为高估尾部的分布概率。一些研究强调了赌博心理对投资决策的潜在影响②；一些文章还分析了偏度喜好的影响③。Barberis 和 Huang 把累积前景理论的这些特征作为理解金融市场上一些异常现象的一种方式，发现可以对证券的特有偏度进行定价，具有高偏度的证券往往获得负的平均超额收益④。

　　正向行为组合理论（Positive Behavioral Portfolio Theory，BPT）对投资组合的构建和证券设计理论进行了拓展⑤。行为组合理论投资者的最优证券组合类似于债券和彩票的组合。Shefrin 和 Statman 探讨了行为组合理论的最优证券组合和真实证券（如债券、股票和期权）之间的相似性，发现行为组合理论的有效边界和均值-方差有

---

①　Tversky, A., Kahneman, D. Advances in Prospect Theory: Cumulative Representation of Uncertainty [J]. *Journal of Risk and Uncertainty*, 1992, 5(4): 297-323.

②　Shefrin, H. M., Statman, M. Behavioral Portfolio Theory [J]. *Journal of Financial and Quantitative Analysis*, 2000, 35(2): 127-151; Statman, M. Lottery Players/Stock Traders [J]. *Financial Analysts Journal*, 2002, 58(1): 14-21; Polkovnichenko, V. Household Portfolio Diversification: A Case for Rank-Dependent Preferences [J]. *Review of Financial Studies*, 2005, 18(4): 1467-1502; Barberis, N., Huang, M. Stocks as Lotteries: The Implications of Probability Weighting for Security Prices [J]. *American Economic Review*, 2008, 98(5): 2066-2100; Boyer, B., Mitton, T., Vorkink, K. Expected Idiosyncratic Skewness[J]. *Review of Financial Studies*, 2010, 23(1): 169-202.

③　Kraus, A., Litzenberger, R. H. Skewness Preference and the Valuation of Risky Assets [J]. *Journal of Finance*, 1976, 31(4): 1085-1100; Barberis, N., Huang, M. Stocks as Lotteries: The Implications of Probability Weighting for Security Prices [J]. *American Economic Review*, 2008, 98(5): 2066-2100.

④　Barberis, N., Huang, M. Stocks as Lotteries: The Implications of Probability Weighting for Security Prices [J]. *American Economic Review*, 2008, 98(5): 2066-2100.

⑤　Shefrin, H. M., Statman, M. Behavioral Portfolio Theory [J]. *Journal of Financial and Quantitative Analysis*, 2000, 35(2): 127-151.

效边界总体上并不吻合。Statman 指出买彩票和股票交易是负和博弈——该博弈同时具有高风险和负的预期收益，并解释了人们为什么还会进行此类交易①。第一，所有买彩票的人和股票交易者都过度自信，认为即便是在一个负和博弈中，他们也会超出平均水平可能获胜。第二，买彩票的人和股票交易者渴望提升自己的生活质量，从工薪阶层变为中产阶级或者更好。等级依赖理论解释了阿莱悖论（Allais Paradox），即 Allais 设计的一个反映人们时机选择与期望效用理论相悖的选择性问题②，和很多人既买彩票（显示其风险偏好倾向）又规避风险（显示其风险厌恶倾向）的现象。Polkovnichenko 得出了等级依赖（Rank Dependency）偏好的实验证据③。他采用美国消费者金融调查报告（Survey of Consumer Finances）的数据，记录了两种不符合期望效用理论的普遍现象：第一，很多家庭同时投资于有效分散的基金和缺乏多样性的股票组合；第二，一些拥有不少存款的家庭从不进行权益投资。具有等级依赖偏好的投资组合选择模型从定量的角度看，则与观察到的分散投资现象相一致。

Barberis 和 Huang④ 集中研究了累积前景理论的概率加权内容。与标准的期望效用模型不同，他们发现可以对一只证券的偏度进行定价：对于正偏证券的估值可能高于期望效用模型的预测，而得到一个负的平均超额收益率。有学者检验了是否具有高特有偏度的股票会有较低的期望收益率，并发现预期特有偏度和收益率呈负相关⑤。具体

---

① Statman, M. Lottery Players/Stock Traders [J]. *Financial Analysts Journal*, 2002, 58(1): 14-21.

② Allais, M. Le Comportement De L'Homme Rationnel Devant Le Risque: Critique Des Postulats Et Axiomes De L'Ecole Americaine [J]. *Econometrica*, 1953, 21(4): 503-546.

③ Polkovnichenko, V. Household Portfolio Diversification: A Case for Rank-Dependent Preferences [J]. *Review of Financial Studies*, 2005, 18(4): 1467-1502.

④ Barberis, N., Huang, M. Stocks as Lotteries: The Implications of Probability Weighting for Security Prices [J]. *American Economic Review*, 2008, 98(5): 2066-2100.

⑤ Boyer, B., Mitton, T., Vorkink, K. Expected Idiosyncratic Skewness [J]. *Review of Financial Studies*, 2010, 23(1): 169-202.

来讲，具有较低预期偏度的 Fama-French 模型的 α 比具有较高预期偏度模型的 α 大 1.00%（按月计算）。另外，Fama-MacBeth 横截面回归方程预期偏度的系数显著为负；特有波动率能够很好地预测特有偏度，特有波动率和偏度对预期收益率都分别具有较好的解释作用。

赌博倾向和投资决策相关①。总体来讲，个体投资者喜欢具有彩票特征的股票，并且，像对彩票的需求一样，对具有彩票特征的股票的需求在经济衰退时会增加。在横截面分析中，导致在彩票上有较多支出的社会经济因素并与较大的彩票型股票投资相关；也就是说，州立彩票和彩票型股票吸引了社会经济状况非常相似的客户群体。有研究分析了 1986—2008 年美国上市公司的并购宣告，发现赌博心理会影响他们的并购决策②。当目标公司的股票具有彩票的特征（高偏度、高波动率和低价格）时，收购溢价较高。他们还发现，在这些彩票型并购中，收购方的宣告日收益率和交易的预期协同效应较低，而目标公司的收益率较高。

二、本章研究思路

本书检验概率加权以及更广泛意义上的赌博心理是否对银行的并购决策具有重要影响。我们具体探讨其对银行并购中支付价格的影响和市场对银行并购宣告的反应。因为概率加权体现了管理者高估小概率事件和低估中等概率以及大概率事件的倾向，我们假设收购方银行具有赌博心理并喜欢正偏型彩票的管理者在收购具有彩票特征的目标公司时，将倾向于提供较高溢价（即高估具有小概率的未来高收益）。结果，预计这种情况将对收购方的宣告日收益产生负面影响，并在其他条件相同的情况下，会提高目标公司的收益率。另外，由于受概率加权影响的管理者会认为目标公司向上的潜

---

① Kumar, A. Who Gambles in the Stock Market? [J]. *Journal of Finance*, 2009, 64: 1889-1933.

② Schneider, C., Spalt, O. G. Acquisitions as Lotteries: Do Managerial Gambling Attitudes Influence Takeover Decisions? [R]. Working Paper, Tilburg University, Tilburg, 2010.

在收益率将高于其实际数值，而在其他条件相同的情况下，受赌博心理影响的交易中平均协同效应则更低。我们采用与 Schneider 和 Spalt① 相同的代理变量来描述特定目标公司作为赌博标的所具有的吸引力，对以上假设进行实证检验。

赌场盈利效应（House Money Effect）同样可能驱动赌博行为。Thaler 和 Johnson 通过分析之前的结果如何被计算入当前选择的潜在收益首次提出了赌场盈利效应②，认为当之前的收益为正时，参与者倾向于承担更大的风险。他们为分析个人如何进行顺序决策提供了重要依据。呈现赌场盈利效应的参与者认为，较大的或者意外的财富收益不同于他们其他的财富，于是更愿意将这些收益用于赌博。Barberis，Huang 和 Santos③ 以"损失规避"（Loss Aversion）④和"赌场盈利效应"⑤为基础提出了一个模型，证明近期获利的投资者更倾向于接受高风险的赌博。

另外，Thaler 和 Johnson 提出，如果参与者面对赌博进行"乐观编辑"（Hedonic Editing）时，赌场盈利效应与前景理论基本一致，"一旦赢了钱，若之后的损失小于起初赢的钱，就可能被算合并入之前的收益，从而降低人们的损失厌恶程度，使其更愿意承担风险"⑥。赌

————————

①　Schneider, C., Spalt, O. G. Acquisitions as Lotteries: Do Managerial Gambling Attitudes Influence Takeover Decisions? [R]. Working Paper, Tilburg University, Tilburg, 2010.

②　Thaler, R., Johnson, E. J. Gambling with the House Money and Trying to Break Even: The Effects of Prior Outcomes on Risky Choice [J]. *Management Science*, 1990, 36(6): 643-660.

③　Barberis, N., Huang, M., Santos, T. Prospect Theory and Asset Prices [J]. *Quarterly Journal of Economics*, 2001, 116(1): 1-53.

④　Kahneman, D., Tversky, A. Prospect Theory: An Analysis of Decision Under Risk [J]. *Econometrica*, 1979, 47(2): 263-291.

⑤　Thaler, R., Johnson, E. J. Gambling with the House Money and Trying to Break Even: The Effects of Prior Outcomes on Risky Choice [J]. *Management Science*, 1990, 36(6): 643-660.

⑥　Thaler, R., Johnson, E. J. Gambling with the House Money and Trying to Break Even: The Effects of Prior Outcomes on Risky Choice [J]. *Management Science*, 1990, 36(6): 643-660.

场盈利效应的不同之处在于其集中讨论动态的决策过程，在此过程中人们不得不选择如何框定（frame）之前的损失和收益以及这些选择如何影响未来的风险承担。赌场盈利效应还强调对待风险的行为转换，即，获得收益后更愿意承担风险①。目前，关于赌场盈利效应已有一系列的实验室研究②，和一些实证研究③。据我们所知，本书是第一个通过研究收购方银行的风险行为与之前业绩（股票市场表现和净收益）的关系，来探讨管理者并购选择中赌场盈利效应的实证研究。

---

① Liu, Y., Tcai, C., Wang, M., Zhu, N. House Money Effect: Evidence from Market Makers at Taiwan Futures Exchange [R]. Working Paper, University of California, Davis, CA, 2006.

② Battalio, R. C., Kagel, J. H., Jiranyakul, K. Testing Between Alternative Models of Choice under Uncertainty: Some Initial Results [J]. *Journal of Risk and Uncertainty*, 1990, 3(1): 25-50; Gertner, R. Game Shows and Economic Behavior: Risk-Takingon "Card Sharks" [J]. *Quarterly Journal of Economics*, 1993, 108(2): 507-521; Keasey, K., Moon, P. Gambling With the House Money in Capital Expenditure Decisions [J]. *Economics Letters*, 1996, 50 (1): 105-110; Ackert, L. F., Charupat, N., Church, B. K., Deaves, R. An Experimental Examination of the House Money Effect in a Multi-Period Setting[J]. *Experimental Economics*, 2006, 9(1): 5-16; Post, T., Vanden Assem, M. J., Baltussen, G., Thaler, R. H. Deal or no Deal? Decision Making under Risk in a Large-Payoff Game Show [J]. *American Economic Review*, 2008, 98(1): 38-71.

③ Liu, Y., Tcai, C., Wang, M., Zhu, N. House Money Effect: Evidence from Market Makers at Taiwan Futures Exchange [R]. Working Paper, University of California, Davis, CA, 2006; Brunnermeier, M. K., Nagel, S. Do Wealth Fluctuations Generate Time-Varying Risk Aversion? Micro-Evidence on Individuals' Asset Allocation [J]. *American Economic Review*, 2008, 98(3): 713-736; Calvet, L. E., Campbell, J. Y., Sodini, P. Fight or Flight? Portfolio Rebalancing by Individual Investors [J]. *Quarterly Journal of Economics*, 2009, 124(1): 301-348; Gamble, K. J., Johnson, B., Kim, D. How Prior Outcomes Affect Investors' Subsequent Risk Taking [R]. Working Paper, Depaul University, 2009.

三、实证研究假设

本书的核心假设是赌博心理对银行业的并购产生了影响。这一观点对于被收购方具有显著彩票特征的并购，有几个方面可以验证。第一，在并购中，受到概率加权影响的管理者往往会高估看起来有吸引力的目标公司，在其他条件相同的情况下，愿意在彩票型收购（Lottery-type Acquisitions）中支付更高的收购溢价（收购价格与收购宣告前目标公司股价的相对价格）（见附录-表 B 中的假设 H1）。

第二，对于相同的收购价格，管理者更可能选择收购一家具有彩票特征的目标公司，而非不具备该特征的类似公司，即便前者所带来的预期协同效应低于后者（见附录-表 B 中的假设 H2）。但如果彩票型收购的预期协同效应更高，那么更高的收购溢价就不一定意味着存在赌博行为。相反，如果假设 H1 和 H2 得到实证支持，就说明管理者可能不顾较低的协同效应，愿意在彩票型收购中支付更高的溢价；与假设 H1 和 H2 相一致的证据将较好地支持我们主要的赌博心理猜想。

第三，假设市场有效，我们预计收购方银行的宣告日收益率在彩票型收购中更低（见附录-表 B 中的假设 H3）。因为过度支付纯粹是一种向目标公司股东的财富转移，我们预计目标公司宣告日率更高（见附录-表 B 中的假设 H4）。但同时，彩票型收购较小的协同效应对应于目标方较低的宣告日收益率，因为能在收购方和目标公司间分割的收益更小。因此，在彩票型收购中目标公司的宣告日收益率更高还是更低还有待讨论。如果我们认为收购方支付的收购溢价受到他们赌博心理的影响，那么目标公司股东更高的宣告日收益率（尽管在彩票型收购中协同效应更低）将为赌博假设提供强有力的证据。

除了关于收购溢价、协同效应和宣告日收益率的假设，我们还专门关注了赌博心理假设的一些特有影响。关于彩票的研究通过检验大量宏观经济指标的影响显示，当经济机会不够明朗的时候，人们会觉得获得高收益的小概率事件更有吸引力，更容易被各种赌博所吸引，包括彩票①。关于州立彩票（State Lotteries）的研究②和个体投资者在经济萧条时更多地投资于彩票型股票的行为③已经证明了这一点。在大萧条时期，博彩变得出人意料地流行起来④。瑞典具有相似的经历，大萧条期间赌博十分流行，赌球等赌博活动还得到了合法化⑤。由于经济萧条限制了一般经济活动所带来的增长机会，在并购中进行赌博就可能变得更具吸引力（见附录-表 B 的假设 H5）。

此外，"还未能以平静的心情面对自己损失的投资者可能会接受原本并不能接受的赌博"⑥。当管理者面对损失时，赌博的倾向可能会增强，这是前景理论价值函数形状的一个直接含义。人们面对包含确定性损失的选择时具有风险偏好的态度，也就是说，如果备选项是确定性损失，赌博的意愿会显著增长⑦。我们假设银行并购还受到了亏损后赌博效应（Gambling in the Loss Space）的影响。如果一家银行近期业绩不佳（比如近期股票收益率低、股价与 52 周最高价格的差距大，或上一年度遭受亏损），它的管理者可能会认为自己处于亏损状态，并有可能更迫切地想要铤而走险（见附录-

---

① Mikesell, J. L. State Lottery Sales and Economic Activity [J]. *National Tax Journal*, 1994, 47(1): 165-171.

② Brenner, R., Brenner, G. A. *Gambling and Speculation* [M]. Cambridge, England: Cambridge University Press, 1990; Mikesell, J. L. State Lottery Sales and Economic Activity [J]. *National Tax Journal*, 1994, 47(1): 165-171.

③ Kumar, A. Who Gambles in the Stock Market? [J]. *Journal of Finance*, 2009, 64: 1889-1933; Schneider, C., Spalt, O. G. Acquisitions as Lotteries: Do Managerial Gambling Attitudes Influence Takeover Decisions? [R]. Working Paper, Tilburg University, Tilburg, 2010.

④ Brenner, R., Brenner, G. A. *Gambling and Speculation* [M]. Cambridge, England: Cambridge University Press, 1990.

⑤ Tec, N. *Gambling in Sweden* [M]. Totowa, N. J.: Bedminster Press, 1964.

⑥ Kahneman, D., Tversky, A. Prospect Theory: An Analysis of Decision Under Risk [J]. *Econometrica*, 1979, 47(2): 263-291.

⑦ Kahneman, D., Tversky, A. Prospect Theory: An Analysis of Decision Under Risk [J]. *Econometrica*, 1979, 47(2): 263-291.

表 B 的假设 H6a）。

最后，我们还研究了最初由 Thaler 和 Johnson 提出的赌场盈利效应的影响。也就是说，如果银行管理者认为之前股票市场收益是笔意外收益，那么赌场盈利效应假设就认为这增加了他们的冒险行为（见附录-表 B 的假设 H6b）。

四、变量构造

美国银行收购的样本数据来自于汤姆森银行家数据库（Thomson ONE Banker Database，SDC），时间范围从 1985 年 1 月到 2006 年 12 月。原始数据包含了 1369 件成功交易，收购方和被收购方的股票均在纽约证券交易所，美国证券交易所或者纳斯达克上市交易，并能够在美国证券价格研究中心（CRSP）数据库中找到并购宣告日前后的股票数据。样本剔除了 1000 万美元以下的交易，我们用这一分界点来避免小额交易所带来的影响。另外，和之前的研究一样，我们进一步排除了杠杆收购（Leverage Buyouts）、再融资（Recapitalization）、自我标购（Self-tenders）、收购子公司（Subsidiary Acquisitions）、资产剥离（Spin-offs）、股票回购（Repurchases）、少数股权购买（Minority Stake Purchases）和剩余利益收购（Remaining Interest Acquisitions）。我们还排除了集中性收购（Clustered Acquisitions）（即一家收购方在 15 天内宣告至少 2 起交易），以避免重叠交易对收购方收益率的影响。我们同时剔除了进行混合支付的交易，只分析采用股票支付或现金支付的交易。最后确定的样本有 529 起并购宣告。尽管这个过程对原始数据进行了大量的删减，但依然比之前研究中所采用的样本大很多。账面价值、股利支付率和每股收益的相关数据来自 Compustat 数据库；计算剩余收益内在价值用到的收益预测数据来自 I/B/E/S 数据库。为了维持样本规模，我们保留了缺少财务或者收益预测数据的交易。本研究采用 Schneider 和 Spalt[①] 的方法，构建了彩票特征指数

---

① Schneider, C., Spalt, O. G. Acquisitions as Lotteries: Do Managerial Gambling Attitudes Influence Takeover Decisions? [R]. Working Paper, Tilburg University, Tilburg, 2010.

（LIDX），用其来描述被收购银行的彩票特征，并在分析中作为主要解释变量。表 4-1 列出了 1059 起交易中目标银行的彩票指数（LIDX）。该指数效仿了 Kumar[1] 在分析零售投资者赌博行为时采用的类似指数。

表 4-1　样本数据统计

本表列出了每年的并购数目和这些并购中目标银行的彩票特征指数（LIDX）。LIDX 测量目标公司股票所具有的显著彩票特征(低股价、高特有波动率和高预期特有偏度)。目标公司作为赌博标的越具吸引力，LIDX 的值就越高。我们根据 LIDX 的中值将样本分为高-LIDX 和低-LIDX 两组。LIDX 的具体定义见附录-表 C。

	总体样本	高-LIDX	低-LIDX	%高-LIDX
1985	7	1	6	14.29%
1986	22	8	14	36.36%
1987	19	10	9	52.63%
1988	23	15	8	65.22%
1989	30	19	11	63.33%
1990	36	18	18	50.00%
1991	34	22	12	64.71%
1992	43	25	18	58.14%
1993	45	24	21	53.33%
1994	71	37	34	52.11%
1995	93	46	47	49.46%
1996	132	62	70	46.97%
1997	103	36	67	34.95%

---

① Kumar, A. Who Gambles in The Stock Market? [J]. *Journal of Finance*, 2009, 64: 1889-1933.

续表

	总体样本	高-LIDX	低-LIDX	%高-LIDX
1998	108	42	66	38.89%
1999	101	57	44	56.44%
2000	102	70	32	68.63%
2001	43	18	25	41.86%
2002	11	7	4	63.64%
2003	14	4	10	28.57%
2004	11	3	8	27.27%
2005	3	2	1	66.67%
2006	8	2	6	25.00%
共计	1059	528	531	49.86%

　　LIDX 用于描述被收购方股票与显著彩票特征——低股价、高特有波动率和高预期特有偏度的相似程度。之所以选择这 3 个特征，是因为有吸引力的赌博通常比较便宜（低价格）、具有风险性回报（较高的方差），还有最重要的一点，有极小概率的高额回报（高偏度）。因此，LIDX 值越高，就说明目标公司作为赌博标的吸引力越大。期望特有偏度（EISKEW）用于描述目标公司股票收益率概率分布的不对称性。正的 EISKEW 值代表目标公司收益率为正偏。特有波动率（IVOLA）测量排除系统风险和类似因素影响后目标公司股票收益率的波动性。在多元回归计算中，我们效仿 Baker，Pan 和 Wurgler[①] 的方法，将并购限定为收购目标公司 85% 以上的股份，并进一步剔除了交易金额在 100 万美元以下，或者缺少收购方/被收购方财务数据的交易后，剩下 100 起交易。

---

① Baker, M., Pan, X., Wurgler, J. A. Reference Point Theory of Mergers and Acquisitions [R]. Working Paper, New York University, 2009.

为了测量特有偏度，我们将总偏度分解成特有部分和系统性的部分①。具体来讲，EISKEW 是以超额市场收益率为解释变量，用市场模型对 t-1 月（宣告日所在当月为 t 月）之前 1 年内的每日股票收益率进行计算得出的残差的 3 阶标准矩。IVOLA 采用 Fama-French 三因素模型对 t-1 月之前 3 年的每日股票收益率进行回归得到残差的标准差。股票价格数据来自 CRSP 数据库。Fama-French 回归因子从 Eventus 9 软件的 Fama-French 因子安装插件获取。

用股价来定义彩票型股票特征，是因为价格很可能被视为彩票股票的一个重要特征②。这里采用的股票价格是 t-1 月最后一个交易日的价格。我们采用 Schneider 和 Spalt③ 的方法，用这 3 个指标对原始样本分别进行 20 等份，而价格最低、波动率最高和偏度最高的 5%（1/20）的股票最可能被认为是彩票型股票。为了计算 LIDX 系数，对原始样本中的目标公司股票按照股票价格、波动率、和期望偏度排序进行 20 等份，用数字 20 代表价格最低、波动率和偏度最高的那一组。

对每一目标公司，分别将价格、波动率和偏度相加，得到一个 3 到 60 之间的分数，然后按照公式：（分数-3）/（60-3）对其进行标准化，得到一个 0~1 之间的数字。和 Kumar④ 一样，我们用一个类似的指标（LIDX 中值）来区分彩票型和非彩票型目标公司。我们把收购彩票型目标公司的交易称为彩票型收购。表 4-1 报告了每年收购的数目和用 LIDX 指数描述的目标公司特征。2000 年彩票型

---

① Harvey, C. R., Siddique, A. Conditional Skewness in Asset Pricing Tests [J]. *Journal of Finance*, 2000, 55（3）: 1263-1295; Kumar, A. Who Gambles in the Stock Market? [J]. *Journal of Finance*, 2009, 64: 1889-1933.

② Kumar, A. Who Gambles in the Stock Market? [J]. *Journal of Finance*, 2009, 64: 1889-1933.

③ Schneider, C., Spalt, O. G. Acquisitions as Lotteries: Do Managerial Gambling Attitudes Influence Takeover Decisions? [R]. Working Paper, Tilburg University, Tilburg, 2010.

④ Kumar, A. Who Gambles in the Stock Market? [J]. *Journal of Finance*, 2009, 64: 1889-1933.

收购所占的比例最高，有 68.63%，而 1985 年最低，只有 14.29%。

除了我们主要的解释变量：LIDX 和其组成要素，我们还在回归时加入了一系列的控制变量。我们控制了资产收益率（ROA），Compustat 定义为净收益除以总资产；市场价值，即股票价格（来自CRSP 数据库）乘以流通股份数（来自 CRSP 数据库）和市净率（P/B），即市场价值除以账面净资产价值①。我们基于宣告日前 1 财政年末的数据、计算了收购方和被收购方的所有这些变量。采用的控制变量还有代表股票支付、竞争性交易（多于 1 个收购方）、地域多样化和业务多样化的哑变量，以及交易价值与收购方市场价值的相对交易规模②。市场情绪指数取自 Jeffrey Wurgler 的网站③，芝加哥联储全国活动指数（Chicago Fed National Activity Index，CFNAI）和 52 周最高价格取自于 CRSP 数据库（用于计算 DIFF52）。

我们使用的因变量包括收购溢价、收购方/被收购方的累积超额收益率和协同效应。收购溢价来自于 SDC 数据库，等于收购价除以收购宣告日前 4 周目标公司的股价，减去 1，再乘以 100。我们使用市场模型计算收购方和目标公司的 3 日累积收益率，估计期为（-300，-46）（即宣告日前 300 天至宣告日前 46 天），对每日数据进行计算。协同效应采用根据收购方和被收购方市值进行加权的平均收益④。附录-表 C 列出了我们分析中用到的所有变量及其定义。

---

① Baker, M., Pan, X., Wurgler, J. A. Reference Point Theory of Mergers and Acquisitions [R]. Working Paper, New York University, 2009.

② Moeller, S. B., Schlingemann, F. P., Stulz, R. M. Firm Size and the Gains from Acquisitions [J]. *Journal of Financial Economics*, 2004, 73: 201-228; Schneider, C., Spalt, O. G. Acquisitions as Lotteries: Do Managerial Gambling Attitudes Influence Takeover Decisions? [R]. Working Paper, Tilburg University, Tilburg, 2010.

③ 参见 http://pages.stern.nyu.edu/Bjwurgler/[EB/OL].

④ Bradley, M., Desai, A., Kim, E. H. Synergistic Gains from Corporate Acquisitions and Their Division between the Stockholders of Target and Acquiring Firms [J]. *Journal of Financial Economics*, 1988, 21: 3-40.

五、数据统计

表4-2列出了我们分析中用到的主要变量的统计数据，包括平均值、中值、标准差和几个分位数，以及随着数据的可获得性而变化的每一变量的观测数目。平均收购溢价为10.53%。收购方累积超额收益率[BCAR(-1, +1)]（从宣告日前1日到宣告日后1日）的中值为0.20%；被收购方累积超额收益率[TCAR(-1, +1)]的中值为3.80%。收购方和被收购方的联合超额收益[Synergy(-1, +1)]，即协同效应的均值为0.76%，意味市场预计并购将创造价值。收购方的平均市值（中值）为3.65亿美元，平均市净率为3.11，平均资产收益率为1.18%。被收购方的平均市值显著小于收购方，为0.79亿美元。由于我们仅关注公开上市的被收购方，从平均水平来看，这些银行具有一定的规模。对于平均规模的收购，表4-2显示交易额占收购方市价的27.25%，说明此类交易对于收购方来说是重要的财务决策。被收购方的平均市净率为1.60，小于收购方的9.31，显示收购方股价被相对高估。以资产回报率（ROA）衡量的被收购方的业绩为1.03%，与业绩不佳的银行更容易成为收购目标的观点相一致。关于交易特点，表4-2显示38%的交易采用股票支付，1.1%的交易有多个潜在收购方。在25%的收购中，收购方和被收购方来自于不同的州；在17%的收购中，收购双方具有不同的标准行业分类代码（SIC）的前3位。

六、实证分析结果

本部分报告我们的主要实证结果。我们基本采用之前研究①所

---

① Moeller, S. B., Schlingemann, F. P., Stulz, R. M. Firm Size and the Gains from Acquisitions [J]. *Journal of Financial Economics*, 2004, 73: 201-228; Baker, M., Pan, X., Wurgler, J. A. Reference Point Theory of Mergers and Acquisitions [R]. Working Paper, New York University, 2009; Schneider, C., Spalt, O. G. Acquisitions as Lotteries: Do Managerial Gambling Attitudes Influence Takeover Decisions? [R]. Working Paper, Tilburg University, Tilburg, 2010.

表 4-2　主要变量的统计概要

本表对分析中用到的主要变量进行了描述性统计。彩票指数 LIDX 代表目标公司与赌博标的的相似程度。LIDX 的值越高，说明对于赌博者来讲越有吸引力。其组成部分有被收购方股票价格（Price），特有偏度（EISKEW）和特有波动率（IVOLA），均采用宣告日前 1 个月末的数据。资产收益率（ROA）采用宣告日前 1 个财政年度收购方（被收购方）银行的 ROA 值；市净率（MB）采用宣告日前 1 财政年度收购方（被收购方）银行的市值。相对交易规模（Relative Size），是宣告日前 1 财政年度交易市场价值与收购方市场价值（被收购方）银行市值除以宣告日前 1 财政年度被收购方（被收购方）市值之比；收购溢价，等于收购方（被收购方）的 3 日累积超额收益（Net Income），宣告价格，减去 1，再乘以 100；B（T）CAR（-1,+1），是根据 Bradley，Desai 和 Kim（1988）模型计算出来的（按市值）加权平均累积超额收益率。股票支付（Stock），代表并购采用股票进行支付和竞争性交易（Competed），代表存在不止 1 个发出要约的收购方，为哑变量。CFNAI，为芝加哥联储全国活动指数。RET12，是收购方从 t-13 月至 t-2 月的累积超额收益率；DIFF52，等于收购方 t-2 月的股票价格除以 t-13 月至 t-2 月的 52 周最高股价；净利润（Net Income），是并购前上 1 财政年度的净收益。附录·表 C 有各变量的详细定义。

变量	均值	标准差	中位数	最小值	25%分位数	75%分位数	最大值	N
彩票特征								
彩票指数（LIDX）	0.52	0.19	0.52	0.00	0.38	0.65	1.00	1059
特有偏度（EISKEW）	0.56	0.79	0.50	-2.22	0.10	0.99	4.81	1059
特有波动率（IVOLA）	2.00%	1.33%	2.07%	0.48%	1.65%	2.66%	21.42%	1059
被收购方股价（Price）	21.69	13.16	18.75	0.75	14.00	26.50	187.00	1059
收购方和被收购方特征								
收购方资产回报率（ROA）	1.27%	1.06%	1.18%	-0.61%	0.89%	1.53%	19.81%	734
收购方市净率（MB）	9.31	24.87	3.11	0.01	1.33	8.07	316.67	449
收购方市值（MCAP，10亿美元）	$3.047	$8.893	$0.364	$0.003	$0.088	$1.976	$104.055	818

续表

变 量	均值	标准差	中位数	最小值	25%分位数	75%分位数	最大值	N
被收购方资产回报率 (ROA)	1.07%	0.49%	1.03%	-0.19%	0.73%	1.35%	2.74%	257
被收购方市净率 (MB)	1.60	1.16	1.27	0.07	0.96	1.86	12.02	249
收购方市值 (MCAP,10亿美元)	$0.937	$6.021	$0.079	$0.002	$0.032	$0.243	$115.161	1010
相对交易规模 (Relative Size)	0.27	0.30	0.41	0.00	0.04	0.35	4.20	426
交易特征								
收购溢价 (Premium)	22.44%	63.47%	10.53%	-87.96%	-0.56%	33.41%	1664.00%	957
收购方超额收益 [BCAR(-1,+1)]	0.24%	4.5%	0.2%	-18.82%	-2.04%	2.52%	25.82%	1060
被收购方超额收益 [TCAR(-1,+1)]	8.97%	14.27%	3.8%	-29.14%	0.58%	13.5%	104.26%	1060
协同效应 [Synergy(-1,+1)]	1%	5.85%	0.76%	-16.9%	-1.2%	3.16%	100.52%	799
股票支付 (Stock)	0.38	0.49	0	0	0	1	1	1059
竞争性收购 (Competed)	0.01	0.11	0	0	0	0	1	1059
地域多样化	0.25	0.44	0	0	0	1	1	1059
业务多样化	0.17	0.38	0	0	0	0	1	1059
赌博倾向								
芝加哥联储全国活动指数 (CFNAI)	0.10	0.60	0.19	-1.97	-0.26	0.51	1.48	1059
显示亏损状态的变量								
过去超额收益 (RET12)	0.10	0.25	0.07	-0.52	-0.07	0.27	0.92	249
过去股价差距 (DIFF52)	0.25	0.41	0.11	0.00	0.04	0.29	6.01	1336
过去净收益 (Net Income)	230.44	883.91	10.93	0.26	3.64	63.76	7882.00	235

采用的回归方法和控制变量，分别对收购溢价、协同效应和宣告日收益进行了回归。自变量包括目标公司的彩票特征（彩票指数，期望偏度，波动率和价格）和一系列收购方及被收购方的财务数据①，包括收购方（被收购方）的资产收益率（ROA），收购方（被收购方）的市净率（MB），收购方（被收购方）的市场价值（MCAP），以及一些交易特征，如相对交易规模、股票支付（Stock）、存在多个收购方的竞争性收购（Competed），以及业务多样化和地域多样化。我们对所有的回归采用最小二乘法。主要的彩票特征变量是彩票指数（LIDX），目标公司作为赌博标的的特征越显著，则该指数值就越高。因为任何单个指标（包括 LIDX）都不能完全代表目标公司作为赌博标的的吸引力，所以我们还报告了基于该指数各组成部分（目标银行的特有期望偏度，特有波动率和宣告日前的股票价格）的结果。

（一）关于收购溢价

如前文所述，我们假设在彩票型收购中收购溢价更高（H1）。事实上，当我们以收购溢价为因变量对 LIDX 进行回归时，结果很好地支持了这一假设（见表 4-3）。而且，就像我们期望的那样，发现 LIDX 的单个组成要素也和收购溢价显著相关。比如，收购溢价随着特有偏度（EISKEW）和特有波动率（IVOLA）的增加而增加，随着目标公司股票价格增长而下降。LIDX 的回归系数分别为 39.64［表 4-3 的第（1）列］和 37.56［表 4-3 的第（5）列］，均在统计上显著。LIDX 一个标准差的变化使得收购溢价提高 31.85%（=0.19×37.56/22.4），其中，LIDX 的标准差为 0.19（见表 4-2），LIDX 的回归系数为 37.56（见表 4-3），平均收购报价的溢价比率为 22.44%（见表 4-2）。目标银行的平均市值为 9.3769 亿美元，所以收购溢价 31.85%的提高等于为目标公司的股东平均额外支付了 0.669 亿

① Baker, M., Pan, X., Wurgler, J. A. Reference Point Theory of Mergers and Acquisitions ［R］. Working Paper, New York University, 2009; Schneider, C., Spalt, O. G. Acquisitions as Lotteries: Do Managerial Gambling Attitudes Influence Takeover Decisions? ［R］. Working Paper, Tilburg University, Tilburg, 2010.

表 4-3 收购溢价

本表报告了以收购溢价为因变量，对彩票特征和控制变量进行最小二乘（OLS）回归的结果。收购溢价（Premium）等于收购价格除以并购宣告日4周前目标公司的股票价格，减去1，再乘以100。彩票指数（LIDX）衡量被收购方股票特征与彩票股票显著相似的相似程度。LIDX 随着被收购方作为赌博标的的吸引力的增大而增长。其组成部分包括目标公司的股票价格（Price），期望特有偏度（EISKEW）和特有波动率（IVOLA），均采用宣告日前1个月末的数据。所有变量的定义详见附录-表 C。***，**和*分别代表在1%，5%和10%的水平显著。各回归系数估计值下面括号里的数字为其t-统计量。

因变量	收购溢价							
	(1)	(2)	(3)	(4)	(5)	(6)	(7)	(8)
截距	33.929**	56.845***	39.017**	66.674***	34.509*	56.169***	41.041**	75.390***
	(2.290)	(4.684)	(2.407)	(4.264)	(2.190)	(4.397)	(2.333)	(4.566)
彩票指数	39.641***				37.560**			
	(2.770)				(2.490)			
预期特有偏度		9.940**				9.493**		
		(2.330)				(2.168)		
特有波动性			733.330*				630.029	
			(1.796)				(1.416)	
被收购方股价				-0.197				-0.162
				(-0.505)				(-0.410)

续表

因变量	收购溢价							
	(1)	(2)	(3)	(4)	(5)	(6)	(7)	(8)
收购方资产收益率	-3.028	-4.751	-2.660	-4.267	-3.611	-4.652	-2.694	-6.506
	(-0.497)	(-0.760)	(-0.427)	(-0.554)	(-0.556)	(-0.704)	(-0.406)	(-0.822)
收购方净率	-0.220	-0.129	-0.077	-0.075	-0.228	-0.170	-0.098	-0.133
	(-0.629)	(-0.368)	(-0.218)	(-0.201)	(-0.624)	(-0.463)	(-0.263)	(-0.346)
收购方市值	0.000	0.000	0.000	0.000	0.000	0.000	0.000	0.000
	(-0.327)	(-0.177)	(-0.298)	(-0.263)	(-0.182)	(0.007)	(-0.208)	(0.035)
被收购方资产收益率	-5.380	-6.424	-6.070	-7.470	-6.147	-6.966	-6.689	-13.917
	(-0.875)	(-1.031)	(-0.964)	(-0.790)	(-0.955)	(-1.072)	(-1.014)	(-1.416)
被收购方净率	-4.791	-6.723*	-4.945	-4.242	-5.378	-6.930*	-5.410	-5.035
	(-1.387)	(-1.947)	(-1.384)	(-0.798)	(-1.456)	(-1.880)	(-1.404)	(-0.912)
被收购方市值	-0.001	-0.003	-0.002	-0.001	-0.002	-0.003	-0.002	-0.002
	(-0.561)	(-1.088)	(-0.796)	(-0.315)	(-0.617)	(-1.007)	(-0.818)	(-0.602)
相对交易规模	5.178	3.122	1.200	-12.718	1.775	-2.304**	-3.265	-29.916
	(0.510)	(0.307)	(0.118)	(-0.809)	(0.150)	(-0.199)	(-0.275)	(-1.477)

续表

因变量	(1)	(2)	(3)	(4)	(5)	(6)	(7)	(8)
股票支付					6.463	6.678	5.497	14.537*
					(0.827)	(0.848)	(0.672)	(1.671)
竞争性收购					4.668	11.500	12.525	28.632
					(0.208)	(0.513)	(0.551)	(1.086)
地域多样化					-2.174	-4.818	-2.457	-6.933
					(-0.298)	(-0.664)	(-0.324)	(-0.801)
业务多样化					-0.055	-0.616	-1.022	-7.320
					(-0.009)	(-0.099)	(-0.161)	(-0.920)
调整后的 R^2	0.095	0.074	0.053	-0.026	0.063	0.047	0.018	-0.009
观测数	100	100	100	100	100	100	100	100

美元（= 9. 3769 亿美元×31. 85%×22. 4%），其中，目标银行的平均市场价值为 9. 3769 亿美元，平均收购溢价为 22. 4%（见表 4-2）。对于所有成功交易的 1059 起并购，这说明由于赌博心理的存在，造成对目标银行 708 亿美元的过度支付。因此，该影响从经济规模上看也是很大的。

对于控制变量，我们没有发现显著的一致影响。只有目标公司的市场价值对收购溢价具有一致的负向影响。

（二）关于协同效应

我们的第 2 项假设为，协同效应在彩票型收购中平均较低。如表 4-4 显示，尽管协同效应和 LIDX 之间存在较弱的正向关系；在协同效应和 LIDX 的组成部分之间不存在显著的一致关系。有趣的是，我们发现以市值较大的收购方银行收购市值较小的目标银行更可能产生协同效应。这与收购小银行面临较小的整合成本，从而带来较高的协同效应的观点相一致①。

（三）收购方和被收购方的宣告日收益

由于彩票型收购支付更高的收购溢价，我们预期收购方的宣告日超额收益率为负（H3）。表 4-5 面板 A 对 H3 进行了验证。当我们对收购方的 3 日超额收益率进行回归时，并未发现 LIDX 及其组成部分对其有显著影响。

由于 LIDX 对收购溢价存在显著正向影响，对协同效应的影响并不明确，我们预计彩票型收购对目标公司的宣告日收益具有正向影响。表 4-5 面板 B 报告了关于目标银行的结果。3 日累计超额收益率与彩票指数及其组成要素高偏度和高波动率正向相关，与目标银行的价格负相关。这些结果在两组回归中具有一致性。LIDX 一个标准差的变化会带来目标公司宣告日收益率 79. 86%［= 0. 377×0. 19 /8. 97 %，其中，LIDX 的标准差是 0. 19（见表 4-2），LIDX 的回归系数为 0. 377（见表 4-3 面板 B），目标银行的平均 3 日超额收益率为 8. 97%（见表 4-2）］，或者 0. 6717 亿美元［= $9. 3769 亿

---

① Hannan, T., Pilloff, S. J. Acquisition Targets and Motives in the Banking Industry ［J］. *Journal of Money*, *Credit and Banking*, 2009, 41(6): 1167-1187.

表 4-4 协同效应

本表报告了以协同效应为因变量，对彩票特征和控制变量的最小二乘（OLS）回归结果。对协同效应［Synergy（−1，+1）］的计算采用的是 Bradley，Desai 和 Kim（1988）的方法，即收购方和目标公司并购宣告日超额收益率（按市值）加权平均收益。收购方和目标公司宣告日超额收益率的计算基于市场模型［估计期为（−300，−46）］，事件窗口为（−1，+1）日。彩票指数（LIDX）衡量被收购方股票特征与彩票股票显著特征的相似性。LIDX 随着被收购方作为赌博标的的吸引力的增大而增长。其组成部分有被收购方股票价格（Price），特有偏度（EISKEW），和特有波动率（IVOLA），均采用宣告日前 1 个月末的数据。所有变量的定义见下面括号里的数字为其 t-统计量。各回归系数估计值下面括号里的数字为其 t-统计量。***，**，和 * 分别代表在 1%，5% 和 10% 的水平显著。收购方股票特征与彩票股票显著特征的定义详见附录-表 C。

因变量	协同效应							
	(1)	(2)	(3)	(4)	(5)	(6)	(7)	(8)
截距	0.011	0.028	0.022	0.030	−0.008	0.022	0.007	0.022
	(0.393)	(1.595)	(0.960)	(1.267)	(−0.247)	(1.271)	(0.305)	(0.904)
彩票指数	0.019				0.034			
	(0.708)				(1.142)			
预期特有偏度		0.000				0.000		
		(0.056)				(0.060)		
特有波动性			0.226				0.566	
			(0.384)				(0.944)	
被收购方股价				−0.001				0.000
				(−0.898)				(−0.737)

续表

因变量	协同效应							
	(1)	(2)	(3)	(4)	(5)	(6)	(7)	(8)
收购方资产收益率	-0.019*	-0.017*	-0.017*	-0.019	-0.016	-0.015	-0.015*	-0.017
	(-1.677)	(-1.896)	(-1.932)	(-1.653)	(-1.387)	(-1.617)	(-1.668)	(-1.436)
收购方市净率	0.001**	0.001**	0.001***	0.001**	0.002***	0.002***	0.002***	0.002***
	(2.259)	(2.824)	(2.828)	(2.364)	(2.669)	(3.206)	(3.263)	(2.712)
收购方市值	0.000	0.000	0.000	0.000	0.000	0.000	0.000	0.000
	(1.215)	(0.554)	(0.580)	(1.378)	(0.370)	(-0.065)	(-0.073)	(0.641)
被收购方资产收益率	0.015	0.010	0.010	0.016	0.019	0.008	0.008	0.017
	(1.058)	(1.101)	(1.084)	(1.154)	(1.279)	(0.886)	(0.850)	(1.150)
被收购方市净率	-0.01	-0.009*	-0.009*	-0.010	-0.012	-0.008	-0.007	-0.011
	(-1.300)	(-1.821)	(-1.698)	(-1.290)	(-1.402)	(-1.639)	(-1.371)	(-1.343)
被收购方市值	0.000	0.000	0.000	0.000	0.000	0.000	0.000	0.000
	(-0.069)	(0.108)	(0.174)	(-0.096)	(0.073)	(0.083)	(0.262)	(-0.125)

续表

因变量	协同效应							
	(1)	(2)	(3)	(4)	(5)	(6)	(7)	(8)
相对交易规模	0.046*	0.005	0.006	0.044*	0.036	-0.003	0.000	0.029
	(1.946)	(0.357)	(0.410)	(1.889)	(1.170)	(-0.219)	(-0.009)	(0.970)
股票支付					-0.009	-0.004	-0.006	-0.004
					(-0.684)	(-0.355)	(-0.559)	(-0.294)
竞争性收购					0.062	0.096***	0.096***	0.063
					(1.578)	(3.122)	(3.148)	(1.612)
地域多样化					0.02	0.013	0.015	0.016
					(1.489)	(1.317)	(1.513)	(1.249)
业务多样化					0.002	-0.002	-0.001	0.000
					(0.140)	(-0.222)	(-0.099)	(-0.021)
调整后的 R^2	0.123	0.070	0.072	0.127	0.148	0.147	0.156	0.138
观测数	75	75	75	75	75	75	75	75

表 4-5 宣告日收益

本表报告了以收购方宣告日累计超额收益率[BCAR(-1,+1)]面板 A 和目标公司宣告日累计超额收益率[TCAR(-1,+1)]面板 B 为因变量，对目标公司的彩票特征和控制变量进行最小二乘(OLS)回归的结果。收购方和目标公司宣告日超额收益率的计算基于市场模型[估计期为(-300,-46)]，事件窗口为(-1,+1)日。LIDX 随着被收购方的吸引力的增大而增长。其组成部分有被收购方股票价格(Price)，特有偏度(EISKEW)，和特有波动率(IVOLA)，均采用宣告日前 1 个月末的数据。所有变量的定义详见附录-表 C。***，**，和 * 分别代表在 1%，5%和 10%的水平显著。各回归系数估计值下面括号里的数字为其 t-统计量。

面板 A：收购方宣告日收益

因变量	收购方累计超额收益率[BCAR(-1,1)]							
	(1)	(2)	(3)	(4)	(5)	(6)	(7)	(8)
截距	0.013	0.008	-0.003	0.026	0.006	0.009	-0.015	0.016
	(0.695)	(0.554)	(-0.166)	(1.358)	(0.321)	(0.565)	(-0.708)	(0.784)
彩票指数	-0.008				0.004			
	(-0.446)				(0.198)			
预期特有偏度		-0.003				-0.002		
		(-0.468)				(-0.294)		
特有波动性			0.440				0.865	
			(0.874)				(1.649)	

169

续表

因变量	收购方累计超额收益率[BCAR(-1,1)]							
	(1)	(2)	(3)	(4)	(5)	(6)	(7)	(8)
被收购方股价				0.000				0.000
				(0.082)				(-0.183)
收购方资产收益率	-0.008	-0.007	-0.008	-0.017*	-0.011	-0.011	-0.012	-0.018*
	(-1.022)	(-0.947)	(-1.085)	(-1.846)	(-1.416)	(-1.341)	(-1.483)	(-1.832)
收购方市净率	0.000	0.000	0.000	0.001	0.001	0.001	0.001	0.001
	(0.959)	(0.935)	(0.866)	(1.426)	(1.240)	(1.292)	(1.347)	(1.662)
收购方市值	0.000	0.000	0.000	0.000*	0.000	0.000	0.000	0.000
	(0.775)	(0.738)	(0.863)	(1.726)	(0.468)	(0.434)	(0.471)	(1.472)
被收购方资产收益率	0.001	0.001	0.000	-0.005	0.000	0.000	0.000	0.000
	(0.077)	(0.110)	(0.025)	(-0.470)	(0.046)	(0.060)	(-0.032)	(-0.005)
被收购方市净率	-0.003	-0.003	-0.002	-0.002	-0.004	-0.004	-0.002	-0.003
	(-0.678)	(-0.590)	(-0.415)	(-0.338)	(-0.820)	(-0.850)	(-0.449)	(-0.464)

续表

因变量	收购方累计超额收益率[BCAR(-1,1)]							
	(1)	(2)	(3)	(4)	(5)	(6)	(7)	(8)
被收购方市值	0.000	0.000	0.000	0.000	0.000	0.000	0.000	0.000
	(0.289)	(0.378)	(0.543)	(-0.972)	(0.129)	(0.075)	(0.411)	(-0.926)
相对交易规模	-0.041***	-0.040***	-0.037***	-0.059***	-0.023	-0.025*	-0.019	-0.039
	(-3.155)	(-3.172)	(-2.971)	(-3.099)	(-1.615)	(-1.782)	(-1.351)	(-1.565)
股票支付					-0.006	-0.006	-0.010	-0.005
					(-0.669)	(-0.627)	(-1.024)	(-0.485)
竞争性收购					-0.047*	-0.047*	-0.046*	-0.037
					(-1.724)	(-1.709)	(-1.724)	(-1.153)
地域多样化					0.016*	0.016*	0.020**	0.013
					(1.843)	(1.830)	(2.207)	(1.260)
业务多样化					0.005	0.005	0.007	0.011
					(0.660)	(0.598)	(0.871)	(1.096)
调整后的 R^2	0.052	0.053	0.058	0.106	0.081	0.081	0.108	0.110
观测数	100	100	100	75	100	100	100	75

续表

面板 B：被收购方宣告日收益

因变量	被收购方累计超额收益率 [TCAR(-1,1)]							
	(1)	(2)	(3)	(4)	(5)	(6)	(7)	(8)
截距	0.163	0.327***	0.264**	0.398***	0.062	0.317***	0.202	0.395***
	(1.429)	(3.470)	(2.237)	(4.114)	(0.489)	(3.144)	(1.533)	(3.848)
彩票指数	0.271**				0.377***			
	(2.467)				(3.221)			
预期特有偏度		0.033				0.041		
		(1.063)				(1.250)		
特有波动性			2.839				4.928	
			(0.959)				(1.557)	
被收购方股价				-0.005**				-0.004*
				(-2.116)				(-1.823)
收购方资产收益率	-0.050	-0.056	-0.052	-0.046	-0.014	-0.027	-0.021	-0.022
	(-1.059)	(-1.129)	(-1.054)	(-0.971)	(-0.305)	(-0.533)	(-0.426)	(-0.441)
收购方市净率	0.004	0.004	0.004**	0.004*	0.004*	0.004*	0.004*	0.004*
	(1.517)	(1.632)	(1.668)	(1.790)	(1.681)	(1.669)	(1.757)	(1.750)
收购方市值	0.000	0.000	0.000	0.000	0.000*	0.000	0.000	0.000
	(-0.998)	(-0.862)	(-0.961)	(-0.521)	(-1.924)	(-1.385)	(-1.635)	(-1.070)

续表

因变量	被收购方累计超额收益率[TCAR(-1,1)]							
	(1)	(2)	(3)	(4)	(5)	(6)	(7)	(8)
被收购方资产收益率	0.014	-0.001	-0.009	0.024	0.060	0.024	0.014	0.036
	(0.241)	(-0.013)	(-0.156)	(0.405)	(1.026)	(0.391)	(0.233)	(0.589)
被收购方市净率	-0.043	-0.042	-0.031	-0.039	-0.039	-0.033	-0.019	-0.033
	(-1.312)	(-1.219)	(-0.902)	(-1.190)	(-1.184)	(-0.937)	(-0.561)	(-0.969)
被收购方市值	0.000	0.000	0.000	0.000	0.000	0.000	0.000	0.000
	(0.369)	(-0.086)	(0.077)	(0.168)	(0.958)	(0.328)	(0.546)	(0.382)
相对交易规模	-0.047	-0.062	-0.058	-0.071	0.001	-0.093	-0.055	-0.078
	(-0.487)	(-0.621)	(-0.576)	(-0.728)	(0.010)	(-0.734)	(-0.425)	(-0.620)
股票支付					-0.148***	-0.107*	-0.121**	-0.088
					(-2.762)	(-1.936)	(-2.140)	(-1.633)
竞争性收购					0.116	0.195	0.178	0.141
					(0.748)	(1.186)	(1.095)	(0.860)
地域多样化					0.064	0.011	0.034	0.018
					(1.186)	(0.202)	(0.601)	(0.336)
业务多样化					-0.022	-0.024	-0.036	-0.044
					(-0.474)	(-0.467)	(-0.713)	(-0.887)
调整后的 R^2	0.090	0.023	0.020	0.069	0.169	0.054	0.067	0.080
观测数	75	75	75	75	75	75	75	75

美元×0.377/0.19），其中，LIDX 的标准差是 0.19（见表 4-2），LIDX 的回归系数为 0.377（见表 4-3 面板 B），目标银行的平均市值为 9.3769 亿美元（见表 4-2）]的增长。这说明收购方对于看起来有吸引力的赌博标进行了过度支付，以弥补被收购方从协同效应中获得的较小收益。

（四）稳健性检验

我们的实证结果说明赌博心理往往会影响彩票型收购中的交易定价（见表 4-3），和预期的一样，嫉妒心理不能为收购方带来协同效应（见表 4-4）。本部分为我们以收购溢价、协同效应和宣告日收益率为因变量的回归进行了一组稳健性检验。为了保证股票层面的回归估计对于微观结构问题或者经济下滑具有稳健性，我们进行了附加检验。表 4-6 报告了这些结果。表 4-3 至表 4-5 中第（5）列 LIDX 的回归系数均作为比较基准放在表 4-6 每个面板的第 1 行。为了简短起见，我们仅列出各回归结果中主要变量 LIDX 的回归系数。当我们对 LIDX 的两个组成要素（EISKEW 和 IVOLA）进行回归时，得到了相似的结果。

在表 4-6 中，我们对不同的子样本进行了回归。由于存在收购方规模往往对宣告日收益率有影响并且该影响对于公司和交易特征具有稳健性[1]，我们首先按照收购方的规模大小将样本分成两组。我们还根据目标公司规模将样本分为两组，来分析我们的分析结果是否来自于特定的被收购方。另外，我们使用情绪指数[2]来分析我们的回归结果是不是受到特定投资者情绪（即市场）的影响，而非取决于管理者的偏好。我们还检验了经济状况的影响。目前，关于彩票销售和彩票型股票投资的研究[3]显示，当商业机会在经济下滑

---

[1] Moeller, S. B., Schlingemann, F. P., Stulz, R. M. Firm Size and the Gains from Acquisitions [J]. *Journal of Financial Economics*, 2004, 73: 201-228.

[2] Baker, M., Wurgler, J. Investor Sentiment and the Cross-Section of Stock Returns [J]. *Journal of Finance*, 2006, 61(4): 1645-1680.

[3] Brenner, R., Brenner, G. A. *Gambling and Speculation* [M]. Cambridge, England: Cambridge University Press, 1990; Mikesell, J. L. State Lottery Sales and Economic Activity [J]. *National Tax Journal*, 1994, 47(1): 165-171; Kumar, A. Who Gambles in the Stock Market? [J]. *Journal of Finance*, 2009, 64: 1889-1933.

表 4-6　稳健性检验

	收购溢价（Premium）(1)	协同效应[Synergy(-1,+1)](4)	收购方超额收益率[BCAR(-1,+1)](2)	被收购方超额收益率[TCAR(-1,+1)](3)
(1) 基准回归	37.560**	0.034	0.004	0.377***
	(2.490)	(1.142)	(0.198)	(3.221)
	100	75	100	75
(2) 规模较大的收购方	42.131***	0.008	0.007	0.348***
	(2.886)	(0.318)	(0.377)	(2.634)
	74	55	74	55

该表报告了对收购溢价（Premium），收购方宣告日超额收益率[BCAR(-1,+1)]和协同效应[Synergy(-1,+1)]进行最小二乘回归（OLS）的结果，自变量包括目标公司的彩票特征变量和其他控制变量。收购方和目标公司宣告日超额收益率的计算基于市场模型[估计期为(-300,-46)]，事件窗口为(-1,+1)日。对协同效应[Synergy(-1,+1)]的计算采用 Bradley，Desai 和 Kim（1988）的方法，即目标公司和收购方宣告日累计超额收益的（按市值）加权平均收益。其组成部分有被收购方股票特征与彩票特征显著相似性。LIDX 随着被收购方作为赌博标的的吸引力的增大而增长。其组成部分有被收购方股票价格（Price），特有偏度（EISKEW），和特有波动率（IVOLA），均采用宣告日前 1 个月末的数据。所有变量的定义见附录表 C。该表报告了 LIDX 的回归系数和 t-统计量，以及观测数。基准回归模型为表 4-5 中第（5）列的回归方程，我们对 8 个不同的子样本重新进行了回归：①收购方规模分别大于或者小于宣告当年收购方平均收购方平均收购方规模的交易；②被收购方规模较大的交易；③当投资者情绪指数分别高于或者低于本期整个样本期均值时发生的交易；④CFNAI 分别为负或为正的交易。***，**，和* 分别代表在 1%，5% 和 10% 的水平较显著。各回归系数（估计量）下面拖号里的数字为其 t-统计量。t-统计量下面拖号里的数字为每个回归的观测数。

续表

	收购溢价 (Premium) (1)	协同效应 [Synergy(-1,+1)] (4)	收购方超额收益率 [BCAR(-1,+1)] (2)	被收购方超额收益率 [TCAR(-1,+1)] (3)
(3) 规模较小的收购方	62.113	0.018	-0.013	0.486
	(1.351)	(0.256)	(-0.191)	(0.786)
	26	20	26	20
(2)-(3)	-19.983**	-0.01	0.02	-0.138
	(-2.177)	(-0.618)	(1.491)	(-0.988)
(4) 规模较大的被收购方	23.122	-0.007	0.002	0.106
	(1.646)	(-0.224)	(0.089)	(0.968)
	60	43	60	43
(5) 规模较小的被收购方	29.761	0.031	0.007	0.744**
	(0.717)	(0.513)	(0.166)	(2.322)
	40	32	40	32
(4)-(5)	-6.64	-0.038***	-0.005	-0.638***
	(-0.975)	(-3.247)	(-0.715)	(-10.800)

续表

	收购溢价 (Premium)	协同效应 [Synergy(-1,+1)]	收购方超额收益率 [BCAR(-1,+1)]	被收购方超额收益率 [TCAR(-1,+1)]
	(1)	(4)	(2)	(3)
(6)投资者情绪较高	39.821*	0.01	0.01	0.308**
	(1.689)	(0.182)	(0.290)	(2.061)
	43	34	43	34
(7)投资者情绪较高	34.837	0.043	0.014	0.304
	(1.560)	(1.358)	(0.645)	(1.625)
	57	41	57	41
(6)-(7)	4.984	-0.033***	-0.004	0.004
	(1.031)	(-3.231)	(-0.595)	(0.096)
(8) CFNAI 指数为正	30.601	0.033	0.013	0.295**
	(1.552)	(0.719)	(0.449)	(2.389)
	57	39	57	39
(9) CFNAI 指数为负	40.515	0.034	0.044	0.328
	(1.326)	(1.006)	(1.585)	(1.547)
	43	36	43	36
(8)-(9)	-9.915*	-0.001	-0.032***	-0.033
	(-1.857)	(-0.144)	(-5.604)	(-0.815)

中发生恶化时，赌博就变得更具吸引力。表4-6报告了在所有子样本中彩票型收购的影响。

我们发现，当收购方规模较大时，彩票型收购对宣告日收益率的影响更为显著。有研究证明大公司的管理者为并购支付更高的价格，在控制了公司和交易特征之后，收购溢价随着公司规模的增大而增长①。在他们看来，这说明管理者自负在大公司中更为严重。Hannan 和 Pilloff② 发现，大银行不太可能成为并购目标，这说明规模大的目标银行在并购完成后更加难以整合。我们还发现，当目标公司规模较小时，彩票型收购中的收购溢价和被收购方宣告日收益率更高。

我们关于市场影响的结果，证明了投资者情绪会影响并购融资决策③，以及当预计投资者情绪指数较高时彩票型股票对于乐观主义者和投机者更具吸引力④的传统观点。我们具体发现，当情绪指数较高时，收购方银行支付较高的溢价，协同效应较低，被收购方的宣告日收益率较高。

我们采用芝加哥联储全国活动指数（CFNAI）来衡量经济状况⑤。这是一个按月计算的指数，通过综合 85 项美国经济活动指标的信息，来衡量整体经济活动和通胀压力情况。若 CFNAI 为 0，说明国家经济按其历史增长率在扩张；若其小于 0，则说明经济增长速度低于平均增长率；若大于 0，则说明经济增长速度高于平均

---

① Moeller, S. B., Schlingemann, F. P., Stulz, R. M. Firm Size and the Gains from Acquisitions [J]. *Journal of Financial Economics*, 2004, 73: 201-228.

② Hannan, T., Pilloff, S. J. Acquisition Targets and Motives in the Banking Industry [J]. *Journal of Money, Credit and Banking*, 2009, 41(6): 1167-1187.

③ Shleifer, A., Vishny, R. Stock Market Driven Acquisitions [J]. *Journal of Financial Economics*, 2003, 70: 295-311.

④ Baker, M., Wurgler, J. Investor Sentiment and the Cross-Section of Stock Returns [J]. *Journal of Finance*, 2006, 61(4): 1645-1680.

⑤ Schneider, C., Spalt, O. G. Acquisitions as Lotteries: Do Managerial Gambling Attitudes Influence Takeover Decisions? [R]. Working Paper, Tilburg University, Tilburg, 2010.

水平。在表 4-6 的第（8）和第（9）列，我们根据宣告前 1 个月的 CFNAI 值是否为正将样本分为两部分。结果表明，在经济下滑时，收购方支付的溢价更高，这与经济状况恶化使得赌博更具吸引力的假设相一致。

（五）在损失（盈利）状况下赌博？

前景理论基于观察证实，在亏钱的情况下，投资者赌博的意愿更为强烈①。他们发现，与 80% 的概率获得 4000 美元同时有 20% 的概率一无所获的情况相比，大多数人更愿意接受 3000 美元的确定性收益；然而与 3000 美元的确定性损失相比，人们更愿意接受 80% 的概率损失 4000 美元和 20% 的概率亏损 0 元。观测到的偏好可以描述为一个在获利状态下为凹形、亏损状态下为凸形的价值函数。也就是说，一方面，个人在亏损的状态下持风险偏好的态度，而在获利的状态下持风险规避的态度。我们将简单实验中的一阶段推理拓展到更为复杂的两阶段分析，即当收购方银行管理者遭受损失时发现赌博更具吸引力，并认为一次成功的下注可能成为其翻身的机会。另一方面，据赌场盈利效应推测，当管理者赢钱之后就会变得更爱冒险。也就是说，当赌博输钱所带来的痛苦能够因为之前赢钱而减轻时，赌博便成为更具吸引力的选择。

表 4-7 显示宣告前收购方股票的市场表现（估值）和银行并购之间存在正相关关系，说明在低效率的股票市场上股票高估是推动美国银行业并购的重要因素，与赌场盈利效应相一致。具体来讲，表 4-7 的面板 A 和面板 B 显示了并购宣告前不同的相对估值方法，市净率（P/B）（2 年前）和价格与内在价值之比（P/V），与支付方式之间的关系。计算价格与内在价值之比（P/V）分别采用了 3 阶段剩余收益模型和永续剩余收益模型。对于整个样本的实证分析显示，相对于被收购方，收购方整体上更为高估，这一特点在股票支付的交易更为显著。另外，分析显示股价被高估的收购方更可能采用股票而不是现金进行支付，更愿意支付高于目标公司股价的收购价格，

① Kahneman, D., Tversky, A. Prospect Theory：An Analysis of Decision Under Risk [J]. *Econometrica*，1979，47(2)：263-291.

表 4-7　并购宣告日前收购方和被收购方的估值（绩效）:按交易方式分类

面板 A:基于 3 阶段剩余收益模型的价格与内在价值比 (P/V)

该面板按照支付方法分别报告了两种估值方法,2 年前的市场价格与内在价值比(P/V)。对于内部价值的估计采用 3 阶段剩余收入模型,分别采用资本资产定价模型(CAPM)的计算结果和固定值 12.5%作为资本成本($r_e(t)$)。括号里的数字为检验收购方和被收购方以及股票和现金收购之间差异的 t-统计量。样本包括了 1985—2006 年发生的成功收购上市银行的所有交易。 ***, ** 和 * 分别代表该数字在 1%,5%和 10%的水平显著。

	(1)收购方	(2)被收购方	(1)-(2)(t-统计量)	观测数
现金支付				
P/B(2 年前)	2.74	2.78	-0.05 (-0.17)	341
P/V ($r_e(t)$ = 12.5%)	5.24	3.9	1.34* (1.662)	137
P/V	5.52	6.62	-1.1 (-0.489)	137
股票支付				
P/B(2 年前)	4.49	1.94	2.55*** (9.80)	188
P/V ($r_e(t)$ = 12.5%)	6.28	3.97	2.31** (3.00)	61
P/V	7.82	4.63	3.19*** (2.7)	61

续表

所有收购	（1）收购方	（2）被收购方	（1）-（2）（t-统计量）	观测数
P/B（2年前）	3.55	2.42	1.12***	529
			(5.64)	
P/V（$r_e(t)=12.5\%$）	5.56	3.64	1.92***	198
			(3.38)	
P/V	6.23	6.17	0.06	198
			(0.03)	

	（5）收购方	（6）被收购方
股票-现金　P/B（2年前）	1.75***	-0.84***
（t-统计量）	(6.10)	(-3.51)
股票-现金　P/V（$k=12.5\%$）	1.04	0.07
（t-统计量）	(1.25)	(1.00)
股票-现金　P/V	2.3**	-1.99
（t-统计量）	(2.19)	(-0.96)

续表

面板 B：基于永续剩余收入模型的价格与内在价值比 P/V

该面板按照支付方法分别报告了两种估值方法，2 年前的市净率（P/B）比率和当前的价格与内在价值比（P/V）。对于内部价值的估计采用永续剩余收入模型，分别采用资本资产定价模型（CAPM）的计算结果和固定值 12.5% 作为资本成本（$r_e(t)$）。括号里的数字为检验收购方和被收购方收入之间差异的 t-统计量。样本包括了 1985—2006 年发生的成功收购上市银行的所有交易。***，**，和 * 分别代表该数字在 1%，5% 和 10% 的水平显著。

	（1）收购方	（2）被收购方	（1）-（2） （t-统计量）	观测数
现金支付				
P/B（2 年前）	2.74	2.78	-0.05	341
			(-0.17)	
P/V（$r_e(t)$ = 12.5%）	3.44	1.61	1.42 ***	341
			(8.51)	
P/V	3.69	1.39	2.05 ***	341
			(6.13)	
股票支付				
P/B（2 年前）	4.49	1.94	2.55 ***	188
			(9.80)	
P/V（$r_e(t)$ = 12.5%）	4	1.84	2.17 ***	187
			(4.08)	
P/V	4.66	1.61	3.33 ***	183
			(6.03)	

续表

		(1)收购方	(2)被收购方	(1)-(2)(t-统计量)	观测数
所有收购	P/B(2年前)	3.55	2.42	1.12***	529
				(5.64)	
	$P/V(r_e(t)=12.5\%)$	3.64	1.96	1.67***	528
				(5.20)	
	P/V	4.08	1.55	2.53***	524
				(8.54)	

		(5)收购方	(6)被收购方
股票-现金	P/B(2年前)	1.75***	-0.84***
(t-统计量)		(6.10)	(-3.51)
股票-现金	$P/V(r_e(t)=12.5\%)$	0.57	0.23
(t-统计量)		(1.10)	(1.38)
股票-现金	P/V	0.96*	0.22*
(t-统计量)		(1.75)	(1.84)

面板 C：并购前收购方和被收购方的业绩：按照支付方式分类

该面板显示了收购方并购宣告日前的业绩与支付方式间的关系。DIFF52，即收购方当前股价与52周最高股价间的差距，等于收购方 t-2 月的股票价格除以 t-13 月至 t-2 月的52周最高股价，再减去1（再取绝对值）。NI 指收购宣告前1个财政年度的净利润；ROA 指收购宣告前1个财政年度的资产收益率。括号里的数字为检验收购方和被收购方以及股票收购和现金收购之间差异的 t-统计量。样本包括了1985—2006年发生的成功收购上市银行的所有交易。***，**，和*分别代表该数字在1%，5%和10%的水平显著。

		(1)收购方	(2)被收购方	(1)-(2)（t-统计量）
现金收购	DIFF52	0.236	0.255	-0.018 (-0.935)
	n	862	848	
	NI	93.988	64.864	29.124 (0.865)
	n	550	531	
	ROA	1.11%	1.02%	0.089%* (1.699)
	n	580	223	
股票收购	DIFF52	0.285	1.319	-1.034*** (-9.461)
	n	474	264	
	NI	388.391	59.556	328.835*** (4.364)
	n	295	220	
	ROA	1.38%	1.12%	0.263%*** (3.512)
	n	345	90	

续表

全部收购	（1）收购方	（2）被收购方	（1）-（2）统计量（t-统计量）
DIFF52	0.254	0.507	-0.254 ***
	1336	1112	（-7.691）
n			
NI	196.768	63.309	133.459 ***
	845	751	（3.796）
n			
ROA	1.21%	1.05%	0.162% ***
	925	313	（3.750）
n			

	（3）Acquirers	（4）Targets
股票-现金 DIFF52	0.049 *	1.065 ***
（t-统计量）	（1.943）	（9.849）
股票-现金 NI	294.403 ***	-5.308
（t-统计量）	（3.814）	（-0.181）
股票-现金 ROA	0.272% ***	0.10%
（t-统计量）	（4.001）	（1.597）

和获得较低的宣告期收益率。

这些结果看起来与股票高估理论①相一致，但我们进一步检验收购方收购前的损失/收益对其赌博态度的影响。为了检验该假设，我们需要区分管理者参与赌博，是为了弥补之前遭受的损失，还是在获利的状态下愿意承担更大的风险。第一，我们预计，收购方股票低于 52 周最高值的越多（少），DIFF52 就越大（小），管理者就越感觉自己处于损失（获利）的状态。第二，我们采用收购方的股票收益率来分辨管理者何时会认为自己处于损失（获利）的状况。具体来讲，如果收购方银行在上一年的股票收益率（RET12）特别低（高），则管理者会认为自己处于损失（获利）状态。第三，我们采用会计指标，即，如果收购方银行在上一个财政年度报告了负的（正的）净利润（NI12），就认为其处于损失（获利）的状态。

表 4-7 的面板 C 进一步报告了并购宣告日前收购方的业绩与支付方式之间的关系。对于整个样本，与被收购方相比，收购方的股票价格[即股票价格与 52 周最高股价之间的差异（DIFF52）更小]、上一个财政年度的净利润（NI）和资产收益率（ROA）均显著更高。所有收购方的平均净利润为 1.97 亿美元，显著高于被收购方的 0.63 亿美元；收购方的平均资产收益率为 1.21%，显著高于所有被收购方的 1.05%。对于采用股票支付的样本来说，这些特征变得更加明显。

总的来说，表 4-7 的结果说明，收购方在获利之后，可能增加他们的风险偏好型投资，尤其用他们表现良好（高估）的股票作为支付手段来收购其他银行。

表 4-8 分别报告了关于收购方经历损失和获利状况下赌博倾向的结果。有趣的是，我们发现如果收购方的股票价格接近其 52 周最高点（较小的 DIFF52）、前一年的累计超额收益率（RET12）很高，或者在上个财政年度的净收益（NI12）为正，银行管理者则倾向于为具有彩票特征的被收购方支付更高的溢价。这些结果与赌场盈利

---

① Shleifer, A., Vishny, R. Stock Market Driven Acquisitions [J]. *Journal of Financial Economics*, 2003, 70: 295-311.

表 4-8　经历损失（盈利）状态下的赌博

本表报告了以收购溢价，收购方宣告日超额收益［BCAR（-1，+1）］，被收购方宣告日超额收益［TCAR（-1，+1）］，以及协同效应［Synergy（-1，+1）］为因变量，对彩票特征和控制变量进行最小二乘回归（OLS）结果。B（T）CAR（-1，+1），为使用市场模型计算出的收购方（被收购方）的 3 日累积超额收益率。彩票均超额收益率（按市值）加权平均水平均累积超额收益率。彩票平均超额收益率。彩票被收购方股票特征与彩票显著特征的相似性，随着被收购方股价的吸引力而增长。其组成部分有被收购方股票价格（Price），特有偏度（EISKEW），和特有波动率（IVOLA），均采用宣告日前 1 个月末的数据。所有变量的定义详见附录-表 C。我们对 6 个不同的子样本进行了回归：①收购方的 DIFF52（等于 t-2 月收购方股票价格除以 t-13 月至 t-2 月的 52 周最高股价，再减去 1（再取绝对值））分别大于或小于样本均值的交易；②收购方的 RET12（收购方在宣告日前的 t-13 月至 t-2 月的累积超额收益率）分别高于或低于样本均值的交易；③收购方的 NI12（并购宣告前 1 个财政年度的净收益）分别为正或为负的回归的观测数。表中报告了 LIDX 的回归系数，各回归系数估计值下面括号里的数字为其 t-统计量。***，** 和 * 分别代表在 1%，5% 和 10% 的水平显著。

	收购溢价 （Premium）	收购方超额收益率	被收购方超额收益率	协同效应 ［Synergy（-1，+1）］
	（1）	（2）	（3）	（4）
（1）基准回归				
	37.560 **	0.004	0.377 ***	0.034
	(2.490)	(0.198)	(3.221)	(1.142)
	100	100	75	75

续表

	收购溢价（Premium）	协同效应 [Synergy(−1,+1)]	收购方超额收益率	被收购方超额收益率
	(1)	(4)	(2)	(3)
(2) DIFF52 较小	28.263	0.062	0.053	0.634**
	(0.633)	(1.277)	(1.045)	(2.497)
	32	32	32	32
(3) DIFF52 较大	10.358	0.046	0.032	0.184
	(0.395)	(1.080)	(1.008)	(1.192)
	43	43	43	43
(2)−(3)	17.905**	0.016	0.021**	0.450***
	(−2.024)	(−1.491)	(−2.060)	(−8.885)
(4) RET12 较高	63.069*	0.009	−0.003	0.342*
	(2.492)	(0.358)	(−0.133)	(1.68)
	53	38	53	38

续表

	收购溢价（Premium）		协同效应 [Synergy(−1,+1)]		收购方超额收益率		被收购方超额收益率	
	(1)		(4)		(2)		(3)	
（5）RET12 较低	45.534 *		0.04		0.028		0.268	
	(2.012)		(0.817)		(0.797)		(1.468)	
	45		36		45		36	
（4）−（5）	17.534 ***		−0.031 ***		−0.032 ***		0.073 *	
	(3.671)		(−3.876)		(−5.134)		(1.838)	
（6）NI12 为正	51.456 **		0.006		0.038		0.108	
	(2.141)		(0.126)		(1.113)		(0.511)	
	38		28		38		28	
（7）NI12 为负	45.314 *		−0.044		−0.060 **		0.166	
	(1.724)		(−1.076)		(−2.222)		(0.890)	
	51		38		51		38	
（6）−（7）	6.142		0.050 ***		0.098 ***		−0.057	
	(1.146)		(4.443)		(14.686)		(−1.141)	

189

效应相一致，该理论预测收购方在赢钱之后会有冒险的行为（即收购彩票型的目标公司）。相反，我们的结果好像并不支持损失状况下的赌博行为。对于被收购方宣告日收益率的分析显示，当收购方的股票价格接近其52周最高点时，或者经历了较高的12个月累计超额收益时，被收购方实现了较大的超额收益。最后，实证结果证明，在两组样本中收购彩票型的目标公司均不能带来显著的协同效应。

总之，我们发现进行并购的银行在之前表现良好，尤其对于采用股票支付的收购方更是如此。数据显示，当收购方在收购前表现良好时，管理者的赌博心理就表现得更为强烈，这与赌场盈利效应相一致。

七、本章小结

研究者发现有很多金融现象很难用期望效用理论来进行理解。本章节专注于进一步解释收购方银行管理者的赌博心理对他们投资决策的影响。为了解决这个问题，我们主要关注累积前景理论的概率加权内容。概率加权理论引入了投资者对彩票型偏度收益的偏好，而彩票型偏度收益可能对交易定价和宣告日市场反应产生影响。

效仿 Schneider 和 Spalt① 的方法，我们构建了一个衡量目标银行股票与彩票主要特征相似程度的指数（即高偏度、高波动性和低股价），并证明在目标银行具有这些赌博（彩票）特征的并购交易中，收购溢价和目标公司宣告日收益率明显更高。我们还发现，在彩票型收购中协同效应和收购方的宣告日收益率更低。我们进行了几组稳健性检验，发现在以下情况管理者的赌博心理更显著：收购方的规模大于中值（该结果支持了管理者的自负理论）；目标公司规模大于中值（支持了关于并购后整合成本的假设）；投资者情绪

---

① Schneider, C., Spalt, O. G. Acquisitions as Lotteries：Do Managerial Gambling Attitudes Influence Takeover Decisions？［R］. Working Paper, Tilburg University, Tilburg, 2010.

指数高于中值（支持了投资者情绪会影响公司财务决策的观点）；或者 CFNAI 为负（支持了经济下滑时赌博变得更具吸引力的假设）。

本章的分析还显示，赌场盈利是驱动银行进行并购的重要因素。具体来讲，我们发现当收购方银行刚刚经历了良好的市场表现或者在前一个财政年度获得了较高的净利润时，赌场盈利效应就会提高管理者的风险寻求偏好，推动高层决策者进行并购并支付较高溢价。

总之，我们的结果支持了管理者的赌博心理影响着银行并购决策的假设。通过对银行并购中的概率加权因素，这一前景理论的主要特征的检验，我们发现当收购方在赌场盈利效应的驱动下寻求彩票型收购时，对收购方银行股东价值的破坏是显著的。

第五章　多元化、并购与监督效应

一、多元化战略与银行并购

传统投资理论通常告诫我们，"不要把鸡蛋都放在一个篮子里"，这在大多数情况下对于证券市场都成立。但是对于一家公司来讲，什么时候应该采用多元化、什么时候又应该采取集中化战略呢？Coase 指出，企业的边界应该确定在某一点上，在这一点上"公司内部组织组织交易的成本等于公开市场上进行同类交易所需要的成本或者组建另一公司所需要的成本"①。银行业作为美国最重要的支柱产业，在过去的二十年中发生了巨大的变化。那么它们是从多元化战略，还是集中化战略中获益更多？交易结构又如何影响着对股东的价值创造？本书的目标就是要回答这些问题。

（一）问题的提出

在 20 世纪 90 年代，美国乃至整个世界都掀起了一股并购浪潮②。美国银行业迅速合并，商业银行的数量从 1980 年的 14000 家下降到了 2008 年年底的 7000 家③。数量的下降大部分不是由于银行的倒闭，而是由于银行之间的并购。在每年发生的并购交易中，银行业与金融服务业的并购数量一直居于所有行业的前 5 位。在 1980—2003 年，美国以资产排序的前 10 家银行所拥有的资产份

---

① Coase, R. H., The Nature of the Firm [J]. *Economica*, 1937, 4(16): 386-405.

② Andrade, G., Mitchell, M., Stafford, E. New Evidence and Perspectives on Mergers [J]. *Journal of Economic Perspectives*, 2001, 15: 103-120.

③ 参见美国联邦存款保险公司（FDIC）网站，http://www2. fdic. gov/SDI/SOB/[EB/OL].

额从 22% 上升至 46%，而其所拥有的存款数量排序的前 10 家银行拥有的存款份额从 19% 上升到了 41%①。

尽管之前的研究均显示，被收购银行在并购宣告期经历了显著为正的超额收益②，并没有明确的证据显示并购同样为收购方银行创造价值。不少研究发现收购方银行在股票市场经历了显著为负的超额收益③，而个别研究发现收购方银行在宣告日经历了显著的财富创造④。当检验银行并购的联合财务效应时，大多数研究发现负的联合收益⑤。这就提出了这样一个问题，是否所有银行业的并购

①　参见联邦金融机构检查委员会各年度的状况与收入整合报表，http：//www. fdic. gov/news/index. html［EB/OL］.

②　Delong, G. Stockholder Gains from Focusing versus Diversifying Bank Mergers［J］. *Journal of Financial Economics*, 2001, 59：221-252; Houston, J., James, C., Ryngaert, M. Where do Merger Gains Come from? Bank Mergers from the Perspective of Insiders and Outsiders［J］. *Journal of Financial Economics*, 2001, 60：285-331; Beitel, P. S., Mark, D. W. Explainingthe M&A Success in European Banks［J］. *European Financial Management*, 2004, 10：109-139; Kuipers, D. R., Miller, D. P., Patel, A. The Legal Environment and Corporate Valuation：Evidence from Cross-Border Takeovers［J］. *International Review of Economics & Finance*, 2009, 18(4)：552-567.

③　Delong, G. Stockholder Gains from Focusing versus Diversifying Bank Mergers［J］. *Journal of Financial Economics*, 2001, 59：221-252; Houston, J., James, C., Ryngaert, M. Where Do Merger Gains Come from? Bank Mergers from the Perspective of Insiders and Outsiders［J］. *Journal of Financial Economics*, 2001, 60：285-331; Kuipers, D. R., Miller, D. P., Patel, A. The Legal Environment and Corporate Valuation：Evidence from Cross-Border Takeovers［J］. *International Review of Economics & Finance*, 2009, 18(4)：552-567.

④　Beitel, P. S., Mark, D. W. Explaining the M&A Success in European Banks［J］. *European Financial Management*, 2004, 10：109-139.

⑤　Houston, J., Ryngaert, M. The Overall Gains from Large Bank Mergers［J］. *Journal of Banking Finance*, 1994, 18：1155-1176; Boyd, J., Graham, S. Consolidation in U. S. Banking：Implications for Efficiency, and Risk［M］//Amihud, Y., Miller, G., eds. *Bank Mergers and Acquisitions*. Norwell, MA：Kluwer Academic Publishers, 1998; Delong, G. Stockholder Gains from Focusing versus Diversifying Bank Mergers［J］. *Journal of Financial Economics*, 2001, 59：221-252.

都为收购方创造价值，还是只有某些类型的并购创造价值？

在 19 世纪五六十年代，很多公司采用了大规模多元化经营的战略。这种多元化经营活动在 20 世纪 60 年代后期并购潮时到达顶峰，而此次的并购潮铸就了一些集团企业的地位①。然而，最近的一些研究发现范围经济自 1980 年之后就开始丧失它的重要地位。在 20 世纪 80 年代出现了一个更加趋于集中化战略的稳定趋势，这一集中化的趋势也体现出了这段时期的范围不经济，集中化程度与股票收益存在正相关关系②。1988 年 55.7% 的上市公司拥有集中业务，而在 1979 年这个比例只有 38.1%。

另外，共同财产的合理管理对于全部的所有者来说是公共产品，并且为了保证董事或管理人员的行为符合股东利益需要付出巨大的成本③。一方面，小股东只持有公司少量股份，不足以承担监督管理层所带来的成本，而未持有公司任何股份的外部人更不会设法改进公司的经营。另一方面，通过并购会产生一些持有公司一定规模股份的外部人，从而增加公司的价值。以股票交换的方式收购私人持有的公司（即未上市公司，仅为少数股东持有）往往会增加收购方的价值④。

银行业是一个特殊的行业，而且在美国，地域因素对银行业的影响非常大，因为州一级的规定不仅能够影响公司控制权，还能够

---

① Berger, A. N. The Profit-Structure Relationship in Banking-Tests of Market-Power and Efficient Structure Hypotheses [J]. *Journal of Money, Credit and Banking*, 1995, 27: 403-431.

② Comment, R., Jarrell, G. A. Corporate Focus and Stock Returns [J]. *Journal of Financial Economics*, 1995, 37(1): 67-87.

③ Grossman, S. J., Hart, O. D. Takeover Bids, the Free-Rider Problem, and the Theory of the Corporation [J]. *The Bell Journal of Economics*, 1980, 11(1): 42-64.

④ Demsetz, H. The Structure of Ownership and the Theory of the Firm [J]. *Journal of Law and Economics*, 1983, 26(2): 375-390; Shleifer, A., Vishny, R. W., Large Shareholders and Corporate Control [J]. *The Journal of Political Economy*, 1986, 94(3): 461-488.

影响银行在当地所参与的经营活动①。Delong 研究了地域多元化与经营业务多元化的效果，他认为由其他行业得出的结论不能直接用于银行业。本书把关注点集中于美国的银行业，在更长的时间范围内检验多元化经营战略的影响。本书首次将被收购方分为上市公司和非上市公司两类来检验是否存在监督效应，并按照多元化和集中化战略、收购上市和非上市目标公司的分类方法，分别研究收购方和被收购方的财富效应以及并购双方的联合财富效应。分析并购中的监督效应能够为通过多元化理论解释并购宣告的财富效应提供有益补充。

（二）关于并购的多元化理论

规模经济（Economies of Scale）是企业因扩张而获得的成本上的优势，主要指供给方面的变化，例如扩大或缩小单个产品的生产规模带来的效率提高②。与规模经济相对应的是范围经济（Economies of Scope），其则指需求方面的变化（例如对不同产品营销范围和分销渠道的变化）所带来的效率提高。范围经济是采用某些营销策略［如捆绑销售（Product Bundling）、组合销售（Product Lining）、品牌系列销售（Family Branding）］的主要原因之一③。当收购银行和被收购银行业务相同时往往会发生规模经济，而当收购银行和被收购银行业务不同时，则会出现范围经济。

理论上，多元化经营既可能提升企业价值，也可能减少企业价值。一家企业同时拥有多个业务分支有利于提高经营效率、增强债务能力和降低赋税。多元化经营也面临一些潜在成本：更多的使用可自由支配的资源进行没有价值的投资、使用表现出色的业务分支的资源交叉补贴表现不佳的分支以及公司总部与分公司管理人员激励机制上的不一致。关于多元化经营对公司价值的总体影响，目前

①　Delong, G. Stockholder Gains from Focusing versus Diversifying Bank Mergers [J]. *Journal of Financial Economics*, 2001, 59: 221-252.

②　Panzar, J. C., Willig, R. D. Economies of Scale in Multi-Output Production [J]. *Quarterly Journal of Economics*, 1977, 91(3): 481-493.

③　Panzar, J. C., Willig, R. D. Economies of Scope [J]. *American Economic Review*, 1981, 71(2): 268-272.

还没有一个明确的结论①。

Chandler 在其《看得见的手》(*The Visible Hand*)中，分析了创新型公司应如何重新勾勒组织边界和结构以实现更高效、更具影响力的创新②。Chandler 指出，因为多元化经营的公司在其管理中必须协调各个业务分支，所以比起各业务分支独立经营的情形，多元化经营的公司内在更有效率，也更具有盈利能力；资源在企业内部资本市场的分配比在外部资本市场的分配更有效率，多元化经营的公司能够投资更多具有正净现值的项目。当债权人而不是股东获取投资的大部分利润时，股东缺少了投资于正净现值项目的动力，这便产生了投资不足(Underinvestment)的问题③。而多元化公司可以通过扩大内部资本市场来解决投资不足的问题。外部资本市场在20世纪60年代还不发达。管理者和外部市场的信息不对称越严重，内部市场就越有价值④。多元化经营的企业能够在企业内部更有效地配置资源⑤。

多元化经营的另一个好处来自于将不完全相关的利润组合到了一起⑥。与那些相同规模但只有集中业务的公司相比，这种相互保险作用为多元化经营的公司带来了更强的举债能力⑦；多元经营的

① Berger, P. G., Ofek E. Diversification's Effect on Firm Value [J]. *Journal of Financial Economics*, 1995, 37(1): 39-65.

② Chandler, A. D. *The Visible Hand* [M]. Cambridge, England: Belknap Press, 1977.

③ Myers, S. C. The Determinants of Corporate Borrowing [J]. *Journal of Financial Economics*, 1977, 5: 147-175.

④ Hubbard, R., Palia, D. A Reexamination of the Conglomerate Merger Wave in the 1960s: An Internal Capital Markets View [J]. *Journal of Finance*, 1999, 54: 1131-1152.

⑤ Weston, J. F. The Nature and Significance of Conglomerate Firms [J]. *St. John's Law Review*, 1970, 44: 66-80.

⑥ Berger, A. N. The Profit-Structure Relationship in Banking-Tests of Market-Power and Efficient Structure Hypotheses [J]. *Journal of Money, Credit and Banking*, 1995, 27: 403-431.

⑦ Lewellen, W. G. A Pure Financial Rationale for the Conglomerate Merger [J]. *Journal of Finance*, 1971, 26: 563-574.

集团公司财务杠杆往往会更高。增加的举债能力可以通过税盾作用来为公司创造价值。多元化经营的公司，与各个分支分开经营相比，具有更高的财务杠杆和更低的税赋①。另一个税赋方面的优势源于税法上对于盈利和亏损的不对称对待。集中化公司在税赋上有很大的劣势：当盈利时公司需要赋税，亏损时公司却无法得到补偿②。虽然税法上的税损转结条款能够适当减少集中化公司在这方面的劣势，但无法消除它。当一个集团公司的不同分支在某些年经营亏损时，集团公所交税费将会少于各业务分支独立经营时要交的税费。

多元化经营也要付出一定的代价。多元化经营的公司往往会过度投资于前景并不好的业务③。借贷能力较强并且有着大量闲置资金的公司的经理更有可能会进行降低公司价值的投资④。在分权化的公司里，总部管理层与分部管理层之间的信息不对称会产生成本，而且这种成本在多元化经营的公司中要更高，因为信息在这种公司中更加分散，这就降低了多元化公司的盈利能力⑤。

Morck，Shleifer 和 Vishny 对发生在 1975—1987 年的并购事件进行研究，发现收购方的收购行为在符合多元化战略时，在宣告期经历更低的且主要为负的收益⑥。他们认为管理者的个人目标可能

①　Berger, A. N. The Profit-Structure Relationship in Banking-Tests of Market-Power and Efficient Structure Hypotheses [J]. *Journal of Money*, *Credit and Banking*, 1995, 27: 403-431.

②　Majd, S., Myers, S. C. Tax Asymmetries and Corporate Income Tax Reform[M]//Feldstein, M., eds. *Effects of Taxation on Capital Accumulation* [M]. Chicago: University Of Chicago Press, 1987: 343-376.

③　Stulz, R. Managerial Discretion and Optimal Financing Policies [J]. *Journal of Financial Economics*, 1990, 26: 3-27.

④　Jensen, M. C. Agency Cost of Free Cash Flow, Corporate Finance, and Takeovers [J]. *American Economic Review*, 1986, 76: 323-329.

⑤　Myerson, R. B. Optimal Coordination Mechanisms in Generalized Principal-Agent Problems [J]. *Journal of Mathematical Economics*, 1982, 10: 67-81; Harris, M., Kriebel, C. H., Raviv, A. Asymmetric Information, Incentives and Intrafirm Resource Allocation [J]. *Management Science*, 1982: 604-620.

⑥　Morck, R., Shleifer, A., Vishny, R. Do Managerial Objectives Drive Bad Acquisitions? [J]. *Journal of Finance*, 1990, 45: 31-48.

推动着并购，使其有利于增加个人收益却降低公司价值。对这一结果的另一种可能的解释就是，在多元化并购时价值从收购方转移到了目标公司的股东手中，而不一定是经济价值的消失①。因此，Morck等学者的研究没有回答多元化并购是否是在经济上并不可取。关于公司控制权，有学者认为减少管理层和股东利益冲突的公司治理机制在多元化并购（跨州并购或者不相关业务并购）中没有在集中化并购（州内并购或者相关业务并购）中有效②。因此股东和银行监管机构应当更加警惕跨州并购或者不相关业务并购。另一方面，州内银行并购因为很少或者未受到限制，所以并不会破坏并购方的价值③。Palia④研究了地域多元化并购中交易双方涉及的各州法规，并对各州法规的效果进行了评估，发现并购溢价与双方银行的特点以及所在州的监管环境有关。目标银行若处于严格控制分行数目的州，则更具吸引力，也因此能够获得更高的溢价。若允许多银行同时控股进行经营则会增加并购方的数量，并同时提高并购溢价。银行的地理位置不仅对控制权市场产生影响，而且会影响银行的资产特征。银行的贷款组合通常受到当地监管的影响，一些州允许银行承销证券和保险，而其他州则禁止这些业务。因此不同的监管环境会影响其商业决定。对于不受监管的公司，则遵循利润最大化原则进行决策。

并且，本书将注意力集中于银行业，能够控制行业特有因素对研究结果的影响。如果说存在一些跨行业差异的话，研究行业内并

---

① Delong, G. Stockholder Gains from Focusing versus Diversifying Bank Mergers [J]. *Journal of Financial Economics*, 2001, 59: 221-252.

② Cornett, M., Hovakimian, G., Palia, D., Tehranian, H. The Impact of the Manager-Shareholder Conflict on Acquiring Bank Returns [J]. *Journal of Banking and Finance*, 2003, 27(1): 103-131.

③ Delong, G. Stockholder Gains from Focusing versus Diversifying Bank Mergers [J]. *Journal of Financial Economics*, 2001, 59: 221-252.

④ Palia, D. The Managerial, Regulatory, and Financial Determinants of Bank Merger Premium [J]. *Journal of Industrial Economics*, 1993, 41(1): 91-102.

购则会减少这些影响。一些行业进行并购遵循价值最大化原则，而另一些行业则并不遵循这一原则，同时对它们进行研究则不能得到一致的结果。在本研究中，作者仅关注美国的银行业，且假定股票市场可以区分业务集中化和业务多元化，以及地域集中化和地域多元化，并且对采用不同策略的并购作出不同的反映。

二、目标银行对收购方银行的监督效应：收购上市与非上市银行

对共同财产的合理管理对于全部的所有者来说是个公共产品，而为了保证董事或管理人员的行为符合股东利益需要付出较大成本①。如果一个股东投入资源以改善经营，则所有股东从中受益。如果外部人（未掌握公司内部信息的股东）或者小股东只能从自己已经持有的股份中获利（如果有的话，也非常少），那么他们就无法承受监督管理层的相应成本，更没有动力去这样做。

大股东能够成为管理者表现的有效监督者或者促成并购交易，因此通过并购产生的外部大股东可以提升公司价值②。通过普通股交易收购私人持有的公司（即未上市公司）往往会产生外部大股东，因为这种目标公司仅为少数股东持有。因此，我们预计收购私有公司会提高收购方价值。集中持股的公司比分散持股的公司更有价值③。在分散持股的公司中，个体投资者会认为监督管理者并不值得，管理者便会偷懒。而拥有整个公司的监督者则享有进行监督的全部成果。因此，他便会按照监督的事前期望收益等于监督活动边际成本的原则来确定其监督强度。

---

① Grossman, S. J., Hart, O. D. Takeover Bids, the Free-Rider Problem, and the Theory of the Corporation [J]. *The Bell Journal of Economics*, 1980, 11(1): 42-64.

② Shleifer, A., Vishny, R. W., Large Shareholders and Corporate Control [J]. *The Journal of Political Economy*, 1986, 94(3): 461-488.

③ Jensen, M. C. The Takeover Controversy: Analysis and Evidence[M]// Stern, J. M., Stewart III, G. B., Chew, D. H., eds. *Corporate Restructuring & Executive Compensation*. Cambridge, MA: Ballinger Publishing, 1989: 3-43.

Steven① 提出了一个理论模型，证明当监督成为一种由私人承担起成本的公共产品，那么只有大股东有动力对管理者进行监督。改善监督所获得的收益与承担特有风险带来的成本之间的平衡决定了其特有的最优股权结构。如果公司收益没有太大的风险性，监督成本也不是很高，最好采用集中的股权结构。该模型预测，股票价格将随着所有权的集中程度而提高。Steven 还认为，当大股东监督管理者时，可能会早于其他市场参与者获得关于公司价值的重要信息。大股东通过基于这些信息的交易获得收益，从而弥补他们获得这些信息时花费的个人成本。期望的个人收益驱动着大股东增强其监督活动，从而让所有的股东受益。搭便车的问题可以通过引入监督的副产品(有价值的私有信息)而得到解决，因为对于小股东来说，他们搭便车的收益可能被与信息优势方进行交易的成本所抵消。

Zeckhauser 和 Pound 采用 22 个行业的样本，分析了外部大股东对公司业绩和公司财务政策的影响，以确定大股东的出现是否与期望收益增长率、股利收益率以及杠杆比率的系统性差异有关，提出管理层有动机将收益向现在倾斜，而外部的监督者可以改善这种扭曲。他们的实证分析显示监督者和被监督者之间存在共生关系②。Agrawal 和 Mandelker 检验了当管理人员提出修改公司反收购章程时大股东的监督作用，发现在控制机构集中控股、管理人员所有权和公司规模的情况下，机构持股比率和各种修改提议的股东财富创造效应显著正相关③。这也支持了 Demsetz 等

---

① Steven, H. The Effect of a Large Shareholder on Corporate Value [J]. *Management Science*, 1993, 39(11): 1407-1421.

② Zeckhauser, R. J., Pound, J. Are Large Shareholders Effective Monitors? An Investigation of Share Ownership and Corporate Performance [M]// Hubbard, R. G., eds. *Asymmetric Information, Corporate Finance, and Investment* [M]. Chicago: University of Chicago Press, 1990: 149-180.

③ Agrawal, A., Mandelker, G. N. Large Shareholders and the Monitoring of Managers: The Case of Antitakeover Charter Amendments [J]. *The Journal of Financial and Quantitative Analysis*, 1990, 25: 143-161.

研究者①提出的"积极监督理论"，即大股东的存在会对管理人员带来更好的监督。

由于非上市公司的股权非常集中，当收购方银行宣告采用股票方式收购一家非上市公司时，目标公司的原始股东变成了收购方新的大股东，并将积极地对收购方的管理层进行监督。因此本书预计，一方面与收购上市公司相比，当采用股票支付时收购非上市目标公司时，由于大股东监督效应的存在，将为收购方股东创造更多的价值，体现在宣告期的累积超额收益（CARs）上。另一方面，如果采用现金进行支付，不论目标公司是上市公司还是非上市公司，收购方都不会产生新的股东。因此，作者预计当采用现金支付时，收购上市公司和收购非上市公司对于收购方来讲没有区别。

三、数据描述

美国银行并购的数据是从汤姆森银行家数据库（Thomson ONE Banker Database）中提取的 1985—2006 年发生的并购事件。由于 2007 年发生了次贷危机，可能严重影响到研究结果，因此本书的截止日期选在 2006 年 12 月 31 日。样本包含了 2148 件并购交易，在这些交易中收购方均在纽约证券交易所（NYSE）、美国证券交易所（AMEX）、或纳斯达克（NASDAQ）上市，并能够在 CRSP 数据库中找到相关的股票数据。表 5-1（面板 A）将每年的并购事件按照目标银行类型、是否地域多元化（跨州）以及是否业务多元化进行了统计；还显示了名义平均交易额与通货膨胀调整后的平均交易额（2005 年为基年）、目标银行和并购银行的市场价值。表 5-1 面板 B 将所有并购事件按照目标银行类型、是否地域多元化，以及是否业务多元化进行了划分，同时标明了每一类交易额的中位数。

可以看出，银行并购交易的数量在 20 世纪 90 年代达到了顶峰，67% 的交易发生在 1993—2000 年。20 世纪 80 年代初和 21 世

---

① Demsetz, H. The Structure of Ownership and the Theory of the Firm [J]. *Journal of Law and Economics*, 1983, 26(2): 375-390; Shleifer, A., Vishny, R. W. Large Shareholders and Corporate Control [J]. *The Journal of Political Economy*, 1986, 94(3): 461-488.

表 5-1 美国银行并购交易的描述性统计

面板 A：频度描述

本表对整体样本进行了描述性统计，包括了 1985—2006 年全部 2148 起美国银行并购交易。面板 A 按年份报告了银行的并购宣告事件数、股票支付的事件数，并购上市目标公司的事件数、跨州并购事件数、名义和通货膨胀调整后的平均交易额和双方市场价值。"通货膨胀调整"指以 2005 年作为基年，采用美国商务部经济分析局构造的国内生产总值总值折算指数（Implicit Price Deflator）对交易价值进行调整。

年份	并购交易数	跨州并购数	业务多元化并购数	收购上市银行的交易数	收购非上市银行的交易数	通胀调整后的平均交易额（百万美元）	通胀调整后的收购方市场规模（百万美元）	通胀调整后的目标银行市场规模（百万美元）
1985	18	9	1	11	7	155.91	NA	NA
1986	93	29	7	23	70	174.75	1364.56	487.52
1987	53	23	3	22	31	83.63	1011.11	271.51
1988	39	16	6	25	14	77.07	1608.84	214.58
1989	65	21	11	34	31	89.38	1843.57	288.87
1990	60	9	7	40	20	23.75	334.22	407.12
1991	66	22	6	39	27	263.24	2086.68	359.4
1992	96	37	23	57	39	129.07	2433.71	538.58
1993	161	51	25	85	76	116.62	2818.77	395.68
1994	195	71	32	102	93	57.03	2027.67	556.72

续表

年份	并购交易数	跨州并购数	业务多元化并购数	收购上市银行的交易数	收购非上市银行的交易数	通胀调整后的平均交易额（百万美元）	通胀调整后的收购方市场规模（百万美元）	通胀调整后的目标银行市场规模（百万美元）
1995	205	57	38	137	68	291.69	2802.42	607.56
1996	207	43	22	175	32	56.23	2663.42	553.93
1997	190	71	41	122	68	482.08	3498.36	944.71
1998	205	56	33	126	79	813.52	3168.27	1099.78
1999	152	38	24	117	35	279.07	6796.65	1622.82
2000	130	34	15	114	16	447.98	8769.61	1327.17
2001	71	16	11	58	13	456.52	4309.82	3295.16
2002	22	6	6	13	9	34.64	3604.54	103.35
2003	37	11	8	22	15	1555.08	4369.21	815.68
2004	40	12	9	22	18	315.31	4958.91	1411.88
2005	28	13	4	10	18	194.33	5705.88	422.22
2006	25	16	5	15	10	164.37	11724.47	254.6
总和	2148	661	337	1369	779			
平均值						284.6	3709.56	760.9

面板 B：各类并购的平均规模

面板 B 按照支付方式、目标银行种类、地域多元化（跨州并购）和业务多元化报告了各类银行并购的数目和各类交易规模的中值。

并购种类	并购数目	平均交易规模（百万美元）	收购银行的平均市值（百万美元）	相对交易规模（交易市场价值/收购方市场价值）
所有并购	2148	19.4	650.7	2.98%
股票支付的并购	1063	44.9	768.4	5.84%
现金支付的并购	1085	6.89	308.8	2.23%
收购上市公司的并购	1369	22.01	1261.91	1.74%
收购非上市公司的并购	779	17.95	395.33	4.54%
地域和业务多元化并购	143	65	1617.5	4.02%
地域和业务集中化并购	1286	9.85	302.38	3.26%
地域集中化和业务多元化并购	199	31.78	249.3	12.75%
地域多元化和业务集中化并购	520	50.4	1786.79	2.82%

来源：国内生产总值折算指数，参见 http://www.bea.gov/national/nipaweb.

纪最开始的几年有所下降。平均交易额同样是在 20 世纪 90 年代达到了最高值。目标银行的平均市场价值大约为并购方市场价值的 1/5。如表 5-1 面板 B 所示，多于半数的并购旨在上市的目标银行，只有 1/3 的并购是跨州的。在全部的银行并购中，1286 起为地域与经营集中化的并购。

四、研究方法

本章采用事件研究法。事件研究法是一种通过计算被研究事件所产生的超额收益率，评估新宣告的价值相关信息影响的统计方法①。

本章运用市场模型对期望收益率进行估计，用实际收益率减去通过估计的参数计算得到的期望收益率，便得到了超额收益率：$AR_{it} = R_{it} - E(R_{it})$。对于期望收益，$E(R_{it})$ 的估计有几种不同的方法，其中以市场模型、市场回报率和公司平均历史回报率较为常用。而本章采用市场模型是最为常用的方法②。本章使用证券价格研究中心（CRSP）的等权重回报率作为市场回报率，对市场模型的参数是基于宣告日前第 274 日至第 20 日这 255 天的数据估计出来的。计算时，0 天为并购宣告日，累计超额收益率采用不同的事件窗口计算得出的，计算范围为宣告日前后的 n 天，即（$-n$，$+n$）天。本章进一步对并购双方的联合收益进行了分析。事实上，对双方进行单独分析可能对并购宣告的"市场反应进行一种片面、扭曲的解释"③。本章采用 Bradley，Desai 和 Kim④ 的方法，根据收购方和

① Gilson, R. J., Black, B. S. *The Law and Finance of Corporate Acquisitions* [M]. Westbury, NY: The Foundation Press, Inc., 1995.

② Kallunki, J. P., Broussard, J., Boehmer, E. *Using SAS in Financial Research* [M]. Cary, NC: SAS Press, 2002.

③ Cybo, O. A., Murgia, M. Mergers and Shareholder Wealth in the European Banking Markets [J]. *Journal of Banking and Finance*, 2000, 24: 831-859.

④ Bradley, M., Desai, A., Kim, E. H. Synergistic Gains from Corporate Acquisitions and Their Division between the Stockholders of Target and Acquiring Firms [J]. *Journal of Financial Economics*, 1988, 21: 3-40.

被收购方 3 日超额回报率的市值加权平均对协同效应进行了计算。即：

$$Synergy(-1,+1) = \left[\$ACAR(-1,+1) + \$TCAR(-1,+1) \right] / $$
$$\left[Bidder\ MCAP(-1Y) + (1\text{-}Toehold) \times \right.$$
$$\left. Target\ MCAP(-1Y) \right]$$

其中，MCAP 指收购（被收购）银行的市场价值；Toehold 指并购宣告时收购方已持有目标银行股份的百分数；$ACAR(-1, +1)代表收购银行的累计超额收益额，等于 ACAR(-1, +1) × Bidder MCAP(-1Y)-Toehold × TCAR(-1, +1) × Target MCAP(-1Y)；$TCAR(-1, +1)代表目标银行的累计超额收益额，等于 TCAR(-1,+1) × Target MCAP(-1Y)。

五、实证结果分析

本书将多元化并购战略分为两类：业务多元化与地域多元化。当并购银行与目标银行所在的州不同时，这种并购交易称为地域多元化并购；反之，当并购银行与目标银行所在的州相同时，这种并购交易称为地域集中化并购。本章根据 4 位标准产业分类代码（SIC）来划分业务多元化的业务种类。当并购银行与目标银行标准产业分类代码的前 3 位相同时，则称为业务集中化并购；否则为业务多元化并购。

（一）地域多元化的财富效应

表 5-2 报告了地域多元化在并购宣告日前后产生的财富效应。

首先，比起地域多元化并购（即并购方和目标银行地处异州），地域集中化并购（即并购方和目标银行地处同州）能给并购方创造更多的价值；而比起地域集中化并购，地域多元化并购能为目标银行创造更多的价值（见表 5-2 面板 A）。地域集中化并购的联合财富效应比地域多元化的要低。在全部 2148 个样本中，当收购方宣布收购处于同州的目标银行时，收购方在宣告日前后 3 天的累计平均超额收益率 CAAR(-1, +1)是 0.81%。当收购方宣布收购处于其他州的目标银行时，收购方宣告日前后 3 天的累计平均超额收益率 CAAR(-1, +1)是-0.82%。二者差异为 1.63%（在 1%的水平显

表 5-2　地域多元化与地域集中化并购的累计平均超额收益率(CAAR)

表 5-2 报告了地域多元化对累计平均超额收益率(CAAR)的影响。第 j 个公司的累计超额收益率(CAR)定义如下 : $CAR_{T_1,T_2} = \sum_{t=T_1}^{T_2} AR_{jt}$ 。对于每一个组样本,累计平均超额收益率(CAAR)是这组中所有累计超额收益率的平均值。括号里的数字为其 t-统计量。$***$,$**$ 和 $*$ 分别代表在 1%,5% 和 10% 的水平显著。

面板 A : 全部样本以及股票交易(收购上市银行与收购非上市银行对比)

并购类型	并购数	所有收购方			并购数	股票收购上市银行的收购方			并购数	股票收购非上市银行的收购方			组间差异
		(1) CAAR	(2) CAR 中位数	(3) 正值%		(4) CAAR	(5) CAR 中位数	(6) 正值%		(7) CAAR	(8) CAR 中位数	(9) 正值%	(4)-(7)
a : 累计平均超额收益率													
地域集中化	1485	0.81%***	0.64%	59.60%	231	−1.63%***	−1.40%	34.07%	314	0.29%	−0.11%	48.73%	−1.91%***
t-统计量		(7.58)				(−5.44)				(1.23)			(−5.06)
地域多元化	663	−0.82%***	−0.62%	38.31%	262	−2.05%***	−1.45%	26.72%	257	−0.13%	−0.12%	46.30%	−1.93%***
t-统计量		(−6.16)				(−8.51)				(−0.78)			(−6.64)
两组之和	2148	0.31%***	0.20%	52.95%	492	−1.86%***	−1.42%	30.02%	571	0.10%	−0.11%	47.29%	−1.96%***
t-统计量		(3.6)				(−9.76)				(0.68)			(−8.15)
b : 组间差异													
地域集中化减去地域多元化		1.63%***	1.26%	21.29%		0.43%	0.05%	7.35%		0.41%	0.02%	2.43%	
t-统计量		(3.08)				(1.11)				(1.46)			

注 : 样本包括在 1985—2006 年所发生的 2148 起美国银行业的并购。样本根据地域多元化进行分组。地域集中化指并购双方位于同一州 ; 地域多元化指并购双方位于不同的州。1063 起并购采用股票支付 ; 492 起并购的被收购方是上市银行 ; 571 起并购的被收购方是非上市银行。

面板 B : 收购上市目标银行的交易

并购类型	(1) 并购数量	协同效应			收购方			目标银行		
		(2) Synergy 均值	(3) 中位数	(4) 正值%	(5) CAAR	(6) CAR 中位数	(7) 正值%	(8) CAAR	(9) CAR 中位数	(10) 正值%
a : 累计平均超额收益率										
地域集中化	1051	1.36%***	0.40%	56.25%	1.01%***	0.87%	63.56%	6.15%***	2.67%	78.51%
t-统计量		(3.61)			(7.61)			(16.1)		
地域多元化	318	0.16%	−0.44%	43.20%	−1.69%***	−1.32%	30.82%	15.02%***	12.47%	85.52%
t-统计量		(0.33)			(−7.77)			(16.68)		
两组之和	1369	0.75%**	−0.04%	49.59%	0.38%***	0.47%	55.99%	8.14%***	3.27%	80.12%
t-统计量		(2.43)			(3.24)			(21.98)		
b : 组间差异										
地域集中化减去地域多元化		1.20%	0.84%	13.05%	2.70%***	2.19%	32.74%	−8.87%***	−9.80%	−7.01%
t-统计量		(1.38)			(10.62)			(−9.08)		

注 : 样本由 1985—2006 年所发生的 1369 起美国银行并购事件组成,并购双方都为上市银行。样本根据是否地域多元化进行分组。地域集中化并购是指并购双方位于同一州 ; 地域多元化则指并购双方位于不同的州。对协同效应 $Synergy(-1,+1)$ 的定义采用 Bradley,Desai 和 Kim(1988)的方法,计算收购方和被收购方超额收益率的市值加权平均,即 $Synergy(-1,+1) = [\$ACAR(-1,+1) + \$TCAR(-1,+1)] / [Bidder\ MCAP(-1Y) + (1-Toehold) \times Target\ MCAP(-1Y)]$。

表 5-3　累计平均超额收益率(CAAR):业务多元化与业务集中化并购

表5-3报告了业务多元化对累计平均超额收益率(CAAR)的影响。第 j 个公司的累计超额收益率(CAR)定义如下: $CAR_{T_1, T_2} = \sum_{t=T_1}^{T_2} AR_{jt}$ 。对于每一个组样本,累计平均超额收益率(CAAR)是这组中所有累计超额收益率的平均值。括号里的数字为其 t-统计量。 *** , ** 和 * 分别代表在1%,5%和10%的水平显著。

面板 A:全部样本以及股票交易(收购上市银行与收购非上市银行对比)

并购类型	并购数	所有收购方			并购数	股票收购上市银行的收购方			并购数	股票收购非上市银行的收购方			组间差异
		(1) CAAR	(2)CAR 中位数	(3) 正值%		(4) CAAR	(5)CAR 中位数	(6) 正值%		(7) CAAR	(8)CAR 中位数	(9) 正值%	(4)-(7)
a:累计平均超额收益率													
业务集中化	1806	0.81%***	0.64%	59.60%	327	-2.09%***	-1.71%	29.88%	492	0.03%	-0.15%	46.56%	-2.12%***
t-统计量		(7.58)				(-8.51)				(0.20)			(-7.33)
业务多元化	342	-0.82%***	-0.62%	38.31%	164	-1.39%***	-1.04%	30.49%	78	0.54%	0.29%	51.28%	-1.94%***
t-统计量		(-6.16)				(-4.81)				(1.16)			(-3.52)
总体样本	2148	0.31%***	0.20%	52.95%	492	-1.86%***	-1.42%	30.02%	571	0.10%	-0.11%	47.29%	-1.96%***
t-统计量		(3.6)				(-9.76)				(0.68)			(-8.15)
b:组间差异													
业务集中化减去 业务多元化		1.63%***	1.26%	21.29%		-0.70%*	-0.67%	-0.61%		-0.51%	-0.44%	-4.72%	
t-统计量		(3.08)				(-1.83)				(-1.04)			

注:样本包括在1985—2006年所发生的2148起美国国内的银行并购。样本根据标准产业分类代码(SIC)划分业务多元化。如果收购方与目标银行 SIC 代码的前3位不同,则为业务多元化并购;否则为业务集中化并购①。1063起并购采用股票支付;492起并购的被收购方是上市银行;571起并购的被收购方是非上市银行。

面板 B:上市收购方并购上市目标银行

并购类型	(1) 并购数	协同效应			收购方			目标银行		
		(2)Synergy 均值	(3) 中位数	(4) 正值%	(5) CAAR	(6)CAR 中位数	(7) 正值%	(8) CAAR	(9)CAR 中位数	(10) 正值%
a:累计平均超额收益率										
业务集中化	1150	0.72%**	0.06%	50.76%	0.67%***	2.91%	79.31%	6.70%***	0.72%	60%
t-统计量		(2.13)			(5.18)			(18.23)		
业务多元化	219	0.80%	-0.11%	47.24%	-1.13%***	-0.98%	69.97%	16.08%***	13.19%	84.13%
t-统计量		(1.36)			(-3.29)			(9.98)		
两组之和	1369	0.75%**	-0.04%	49.59%	0.38%***	0.47%	55.99%	8.14%***	3.27%	80.12%
t-统计量		(2.43)			(3.24)			(21.98)		
b:组间差异										
业务集中化减去 业务多元化		-0.08%	0.18%	3.52%	1.80%***	3.89%	9.34%	-9.38%***	-12.47%	-23.96%
t-统计量		(-0.26)			(12.04)			(-8.19)		

注:样本由1985—2006年所发生的1369起美国银行并购事件组成,并购双方都为上市银行。样本根据标准产业分类代码(SIC)划分业务多元化。如果收购方与目标银行 SIC 代码的前3位不同,则为业务多元化并购;否则为业务集中化并购。对协同效应 Synergy(-1,+1)的定义采用 Bradley,Desai 和 Kim(1988)的方法,计算收购方和被收购方超额收益率的市值加权平均,即 Synergy(-1,+1) = [\$ACAR(-1,+1) + \$TCAR(-1,+1)] / [Bidder MCAP(-1Y) +(1-Toehold) × Target MCAP(-1Y)]。

---

① SIC 代码:非美国银行(6000);国家商业银行(6021);州立银行(6022);商业银行,不分类(6029);联邦特许储蓄机构(6035);非联邦特许储蓄机构(6036);联邦特许信用合作社(6061);非联邦特许信用机构(6062);外资银行分支机构(6081);外资贸易与国际银行业务机构(6082);个人信用机构(6141);短期商业信用机构(6153);银行持股公司办事处(6712);持股公司办事处,不分类(6719)。

著）。当将整个样本根据目标银行是否上市分成两组进行研究时，这种差异仍然存在，但不显著。

其次，如表5-2面板B所示，当目标银行为上市银行时，地域集中化并购为并购方创造更多的价值，而地域多元化并购则为目标银行创造更多的价值，两种差异均在1%的水平显著。另外，地域集中化并购的协同效应比地域多元化的高1.20%，其中地域集中化交易为1.36%，而地域多元化为0.16%。

总之结果显示，实证检验证实无论是收购上市银行或者是非上市银行，比起跨州并购，州内并购都能够使并购方获得更高的超额收益率。当并购双方处于不同州时，被收购方在并购中实现更高的正超额收益，说明收购方对于跨州的目标银行通常进行过度支付。

（二）业务多元化的效应

下面对业务多元化的市场反应进行分析。表5-3报告了业务多元化对并购宣告日财富效应的影响。

首先，对于全部样本的2148起并购（见表5-3面板A），业务集中化并购能为收购方创造更多价值；而业务多元化并购（收购方与目标银行SIC代码的前3位不同）能为目标银行创造更多价值。业务集中化交易的联合财富效应比业务多元化的联合财富效应要小。在全部2148个事件中，进行集中化并购时，收购方在宣告日前后的3日累计平均超额收益率[CAAR(-1，+1)]是0.81%，而进行业务多元化并购时，这个数字是-0.82%。二者差异是1.63%（在1%的水平下显著）。当将整个样本分为收购上市银行的交易和非上市银行的交易时，这种差异仍然存在（结果在此未一一列出）。

其次，对于那些目标银行为上市银行的并购来说（见表5-3面板B），业务集中化并购的协同效应显著为正。在1369个目标银行为上市银行的事件中，对于业务集中化并购，收购方在宣告期的3日累计平均超额收益率CAAR(-1，+1)为0.67%；对于业务多元化并购，这个数字是-1.13%，两者相差1.80%（在1%的水平显著）。业务集中化并购中目标银行在宣告期的3日累计平均超额收益率为6.70%，而在业务多元化并购中这个数字则为16.08%，两者相差-9.38%(在1%的水平显著)。

总的来说,业务集中化并购为收购方创造更多价值;而业务多元化并购则为目标银行创造更多价值,虽然两种情况下目标公司的收益均显著为正。

(三)地域多元化与业务多元化的联合财富效应

表5-4显示了地域多元化与业务多元化对于并购宣告财富效应的影响。和Delong[①]一样,我们将整个样本被分为4个互斥的部分:地域集中化且业务集中化的并购、地域集中化而业务多元化的并购、地域多元化且业务多元化的并购、地域多元化而业务集中化的并购。

在4种并购之中,地域集中化且业务集中化的并购为并购方带来的价值最多。地域集中化且业务集中化的并购为目标银行创造的价值最少,而地域多元化且业务多元化的并购交易给目标银行创造的价值最多。在所有2148起并购中(见表5-4面板A第(5)列),在地域且业务集中化的交易中,收购方的累计平均超额收益率[CAAR(-1,+1)]为1.01%,但其他3组的累计平均超额收益率[CAAR(-1,+1)]均为负[存在显著差异,见表5-4面板B第(5)列]。而在地域且业务集中化的交易中,目标银行的累计平均超额收益率CAAR(-1,+1)只有5.14%,远低于其他三组[见表5-4面板A第(8)列]。

采取地域集中化且业务集中化的并购为交易双方创造了最大的协同效应,但目标银行收获了创造的大部分价值。地域集中化而业务多元化的交易的协同效应[Synergy(-1,+1)]为-0.29%,显著小于其他三组:地域集中化且业务集中化的交易为1.84%,地域多元化且业务多元化的交易为1.08%,地域多元化而业务集中化的一组为0.48%[见表5-4面板B第(2)列]。

表5-4报告了地域和业务多元化对于累计平均超额收益率的联合影响。样本包括在1985—2006年所发生的2148起美国银行业的

---

① Delong, G. Stockholder Gains from Focusing versus Diversifying Bank Mergers [J]. *Journal of Financial Economics*, 2001, 59: 221-252.

表 5-4　累计平均超额收益率(CAAR):地域/业务集中化或多元化

面板 A:各组的累计平均超额收益率(CAAR)

并购类型	(1) 并购数	协同效应			收购方			目标银行		
		(2) Synergy	(3) 中位数	(4) 正值%	(5) CAAR	(6)CAR 中位数	(7) 正值%	(8) CAAR	(9)CAR 中位数	(10) 正值%
地域且业务集中化	1286	1.84%***	0.58%	58.71%	1.01%***	0.83%	62.52%	5.14%***	2.34%	77.85%
t-统计量		(3.74)			(8.81)			(16.59)		
地域且业务多元化	143	1.08%	-0.24%	43.90%	-0.67%**	-0.66%	38.30%	16.80%***	12.58%	83.33%
t-统计量		(0.84)			(-2.28)			(10.43)		
地域集中化而业务多元化	520	-0.29%	-0.60%	42.86%	-0.85%***	-0.60%	39.23%	14.17%***	11.45%	85.65%
t-统计量		(-0.54)			(-5.68)			(22.22)		
地域多元化而业务集中化	199	0.48%	0.18%	51.19%	-0.53%*	-0.67%	39.80%	15.65%***	12.77%	84.62%
t-统计量		(0.83)			(-1.9)			(13.09)		
总体样本	2148	0.75%**	-0.04%	49.59%	0.31%***	0.20%	52.95%	8.14%***	3.27%	80.12%
t-统计量		(2.43)			(3.6)			(21.98)		

注:第 j 个公司的累计超额收益率(CAR)定义如下:$CAR_{T_1,T_2} = \sum_{t=T_1}^{T_2} AR_{jt}$。对于每一个组样本,累计平均超额收益率(CAAR)是这组中所有累计超额收益率的平均值。对协同效应 Synergy$(-1,+1)$ 的定义采用 Bradley, Desai 和 Kim(1988)的方法,计算收购方和被收购方超额收益率的市值加权平均,即 Synergy$(-1,+1)$ = [\$ACAR$(-1,+1)$ + \$TCAR $(-1,+1)$] / [Bidder MCAP$(-1Y)$ + $(1-Toehold)$ × Target MCAP$(-1Y)$]。

面板 B:组间差异

并购类型	协同效应			收购方			目标银行		
	(2) Synergy	(3) 中位数	(4) 正值%	(5) CAAR	(6)CAR 中位数	(7) 正值%	(8) CAAR	(9)CAR 中位数	(10) 正值%
地域且业务集中化减地域且业务多元化	0.76%	0.81%	14.81%	1.68%***	1.49%	24.22%	-11.66%***	-10.24%	-5.48%
t-统计量	(0.55)			(5.33)			(-7.11)		
地域且业务集中化减地域集中化而业务多元化	2.13%***	1.18%	15.85%	1.86%***	1.43%	23.29%	-9.03%***	-9.11%	-7.80%
t-统计量	(2.93)			(9.87)			(-12.74)		
地域且业务集中化减地域多元化而业务集中化	1.36%*	0.40%	7.52%	1.54%***	1.50%	22.72%	-10.51%***	-10.43%	-6.77%
t-统计量	(1.80)			(5.1)			(-8.51)		
地域且业务多元化减地域集中化而业务多元化	1.37%	0.36%	1.05%	-0.67%**	-0.66%	38.30%	16.80%***	12.58%	83.33%
t-统计量	(0.98)			(-2.03)			(9.7)		
地域且业务多元化减地域多元化而业务集中化	0.61%	-0.41%	-7.29%	-0.14%	0.01%	-1.50%	1.15%	-0.19%	-1.29%
t-统计量	(0.43)			(-0.35)			(0.57)		
地域集中化而业务多元化减地域多元化而业务集中化	-0.77%	-0.78%	-8.33%	-0.32%	0.07%	-0.57%	-1.48%	-1.32%	1.03%
t-统计量	(-0.98)			(-1.01)			(-1.09)		

并购事件。地域集中化(多元化)并购是指双方位于同一个(不同的)州。业务集中化(多元化)并购是指并购双方银行 SIC 编码的前 3 位相同(不同)。

（四）非上市目标银行对收购方的监督效应

表 5-2 面板 A 和表 5-3 面板 A 还验证了股票交易的并购中目标银行对收购方的监督效应，结果均与"积极监督理论"①相一致。

表 5-2 面板 A 显示，不论是业务集中化还是业务多元化的并购，收购非上市银行时，收购方的累计平均超额收益率要显著高于收购上市银行时。在 1485 起地域集中化的交易中，有 231 起收购上市银行的交易，其收购方银行的累计平均超额收益率 CAAR(-1, +1)为-1.63%，远低于收购非上市银行时的 0.29%，两者相差 -1.91%(显著性水平为 1%)。而在 1485 起地域集中化的交易中，有 262 起收购上市银行的交易，其收购方银行的累计平均超额收益率 CAAR(-1, +1)为-2.05%，远低于收购非上市银行时的 -0.13%，两者相差-1.93%(显著性水平为 1%)。

在对业务多元化的分析中(见表 5-3 面板 A)，不论是业务集中化还是业务多元化的并购，收购非上市银行时，收购方的累计平均超额收益率要显著高于收购上市银行时。在 1806 起业务集中化的交易中，有 327 起收购上市银行的并购，收购方银行的累计平均超额收益率 CAAR(-1, +1)为-2.09%，远低于收购非上市银行时的 0.09%，两者相差-2.12%(显著性水平为 1%)。而在 164 起收购上市银行的业务多元化并购中，收购方银行的累计平均超额收益率 CAAR(-1, +1)为-1.39%，远低于收购非上市银行时的 0.54%，两者相差-1.94%(显著性水平为 1%)。

总的来说，表 5-2 面板 A 和表 5-3 面板 A 支持了作者的判断：

① 　Demsetz, H. The Structure of Ownership and the Theory of the Firm [J]. *Journal of Law and Economics*, 1983, 26(2): 375-390;

Shleifer, A., Vishny, R. W., Large Shareholders and Corporate Control [J]. *The Journal of Political Economy*, 1986, 94(3): 461-488.

当采用股票收购时，由于存在新的大股东的监督效应，收购非上市公司比收购上市公司为收购方股东创造更多的价值。

表 5-5 报告了收购方采用不同支付方式收购非上市和上市目标银行的宣告日回报率。表 5-5 的面板 A1 和 A2 报告了股票支付并购宣告的财富效应，表 5-5 面板 B1 和 B2 报告了现金支付并购宣告的财富效应。

首先，如果采用股票支付且目标公司为上市公司时，收购方的股价在并购宣告日附近出现下跌；但当目标公司为非上市公司时，对收购方的股价没有显著的负面影响。在股票支付时（表 5-5 面板 A），收购方收购上市银行时宣告日（$t = 0$）的平均超额收益率（AAR）为 -1.36%（在 1% 的水平显著）。在 492 起宣告中，有 335 起的宣告日超额收益率为负，说明表格中报告的结果并非来自于异常值。面板 A1 的第（2）列说明，当采用股票支付且目标银行为非上市公司时，收购方在宣告日的每日平均超额收益率为 0.06%（并不显著不为 0），比收购上市公司时（-1.36%）高 1.42%（在 1% 的水平显著）。对于 3 日和 5 日事件窗口的计算得到类似的结果（见面板 A2）。

其次，如果采用现金支付且目标公司为上市公司时，收购方的股价在并购宣告日附近出现上涨；但当目标公司为非上市公司时，对收购方的股价没有显著影响。表 5-5 面板 B1 第（1）列显示，收购方收购上市银行时宣告日（$t = 0$）的平均超额收益率（AAR）为 1.04%（在 1% 的水平显著）；在 877 起宣告中，537 起为正。面板 B1 的第（2）列说明，当采用现金收购非上市公司时，收购方在宣告日的每日平均超额收益率为 0.22%（并不显著不为 0），比收购上市公司时（1.04%）低 0.82%（在 1% 的水平显著）。对于 3 日和 5 日事件窗口的计算得到类似的结果（见面板 B2）。

总的来说，表 5-5 说明当收购上市公司时，股票收购方经历了显著为负的超额收益率，但当收购非上市公司时，并未遭受损失。这一结果支持了监督效应判断，并说明采用股票收购非上市公司收益于目标公司集中的股权结果，因为目标公司为数不多的股东将对收购方实施监督①。

表 5-5 收购方并购宣告前后的 AARs 和 CAARs

表 5-5 报告了收购方分别采用股票(面板 A)和现金(面板 B)收购非上市和上市目标银行时的宣告日回报率。样本包括 1985—2006 年 1063(1085)起成功的股票(现金)交易。括号中为 t-统计量。

面板 A1：股票交易中收购方的每日平均超额收益率(AAR)

时间(日)	(1)收购上市目标银行 ($n = 492$)	(2)收购非上市目标银行 ($n = 602$)	(1)-(2)
-10	-0.07% (-0.82)	-0.15% (-1.451)	0.08% (0.6)
-9	0.00% (0.57)	0.02% (-0.788)	-0.02% (-0.79)
-8	0.01% (-0.23)	0.02% (0.472)	-0.01% (-0.16)
-7	-0.02% (0.25)	-0.14% (-1.085)	0.12% (0.79)
-6	-0.06% (-1.09)	0.07% (0.477)	-0.13% (-0.83)
-5	0.00% (-0.08)	0.00% (-0.575)	0.00% (0)
-4	-0.03% (-0.81)	0.02% (0.143)	-0.05% (-0.35)
-3	-0.16% (-1.41)	-0.13% (-0.802)	-0.03% (-0.15)

---

① Demsetz, H. The Structure of Ownership and the Theory of the Firm [J]. *Journal of Law and Economics*, 1983, 26(2): 375-390; Shleifer, A., Vishny, R. W., Large Shareholders and Corporate Control [J]. *The Journal of Political Economy*, 1986, 94(3): 461-488.

时间(日)	(1)收购上市目标银行 ($n = 492$)	(2)收购非上市目标银行 ($n = 602$)	(1)-(2)
-2	0.16% (1.47)	0.06% (0.516)	0.10% (0.63)
-1	-0.02% (-0.06)	-0.05% (-0.926)	0.03% (0.09)
0	-1.36%*** (-19.01)	0.06% (0.788)	-1.42%*** (-13.59)
1	-0.48%*** (-7.23)	0.03% (-0.104)	-0.51%* (-1.72)
2	-0.25%*** (-3.057)	-0.07% (-0.93)	-0.18% (-1.62)
3	-0.17%* (-1.821)	-0.03% (-0.715)	-0.14% (-1.37)
4	-0.05% (-0.72)	-0.14%* (-1.899)	0.09% (0.89)
5	-0.07% (-0.77)	-0.01% (0.384)	-0.06% (-0.63)
6	-0.05% (-0.5)	0.03% (0.351)	-0.08% (-0.61)
7	-0.01% (0.16)	-0.15% (-1.544)	0.14% (1.21)
8	0.10% (0.66)	0.01% (0.943)	0.09% (0.59)
9	-0.06% (-0.96)	-0.08% (-0.591)	0.02% (0.13)
10	-0.07% (-0.92)	-0.10% (-0.729)	0.03% (0.19)

注:本面板报告了股票交易中收购方的每日平均超额收益率(AAR)。

面板 A2：股票交易中收购方的累计平均超额收益率（CAAR）

事件窗口 （日 1，日 2）	（1）收购上市目标银行 （n = 492）	（2）收购非上市目标银行 （n = 602）	（1）-（2）
（−1，0）	−1.38%***	0.01%	−1.39%***
	（−13.49）	（−0.09）	（−9.57）
（−1，+1）	−1.86%***	0.04%	−1.90%***
	（−15.19）	（−0.14）	（−6.11）
（−2，0）	−1.21%***	0.07%	−1.28%***
	（−10.16）	（0.22）	（−3.75）
（−2，+2）	−1.94%***	0.03%	−1.97%***
	（−12.47）	（−0.29）	（−10.58）
（−10，0）	−1.53%***	−0.23%	−1.30%***
	（−6.40）	（−0.97）	（−3.87）
（−10，+10）	−2.65%***	−0.74%*	−1.91%***
	（−7.94）	（−1.76）	（−3.56）

注：本面板报告了股票交易中收购方的累计平均超额收益率（CAAR）。

面板 B1：现金交易中收购方的每日平均超额收益率（AAR）

时间（日）	（1）收购上市目标银行 （n=877）	（2）收购非上市目标银行 （n=211）	（1）-（2）
−10	0.08%	−0.05%	0.13%
	（0.42）	（−0.19）	（0.4）
−9	−0.06%	0.06%	−0.12%
	（−1.10）	（0.1）	（−0.21）
−8	0.03%	−0.12%	0.15%
	（0.52）	（−0.42）	（0.51）
−7	0.15%	−0.24%**	0.39%**
	（1.37）	（−2.18）	（2.51）

续表

面板 B1：现金交易中收购方的每日平均超额收益率（AAR）

时间（日）	（1）收购上市目标银行 （n = 877）	（2）收购非上市目标银行 （n = 211）	（1）-（2）
-6	-0.04% （-1.00）	-0.09% （-1.25）	0.05% （0.61）
-5	-0.02% （-0.44）	0.15% （0.76）	-0.17% （-0.84）
-4	-0.07% （-0.72）	0.05% （1.16）	-0.12% （-1.13）
-3	0.13% （1.54）	-0.53%*** （-4.36）	0.66%*** （4.46）
-2	0.00% （-0.13）	-0.05% （-0.65）	0.05% （0.65）
-1	0.16%* （1.69）	0.18% （1.58）	-0.02% （-0.13）
0	1.04%*** （15.56）	0.22% （1.14）	0.82%*** （4.03）
1	0.53%*** 8.063	-0.04% （-0.08）	0.57% （1.09）
2	0.30%*** 4.093	0.07% （1.02）	0.23%** （2.29）
3	-0.01% （-0.642）	-0.05% （-1.29）	0.04% （0.96）
4	0.06% （0.874）	0.05% （-0.04）	0.01% （0.01）
5	0.05% （0.159）	0.13% （1.09）	-0.08% （-0.24）
6	-0.06% （-0.836）	-0.01% （0.12）	-0.05% （-0.45）

续表

时间(日)	(1)收购上市目标银行 (n=877)	(2)收购非上市目标银行 (n=211)	(1)-(2)
7	0.09%	-0.01%	0.10%
	(0.07)	(0.17)	(0.08)
8	0.03%	0.07%	-0.04%
	(1.368)	(0.05)	(-0.03)
9	-0.05%	0.04%	-0.09%
	(-1.483)	(0.87)	(-1.58)
10	0.04%	0.01%	0.03%
	(0.008)	(0.09)	(0.01)

注：本面板报告了现金交易中收购方的每日平均超额收益率(AAR)。

面板 B2：现金交易中收购方的累计平均超额收益率(CAAR)

事件窗口 (日 1, 日 2)	(1)收购上市目标银行 (n=877)	(2)收购非上市目标银行 (n=211)	(1)-(2)
(-1, 0)	1.20%***	0.40%*	0.80%***
	(12.20)	(1.92)	(2.88)
(-1, +1)	1.74%***	0.36%	1.38%***
	(14.62)	(1.53)	(5.07)
(-2, 0)	1.20%***	0.34%	0.86%***
	(9.89)	(1.20)	(2.71)
(-2, +2)	2.04%***	0.38%	1.66%***
	(13.09)	(1.35)	(4.93)
(-10, 0)	1.40%***	-0.42%	1.82%***
	(5.34)	(-1.30)	(3.27)
(-10, +10)	2.39%***	-0.16%	2.55%***
	(6.41)	(-0.50)	(3.82)

注：本面板报告了现金交易中收购方的累计平均超额收益率(CAAR)。

（五）多元回归

表 5-6 采用加权最小二乘（OLS）回归①对已讨论的结果进行了检验。与一元检验一样，对协同效应和单个公司的超额收益进行了回归检验。回归包含了地域和业务多元化变量以及其他的控制变量。为了将多元化战略与其他解释变量的影响分开，回归中还采用了几个其他的解释变量：股票支付时目标银行的类型，并购前目标银行的业绩，是否为敌意并购，交易规模和收购方的财务杠杆。

因为用股票收购非上市目标银行往往会为公司带来更大的股东，我们采用交叉项"非上市目标银行×股票支付"来检验是否存在监督效应。另外，当公司股票表现较差时，往往更容易被收购②。我们采用了目标公司前一年的 P/B 值来代表目标公司的市场表现，用于检验对并购双方的影响。Mikkelson 和 Ruback 检验了并购动机对目标公司收益的影响，发现敌意收购相对于非敌意收购能够创造更多的价值③。因此，本书在分析中引入敌意收购作为控制变量。交易规模往往会对并购宣告日的回报产生影响，并对交易的其他特点具有稳健性④；融资与资本结构的相关理论认为，资本结构往往与公司的成长机会相关，财务杠杆和融资约束因而可能影响收购方的行为⑤。因此，本章在控制变量中分别加入了 Log（交易价值）和财务杠杆。

表 5-6 的多元回归结果与一元回归的分析结果基本一致。截距

① White, H. A Heteroscedasiticity-Consistent Covariance Matrix Estimator and a Direct Test for Heteroscedasticity [J]. *Econometrica*, 1980, 48: 817-838.

② Palepu, K. Predicting Takeover Targets: A Methodological and Empirical Analysis [J]. *Journal of Accounting and Economics*, 1986, 8: 3-35.

③ Mikkelson, W. H., Ruback, R. S. An Empirical Analysis of the Interfirm Equity Investment Process [J]. *Journal of Financial Economics*, 1985, 14: 523-553.

④ Moeller, S. B., Schlingemann, F. P., Stulz, R. M. Firm Size and the Gains from Acquisitions [J]. *Journal of Financial Economics*, 2004, 73: 201-228.

⑤ Dong M., Hirshleifer, D., Richardson, S., Teoh, S. H. Does Investor Misvaluation Drive the Takeover Market? [J]. *Journal of Finance*, 2006, 61: 725-762.

表 5-6 普通最小二乘回归

本表对协同效应(Synergy)和(被)收购方(被)收购方的 3 日累计超额回报率[CAR(-1,+1)]进行了普通最小二乘(OLS)回归。CAR(-1,+1)是宣告日(被)收购方的 3 日(从宣告前 1 天到宣告后 1 天)累计超额收益率。样本包括在 1985—2006 年所发生的 2148 起美国银行业的并购事件。地域集中化(多元化)并购是指双方位于同一个(不同的)州。业务集中化(多元化)并购是指并购双方银行 SIC 编码的前 3 位相同(不同)。若该交易进行业务(地域)多元化并购时,业务(地域)多元化=1,否则为 0。非上市公司,股票支付和敌意收购均为哑变量。目标公司 P/B 值为上年末的市净率。交易价值为宣告公司公布的交易额。财务杠杆=收购方的总负债/总资产。每一个回归系数下面的括号里为其所对应的 p-值。***,**,和*分别代表在 1%,5%和 10%的水平显著。

	Synergy(−1,+1)	收购方 CAR(−1,+1)		被收购方 CAR(−1,+1)	
截距	0.051 *	0.016 ***	0.023 ***	0.037 ***	0.036 **
	(0.053)	(0.000)	(0.000)	(0.000)	(0.015)
业务多元化×地域多元化	0.050 *	−0.003	−0.004	0.082 ***	0.101 ***
	(0.073)	(0.773)	(0.715)	(0.001)	(0.001)
业务多元化×地域集中化	−0.015	−0.018 **	−0.019 **	0.085 ***	0.075 ***
	(0.567)	(0.040)	(0.035)	(0.001)	(0.004)
业务集中化×地域多元化	0.004	−0.010	−0.009	0.070 ***	0.065 ***
	(0.869)	(0.141)	(0.243)	(0.001)	(0.003)

因变量

续表

	因 变 量				
	Synergy(−1,+1)	收购方 CAR(−1,+1)		被收购方 CAR(−1,+1)	
非上市目标公司×股票支付	−0.004 (0.434)	0.037*** (0.000)	0.029*** (0.000)		−0.007* (0.058)
目标公司 P/B 值		0.002*** (0.000)	0.000 (0.814)	0.001 (0.324)	
敌意收购	0.025 (0.508)		−0.049** (0.037)		0.123* (0.068)
Log(交易价值)	0.007 (0.352)		−0.002* (0.090)		0.010*** (0.010)
财务杠杆	−0.002 (0.152)		0.000 (0.230)		0.000 (0.517)
N	133	425	385	418	378
调整后的 R^2	(0.018)	(0.232)	(0.204)	(0.154)	(0.198)

代表了市场回报中未被自变量解释的部分。它包含了但不仅限于地域集中化和业务集中化战略带来的回报。前三个回归系数代表由区别于地域且业务集中化的并购类型所带来的市场反应。

表 5-6 中第 1 项对协同效应的回归显示，同时进行地域和业务多元化为并购双方带来了正的市场反应，即为投资双方创造了协同效应，但多元化对收购方和被收购方的影响有所不同。若不同时进行地域集中化和业务集中化并购，则对于目标银行的超额收益的影响显著为正，并对采用不同的控制变量具有稳健性，其中以同时进行地域和业务多元化并购时对被收购方的影响最大。这与表 5-4 的结果相一致（表 5-4 显示同时进行地域和业务多元化的并购创造的价值最大）。而对于收购方来讲，多元化战略却倾向于产生负面影响。若采用累计和（CUSUM）检验来确定方程系数的稳定性，无法拒绝不存在结构断点的原假设。

与监督效应理论相一致，在对收购方累计超额收益的两项回归中，"非上市目标银行×股票支付"的系数均显著为正，说明通过收购非上市公司产生的潜在外部大股东往往会成为公司管理者绩效的有效监督者，从而增加公司的价值。

六、本章小结

本章研究了多元化并购战略对于美国银行业并购事件财富效应的影响，同时根据目标银行是否上市对其进行划分来研究是否存在监督效应。对地域多元化和业务多元化并购战略的价值进行研究，有利于我们分析银行业各种组织结构的优劣（比如全能型银行）。相比于 Delong[1] 使用 1988 至 1995 年的数据，本章在更长的时间段提供了一个基于多元化的银行业并购的更广泛的研究。

本章根据是否为地域多元化和业务多元化，对 1985～2006 年 2148 起美国国内银行并购事件进行了分类研究。研究通过检验每组样本在并购宣告前后的超额收益率及协同效应，发现市场确实对

---

① Delong, G. Stockholder Gains from Focusing versus Diversifying Bank Mergers [J]. *Journal of Financial Economics*, 2001, 59: 221-252.

多元化战略和被收购方的所有权结构作出反应。实证分析结果显示，地域多元化和业务多元化会减少收购方银行的价值，即收购方在并购宣告日前后经历了负的累计超额收益率；而地域多元化和业务多元化同时会增加目标银行的公司价值。同时，本章发现在股票支付的交易中，当目标公司是非上市银行时，收购方的累计超额收益率显著高于收购上市银行，而这一结果与非上市目标公司股权集中所产生的监督效应相一致。一元分析与多元回归的结果具有一致性，并对不同的回归形式具有稳健性。

的确，多元化战略可以在短时间内实现公司的迅速扩张，建立庞大的商业帝国，但同时也会增加公司资金链条和管理构架的脆弱性。决策者必须巧妙地将公司各项业务进行类型上的匹配和时间上的协调，使公司朝着正确的方向稳健发展。面对高风险行业的并购，尤其是多元化并购，监管者应该加强对于信息披露和交易透明度的审慎监管，并为交易双方提供必要的辅导。

附　录

表 A　1980 至 2006 年美国银行的并购宣告数

该表报告了 1980~2006 年美国银行业每个月发生的并购宣告数（这些并购均最终完成），以及 5 年去趋势化的月并购数，即采用过去 5 年数据的最佳拟合直线对每个月的并购数进行去趋势化计算。

日期	月并购数	去趋势化的月并购数	日期	月并购数	去趋势化的月并购数	日期	月并购数	去趋势化的月并购数	日期	月并购数	去趋势化的月并购数
1980 年 1 月	0		1986 年 10 月	31	2.759	1993 年 7 月	55	-5.23	2000 年 4 月	34	-12.8
1980 年 2 月	0		1986 年 11 月	25	-3.61	1993 年 8 月	72	12.74	2000 年 5 月	36	-8.59
1980 年 3 月	0		1986 年 12 月	33	4.358	1993 年 9 月	51	-8.16	2000 年 6 月	31	-12.2
1980 年 4 月	0		1987 年 1 月	32	2.535	1993 年 10 月	57	-0.9	2000 年 7 月	37	-5.64
1980 年 5 月	1		1987 年 2 月	26	-4.13	1993 年 11 月	63	6.149	2000 年 8 月	43	1.884

续表

日期	月并购数	去趋势化的月并购数	日期	月并购数	去趋势化的月并购数	日期	月并购数	去趋势化的月并购数	日期	月并购数	去趋势化的月并购数
1980年6月	0		1987年3月	33	2.88	1993年12月	68	11.69	2000年9月	40	-1.26
1980年7月	0		1987年4月	31	0.344	1994年1月	54	-2.71	2000年10月	45	4.515
1980年8月	0		1987年5月	23	-8.1	1994年2月	41	-15.1	2000年11月	27	-13.5
1980年9月	0		1987年6月	24	-7.01	1994年3月	72	17.84	2000年12月	30	-9.54
1980年10月	0		1987年7月	32	1.021	1994年4月	64	9.165	2001年1月	38	-0.48
1980年11月	1		1987年8月	25	-6.43	1994年5月	73	18.35	2001年2月	28	-10.3
1980年12月	1		1987年9月	31	-0.22	1994年6月	60	4.868	2001年3月	47	10.11
1981年1月	1		1987年10月	78	46.24	1994年7月	77	22.03	2001年4月	26	-10.7
1981年2月	3		1987年11月	45	9.897	1994年8月	54	-1.6	2001年5月	33	-3.24
1981年3月	2		1987年12月	52	15.87	1994年9月	65	9.593	2001年6月	47	11.67
1981年4月	8		1988年1月	34	-3.68	1994年10月	80	24.5	2001年7月	37	2.089
1981年5月	3		1988年2月	23	-14.9	1994年11月	73	15.98	2001年8月	39	3.892
1981年6月	7		1988年3月	25	-12.1	1994年12月	74	16.55	2001年9月	37	2.088

续表

日期	月并购数	去趋势化的月购数	日期	月并购数	去趋势化的月购数	日期	月并购数	去趋势化的月购数	日期	月并购数	去趋势化的月购数
1981年7月	12		1988年4月	19	-18	1995年1月	72	13.82	2001年10月	32	-2.83
1981年8月	14		1988年5月	19	-17.2	1995年2月	81	22.13	2001年11月	27	-7.32
1981年9月	12		1988年6月	17	-18.4	1995年3月	81	21.28	2001年12月	22	-11.4
1981年10月	8		1988年7月	18	-16.5	1995年4月	75	14.32	2002年1月	20	-11.5
1981年11月	11		1988年8月	12	-21.7	1995年5月	93	31.25	2002年2月	22	-7.87
1981年12月	19		1988年9月	22	-10.6	1995年6月	123	58.41	2002年3月	20	-8.32
1982年1月	17		1988年10月	18	-14.1	1995年7月	80	8.651	2002年4月	22	-4.35
1982年2月	10		1988年11月	23	-8.02	1995年8月	114	41.89	2002年5月	22	-3.1
1982年3月	13		1988年12月	42	11.63	1995年9月	90	13.66	2002年6月	19	-4.71
1982年4月	15		1989年1月	41	9.896	1995年10月	100	21.05	2002年7月	41	18.43
1982年5月	16		1989年2月	29	-2.94	1995年11月	105	23.31	2002年8月	26	3.335
1982年6月	16		1989年3月	45	12.95	1995年12月	92	6.48	2002年9月	24	2.867
1982年7月	15		1989年4月	37	3.742	1996年1月	98	10.56	2002年10月	26	5.977

续表

日期	月并购数	去趋势化的月并购数	日期	月并购数	去趋势化的月并购数	日期	月并购数	去趋势化的月并购数	日期	月并购数	去趋势化的月并购数
1982年8月	10		1989年5月	40	6.102	1996年2月	81	-8.06	2002年11月	21	1.547
1982年9月	21		1989年6月	48	13.49	1996年3月	75	-15.1	2002年12月	20	2.289
1982年10月	12		1989年7月	39	3.415	1996年4月	108	17.38	2003年1月	33	16.22
1982年11月	12		1989年8月	61	24.92	1996年5月	77	-15.5	2003年2月	15	-1.51
1982年12月	15		1989年9月	48	9.67	1996年6月	62	-30.4	2003年3月	33	17.92
1983年1月	14		1989年10月	61	21.9	1996年7月	98	6.636	2003年4月	33	18.35
1983年2月	4		1989年11月	44	3.114	1996年8月	80	-14.2	2003年5月	37	22.19
1983年3月	24		1989年12月	52	10.81	1996年9月	85	-9.56	2003年6月	22	6.995
1983年4月	14		1990年1月	56	13.26	1996年10月	80	-15.9	2003年7月	44	29.41
1983年5月	16		1990年2月	44	0.201	1996年11月	76	-20.5	2003年8月	34	18.28
1983年6月	16		1990年3月	49	5.089	1996年12月	55	-41.2	2003年9月	35	18.29
1983年7月	15		1990年4月	65	20.45	1997年1月	64	-30.1	2003年10月	31	12.66
1983年8月	20		1990年5月	82	35.84	1997年2月	61	-31.6	2003年11月	30	10.43

续表

日期	月并购数	去趋势化的月并购数	日期	月并购数	去趋势化的月并购数	日期	月并购数	去趋势化的月并购数	日期	月并购数	去趋势化的月并购数
1983年9月	17		1990年6月	137	88.21	1997年3月	51	-40.2	2003年12月	32	12.23
1983年10月	10		1990年7月	47	-8.19	1997年4月	66	-23.9	2004年1月	34	14.23
1983年11月	12		1990年8月	83	27.47	1997年5月	60	-29.3	2004年2月	35	14.58
1983年12月	16		1990年9月	84	25.8	1997年6月	71	-16.4	2004年3月	36	14.71
1984年1月	22		1990年10月	69	8.271	1997年7月	62	-24.7	2004年4月	35	12.82
1984年2月	25		1990年11月	92	29.81	1997年8月	43	-42.4	2004年5月	29	5.471
1984年3月	26		1990年12月	63	-1.97	1997年9月	58	-25.4	2004年6月	30	5.731
1984年4月	26		1991年1月	44	-22.3	1997年10月	68	-13.7	2004年7月	30	5.418
1984年5月	20		1991年2月	62	-3.91	1997年11月	42	-38.8	2004年8月	21	-4.32
1984年6月	19		1991年3月	61	-5.84	1997年12月	66	-11.7	2004年9月	30	4.631
1984年7月	21		1991年4月	37	-30.4	1998年1月	58	-19	2004年10月	27	0.915
1984年8月	30		1991年5月	42	-24.5	1998年2月	58	-17.6	2004年11月	18	-8.3
1984年9月	14		1991年6月	47	-19	1998年3月	50	-23.7	2004年12月	32	5.908

续表

日期	月并购数	去趋势化的月并购数	日期	月并购数	去趋势化的月并购数	日期	月并购数	去趋势化的月并购数	日期	月并购数	去趋势化的月并购数
1984 年 10 月	20		1991 年 7 月	90	23.92	1998 年 4 月	66	-5.56	2005 年 1 月	15	-11.8
1984 年 11 月	12		1991 年 8 月	52	-16.8	1998 年 5 月	58	-12.9	2005 年 2 月	17	-8.75
1984 年 12 月	34		1991 年 9 月	72	2.924	1998 年 6 月	68	-1.22	2005 年 3 月	11	-14.1
1985 年 1 月	13	-11.7	1991 年 10 月	62	-8.13	1998 年 7 月	68	-0.27	2005 年 4 月	29	4.652
1985 年 2 月	11	-13.4	1991 年 11 月	44	-26.7	1998 年 8 月	82	14.56	2005 年 5 月	26	1.575
1985 年 3 月	18	-5.87	1991 年 12 月	35	-34.9	1998 年 9 月	96	27.89	2005 年 6 月	24	-0.38
1985 年 4 月	17	-6.81	1992 年 1 月	37	-31.7	1998 年 10 月	89	20.04	2005 年 7 月	24	-0.04
1985 年 5 月	16	-7.65	1992 年 2 月	46	-21.6	1998 年 11 月	59	-10.5	2005 年 8 月	28	4.07
1985 年 6 月	22	-1.42	1992 年 3 月	68	1.129	1998 年 12 月	48	-20.2	2005 年 9 月	22	-2.32
1985 年 7 月	26	2.46	1992 年 4 月	60	-7.83	1999 年 1 月	62	-4.28	2005 年 10 月	26	1.78
1985 年 8 月	25	1.113	1992 年 5 月	32	-36.1	1999 年 2 月	65	0.118	2005 年 11 月	27	2.403
1985 年 9 月	22	-2.12	1992 年 6 月	49	-17.2	1999 年 3 月	62	-1.22	2005 年 12 月	20	-4.44
1985 年 10 月	23	-1.12	1992 年 7 月	48	-17.5	1999 年 4 月	76	13.61	2006 年 1 月	17	-6.93

续表

日期	月并购数	去趋势化的月并购数	日期	月并购数	去趋势化的月并购数	日期	月并购数	去趋势化的月并购数	日期	月并购数	去趋势化的月并购数
1985年11月	19	-5.14	1992年8月	66	1.114	1999年5月	68	5.76	2006年2月	20	-3.51
1985年12月	37	13.11	1992年9月	45	-20.2	1999年6月	52	-9.85	2006年3月	20	-2.98
1986年1月	24	-0.82	1992年10月	49	-15.3	1999年7月	63	3.056	2006年4月	40	16.88
1986年2月	29	4.191	1992年11月	39	-26.3	1999年8月	59	-0.38	2006年5月	28	4.09
1986年3月	23	-2.17	1992年12月	58	-6.51	1999年9月	59	1.229	2006年6月	31	6.879
1986年4月	28	2.953	1993年1月	57	-8.24	1999年10月	49	-7.54	2006年7月	39	13.97
1986年5月	30	4.565	1993年2月	41	-24.3	1999年11月	53	-2.17	2006年8月	22	-4.15
1986年6月	37	11.25	1993年3月	50	-13.8	1999年12月	50	-3.88	2006年9月	29	2.797
1986年7月	32	5.38	1993年4月	63	0.048	2000年1月	33	-19.5	2006年10月	27	0.318
1986年8月	37	9.716	1993年5月	48	-14.7	2000年2月	40	-9.88	2006年11月	23	-3.87
1986年9月	22	-6.32	1993年6月	51	-10.4	2000年3月	45	-3.14	2006年12月	28	1.384

表 B 关于赌博心理的各项假设

H1：收购溢价，如果被收购方是有吸引力的赌博标的，即被收购方的股票特征跟彩票的主要特征更接近，则收购方会提供更高的收购溢价。

H2：协同效应，在彩票型收购中协同效应会低。

H3：收购方的宣告日累计超额收益率（BCARs），在彩票型收购中，收购方的宣告日收益会低。

H4：被收购方的宣告日累计超额收益率（TCARs），在彩票型收购中，被收购方的宣告日收益会更高。

H5：赌博倾向—经济下行，在经济下行阶段，被收购方股票特征对收购溢价，协同效应，以及并购宣告日收益的影响会更为显著。

H6a：在损失状态赌博，当收购方银行最近表现较差时，被收购方股票的彩票特征对于收购溢价，协同效应，以及收购方股票的彩票特征对于收购溢价，协同效应和收购宣告日收益的影响会更为显著。

H6b：在获利状态赌博，当收购方银行无论在股票市场上或在经营业绩上表现良好时，被收购方股票的彩票特征对于收购溢价，协同效应和收购宣告日收益的影响都会更为显著。

表 C　各变量的定义和数据来源

变量名称	变 量 描 述	数据来源
彩票特征变量		
彩票指数（LIDX）	按照股票价格、特有波动率和特有偏度对目标公司股票进行 20 分位的划分（20 代表最低价格、最高波动率或者最高偏度）。目标公司价格、波动率和偏度相对应的 3 个分位数相加，得到 1 个介于 3~60 之间的评分，然后用公式（评分−3）/（60−3）将其转化成 0~1 之间的数值	CRSP
特有波动率（IVOLA）	采用 Fama-French（1993）三因素模型对每日股票收益率进行回归得到的特有波动率（残差的标准差）。取值区间为 t−1 月之前的 3 年（并购宣告月份为 t 月）	CRSP
特有偏度（EISKEW）	特有偏度是用市场模型对 t−1 月（宣告日所在当月为 t 月）之前 1 年内的每日股票收益率进行计算得出的残差的 3 阶标准矩	CRSP
被收购方股价（Price）	被收购银行 t−1 月最后 1 天的股票价格（并购宣告月份为 t 月）	CRSP
收购方（被收购方）特点		
资产收益率（ROA）	收购方（被收购方）银行并购宣告前 1 个财务年度的资产收益率（= 净利润／总资产）	Compustat

续表

变量名称	变量描述	数据来源
市净率(MB)	收购方(被收购方)银行普通股权的市场价值(MCAP)除以并购宣告前1年末的普通股账面价值	CRSP, Compustat
市场价值(MCAP)	收购方(被收购方)银行并购宣告前1个财政年度末的股票价格×流通股份数(单位:百万美元)	CRSP
相对交易规模(Relative Size)	实际交易价值除以收购方并购宣告前1个财政年度末的市场价值	SDC, CRSP
交易特征		
收购溢价(Premium)	收购溢价等于购价除以目标公司并购宣告日4周前的股票价格,减去1,再乘以100	SDC
收购方(被收购方)累计超额收益率[A(T)CAR(-1,+1)]	为使用市场模型计算出的收购方(被收购方)的3日累计超额收益,估计期为(-300,-46)	CRSP
收购方累计超额收益[$BCAR(-1,+1)]	收购方银行以美元计算的累计超额收益,被定义为BCAR(-1,+1)×Bidder MCAP(-2)-Toehold×TCAR(-1,+1)×Target MCAP(-2)	SDC, CRSP
被收购方累计超额收益[$TCAR(-1,+1)]	被收购方银行的以美元计算的累计超额收益,被定义为TCAR(-1,+1)×Target MCAP(-2)	CRSP
协同效应收益率[Synergy(-1,+1)]	协同效应的计算公式为[$BCAR(-1,+1)+$TCAR(-1,+1)]/[Bidder MCAP(-2)+(1-Toehold)×Target MCAP(-2)]	SDC, CRSP

续表

变量名称	变量描述	数据来源
协同效应收益 [$Synergy(-1, +1)$]	按美元计算的协同效应收益 $BCAR(-1, +1)$ + $TCAR(-1, +1)$	SDC, CRSP
立足股份 (Toehold)	并购宣告日收购方已持有的被收购方股份的比率	SDC
股票支付 (Stock)	哑变量，采用股票支付时等于 1，采用现金支付时等于 0	SDC
竞争性收购 (Competed)	哑变量，当存在多于 1 个收购方时等于 1，否则为 0	SDC
地域多样化 (Geo Diversification)	哑变量，当并购双方位于不同的州时等于 1，否则为 0	SDC
业务多样化 (Activity Diversification)	哑变量，当并购双方的标准产业分类 (SIC) 代码的前 3 位不同时等于 1，否则为 0	SDC
赌博倾向		
芝加哥联储全国活动指数 (CFNAI)	85 项美国经济活动指标的逐月加权平均，其平均值为 0，标准差为 1。一个正的指数代表经济增长超出趋势，负的指数代表数低于趋势	Chicago Fed
代表损失状态的变量		
与 52 周最高股价的差距 (DIFF52)	等于收购方 $t-2$ 月末的股票价格除以 $t-13$ 月至 $t-2$ 月的 52 周最高股价，减去 1 (再取绝对值)	CRSP

231

参 考 文 献

［1］王志军. 欧美金融发展史［M］. 天津：南开大学出版社，2012.

［2］张维，王雪莹，熊熊. 公司并购中的"羊群行为"：基于中国数据的实证研究［J］. 系统工程理论与实践，2010，30（3）：456-463.

［3］［美］斯蒂格勒·G. J. 产业组织与政府管制［M］. 上海：三联书店，1996.

［4］Ackert, L. F., Charupat, N., Church, B. K., Deaves, R. An Experimental Examination of the House Money Effect in a Multi-Period Setting ［J］. *Experimental Economics*, 2006, 9(1)：5-16.

［5］Adams, J. S. Toward an Understanding of Inequity ［J］. *Journal of Abnormal and Social Psychology*, 1963, 67：422-436.

［6］Agrawal, A., Mandelker, G. N. Large Shareholders and the Monitoring of Managers：The Case of Antitakeover Charter Amendments ［J］. *The Journal of Financial and Quantitative Analysis*, 1990, 25：143-161.

［7］Aiginger, K., Tichy, G. Small Firms and the Merger Mania ［J］. *Small Business Economics*, 1991, 3：83-101.

［8］Akerlof, G. A., Yellen, J. L. The Fair Wage-Effort Hypothesis and Unemployment ［J］. *Quarterly Journal of Economics*, 1990, 105：255-283.

［9］Akhigbe, A., Madura, J., Whyte, A. M. Partial Anticipation and the Gains to Bank Merger Targets ［J］. *Journal of Financial Services Research*, 2004, 26：55-71.

[10] Ali, A., Hwang, L. S., Trombley, M. A. Residual-Income-Based Valuation Predicts Future Stock Returns: Evidence on Mispricing versus Risk Explanations [J]. *Accounting Review*, 2003, 78: 377-396.

[11] Allais, M. Le Comportement De L' Homme Rationnel Devant Le Risque: Critique des Postulats et Axiomes de l' Ecole Americaine [J]. *Econometrica*, 1953, 21(4): 503-546.

[12] Alti, A. How Persistent is the Impact of Market Timing on Capital Structure? [J]. *Journal of Finance*, 2006, 61: 1681-1710.

[13] Alti, A., Tetlock, P. C. How Important is Mispricing? [R]. Working Paper, Columbia University, 2011.

[14] Amel, D. F., Rhoades, S. A. Empirical Evidence on the Motives for Bank Mergers [J]. *Eastern Economic Journal*, 1989, 15: 17-27.

[15] Anderson, C. W., Becher, D. A., Campbell, T. L. Bank Mergers, the Market for Bank CEOs, and Managerial Incentives [J]. *Journal of Financial Intermediation*, 2004, 13: 6-27.

[16] Andrade, G., Mitchell, M., Stafford, E. New Evidence and Perspectives on Mergers [J]. *Journal of Economic Perspectives*, 2001, 15: 103-120.

[17] Ang, A., Chen, J. Asymmetric Correlations of Equity Portfolios [J]. *Journal of Financial Economics*, 2002, 63: 443-494.

[18] Ang, J. S., Cheng, Y. Direct Evidence on the Market-Driven Acquisition Theory [J]. *The Journal of Financial Research*, 2006, 29(2): 199-216.

[19] Aristotle. *Rhetoric* [M]. Translated by Roberts, W. R. Mineola, NY: Dover Publications, 2004.

[20] Baker, M., Wurgler, J. Investor Sentiment and the Cross-Section of Stock Returns [J]. *Journal of Finance*, 2006, 61(4): 1645-1680.

[21] Baker, M., Pan, X., Wurgler, J. A. Reference Point

Theory of Mergers and Acquisitions [R]. Working Paper, New York University, 2009.

[22] Banerjee, A., Eckard, E. W. Are Mega-Mergers Anticompetitive? Evidence from the First Great Merger Wave [J]. *The RAND Journal of Economics*, 1998, 29(4): 803-827.

[23] Banerjee, A. V., 'Envy', in Dutta, B., Gangopadhyay, S., Mukherjee, D., Ray, D. (eds.), *Economic Theory and Policy: Essays in Honour of Dipak Banerjee* [M]. Oxford, England: Oxford University Press, 1990: 91-111.

[24] Barberis, N., Huang, M. Stocks as Lotteries: The Implications of Probability Weighting for Security Prices [J]. *American Economic Review*, 2008, 98(5): 2066-2100.

[25] Barberis, N., Huang, M., Santos, T. Prospect Theory and Asset Prices [J]. *Quarterly Journal of Economics*, 2001, 116(1): 1-53.

[26] Battalio, R. C., Kagel, J. H., Jiranyakul, K. Testing Between Alternative Models of Choice under Uncertainty: Some Initial Results [J]. *Journal of Risk and Uncertainty*, 1990, 3(1): 25-50.

[27] Baumol, W. J. *Business Behavior, Value, and Growth* [M]. Macmillan: New York, 1959.

[28] Bebchuck, L., Grinsteing, Y. Firm Expansion and CEO Pay [R]. Working Paper, Harvard University, 2009.

[29] Beitel, P. S., Mark, D. W. Explaining the M&A Success in European Banks [J]. *European Financial Management*, 2004, 10: 109-139.

[30] Berger, A. N. The Profit-Structure Relationship in Banking-Tests of Market-Power and Efficient Structure Hypotheses [J]. *Journal of Money, Credit and Banking*, 1995, 27: 403-431.

[31] Berger, A. N. The Economic Effects of Technological Progress: Evidence from the Banking Industry [R]. Working Paper, Federal Reserve Board, 2002.

[32] Berger, A. N., Hannan, T. H. The Price Concentration Relationship in Banking [J]. *Review of Economics and Statistics*, 1989, 71: 291-299.

[33] Berger, A. N., Hannan, T. H. The Price Concentration Relationship in Banking: a Reply [J]. *Review of Economics and Statistics*, 1992, 74: 376-379.

[34] Berger, A. N., Demsetz, R. S., Strahan, P. E. The Consolidation of the Financial Services Industry: Causes, Consequences, and Implications for the Future [J]. *Journal of Banking and Finance*, 1999, 23: 135-194.

[35] Berger, P. G., Ofek E. Diversification's Effect on Firm Value [J]. *Journal of Financial Economics*, 1995, 37(1): 39-65.

[36] Berger, P. G., Saunders, A., Scalise, J. M., Udell, G. F. The Effects of Bank Mergers and Acquisitions on Small Business Lending [J]. *Journal of Financial Economics*, 1998, 50: 187-229.

[37] Bliss, R. T., Rosen, R. J. CEO Compensation and Bank Mergers' [J]. *Journal of Financial Economics*, 2001, 61: 107-138.

[38] Bolton, G. E., Ockenfels, A. ERC: A Theory of Equity, Reciprocity, and Competition [J]. *American Economic Review*, 2000, 90: 166-193.

[39] Bouwman, C. H. S. The Geography of Executive Compensation [R]. Working Paper, Department of Banking & Finance, Case Western Reserve University; Wharton Financial Institutions Center, 2011.

[40] Bouwman, C. H. S., Fuller, K. P., Nain, A. The Performance of Stock-Price Driven Acquisition [R]. Working Paper, University Of Michigan, 2003.

[41] Bouwman, C. H. S., Fuller, K. P., Nain, A. Market Valuation and Acquisition Quality: Empirical Evidence [J]. *Review of Financial Studies*, 2009, 22: 633-679.

[42] Boyd, J., Graham, S. Consolidation in U. S. Banking:

Implications for Efficiency, and Risk, in Y. Amihud & G. Miller (eds.), *Bank Mergers and Acquisitions* [M]. Norwell, MA: Kluwer Academic Publishers, 1998.

[43] Boyer, B., Mitton, T., Vorkink, K. Expected Idiosyncratic Skewness [J]. *Review of Financial Studies*, 2010, 23(1): 169-202.

[44] Bradley, M., Desai, A., Kim, E. H. Synergistic Gains from Corporate Acquisitions and Their Division between the Stockholders of Target and Acquiring Firms [J]. *Journal of Financial Economics*, 1988, 21: 3-40.

[45] Brealey, R. A., Myers, S. C. *Principles of Corporate Finance* [M]. Burr Ridge, IL: Mcgraw-Hill, 1996.

[46] Brenner, R. *History—The Human Gamble* [J]. Chicago: University of Chicago Press, 1983.

[47] Brenner, R., Brenner, G. A. *Gambling and Speculation* [M]. Cambridge, England: Cambridge University Press, 1990.

[48] Bruner, R. F. *Applied Mergers and Acquisitions* [M]. Hoboken, NJ: John Wiley, 2004.

[49] Brunnermeier, M. K., Nagel, S. Do Wealth Fluctuations Generate Time-Varying Risk Aversion? Micro-Evidence on Individuals' Asset Allocation [J]. *American Economic Review*, 2008, 98(3): 713-736.

[50] Byrd, J., Hickman, K. Do Outside Directors Monitor Managers? Evidence from Tender Offer Bids [J]. *Journal of Financial Economics*, 1992, 32: 195-221.

[51] Calvet, L. E., Campbell, J. Y., Sodini, P. Fight or Flight? Portfolio Rebalancing by Individual Investors [J]. *Quarterly Journal of Economics*, 2009, 124(1): 301-348.

[52] Camerer, C. An Experimental Test of Several Generalized Utility Theories [J]. *Journal of Risk and Uncertainty*, 1989, 2(1): 61-104.

[53] Cason, T. N., Mui, V. -L. Fairness and Sharing in

Innovation Games: A Laboratory Investigation [J]. *Journal of Economic Behavior and Organization*, 2002, 48: 243-264.

[54] Chandler, A. D. *The Visible Hand* [M]. Cambridge, England: Belknap Press, 1977.

[55] Charness, G., Grosskopf, B., Relative Payoffs and Happiness: An Experimental Study [J]. *Journal of Economic Behavior and Organization*, 2001, 45: 301-328.

[56] Charness, G., Rabin, M., Understanding Social Preferences with Simple Tests [J]. *Quarterly Journal of Economics*, 2002, 117: 817-869.

[57] Cho, H. K., US Banking Consolidation and the Volatility of Emerging Market Lending: Role of Deregulatory Initiatives [J]. *Asia Pacific Journal of Economics and Business*, 2010, 14: 13-19.

[58] Clark, A. E., Oswald, A., Comparison-Concave Utility and Following Behavior in Social and Economic Settings [J]. *Journal of Public Economics*, 1998, 70: 133-150.

[59] Coase, R. H., The Nature of the Firm [J]. *Economica*, 1937, 4(16): 386-405.

[60] Coates IV, J. C. Corporate Politics, Governance, and Value Before and after Citizens United [R]. Working Paper, Harvard Law School, 2011.

[61] Comment, R., Jarrell, G. A. Corporate Focus and Stock Returns [J]. *Journal of Financial Economics*, 1995, 37(1): 67-87.

[62] Cornett, M., Hovakimian, G., Palia, D., Tehranian, H. The Impact of the Manager-Shareholder Conflict on Acquiring Bank Returns [J]. *Journal of Banking and Finance*, 2003, 27 (1): 103-131.

[63] Cybo, O. A., Murgia, M. Mergers and Shareholder Wealth in the European Banking Markets [J]. *Journal of Banking and Finance*, 2000, 24: 831-859.

[64] D'Mello, R., Shroff, P. K. Equity Undervaluation and

Decisions Related to Repurchase Tender Offers: An Empirical Investigation [J]. *Journal of Finance*, 2000, 55: 2399-2424.

[65] Delong, G. Stockholder Gains from Focusing versus Diversifying Bank Mergers [J]. *Journal of Financial Economics*, 2001, 59: 221-252.

[66] Demarzo, P. M., Kaniel, R., Kremer, I. Relative Wealth Concerns and Financial Bubbles [J]. *Review of Financial Studies*, 2008, 21: 19-50.

[67] Demsetz, H. The Structure of Ownership and the Theory of the Firm [J]. *Journal of Law and Economics*, 1983, 26 (2): 375-390.

[68] Dong M., Hirshleifer, D., Richardson, S., Teoh, S. H. Does Investor Misvaluation Drive the Takeover Market? [J]. *Journal of Finance*, 2006, 61: 725-762.

[69] Dostoevsky, F. *The Gambler* [M]. New York: W. W. Norton & Company, 1997.

[70] Doukas, A. J., Guo, M., Zhou, B. 'Hot' Debt Markets and Capital Structure [J]. *European Financial Management*, 2011, 17: 46-99.

[71] Doukas, J., Kim, C., Pantzalis, C. Arbitrage Risk and Stock Mispricing [J]. *Journal of Financial and Quantitative Analysis*, 2010, 45(04): 907-934.

[72] Elster, J. 'Envy in Social Life', in Zeckhauser, R. J. (eds.), *Strategy and Choice* [M]. Cambridge, MA: MIT Press, 1991: 49-82.

[73] Fama, E. F., French, K. R. Common Risk Factors in Returns on Stocks and Bonds [J]. *Journal of Financial Economics*, 1993, 33: 3-56.

[74] Fama, D. C., Jensen, M. C. Separation of Ownership and Control [J]. *Journal of Law and Economic*, 1983, 26(2): 301-325.

[75] Fehr, E., Schmidt, K. M. A Theory of Fairness,

Competition, and Cooperation [J]. *Quarterly Journal of Economics*, 1999, 114: 817-868.

[76] Fich, E. M, Starks, L. T., Yore, A. S. CEO Deal-Making Activity, CEO Compensation and Firm Value [R]. Working Paper, Drexel University, 2010.

[77] Fishburn, P. C. *Nonlinear Preference and Utility Theory* [M]. Baltimore, MD: Johns Hopkins University Press, 1988.

[78] Flannery, M. J, James, C. M. The Effect of Interest Rate Changes on Common Stock Returns of Financial Institutions [J]. *Journal of Finance*, 1984, 39: 1141-1153.

[79] Forbes, W. *Behavioral Finance* [M]. West Sussex, England: JohnWiley & Sons Ltd, 2009.

[80] France, C. J. The Gambling Impulse, *American Journal of Psychology* [J]. 1902, 13(3): 364-407.

[81] Frank, R. H. Are Workers Paid Their Marginal Products? [J]. *American Economic Review*, 1984, 74: 549-571.

[82] Frankel, R., Lee, C. Accounting Valuation, Market Expectation, and the Book-to-Market Effect [J]. *Journal of Accounting and Economics*, 1998, 25: 283-321.

[83] Fu, F., Ling, L., Officer, M. Acquisitions Driven by Stock Overvaluation: Are They Good Deals? [R]. Working Paper, Singapore Management University, 2010.

[84] Gabaix, X., Landier, A. Why has CEO Pay Increased So Much? [J]. *Quarterly Journal of Economics*, 2008, 123: 49-100.

[85] Gamble, K. J., Johnson, B., Kim, D. How Prior Outcomes Affect Investors' Subsequent Risk Taking [R]. Working Paper, Depaul University, 2009.

[86] Gaughan, P. A. *Mergers, Acquisitions, and Corporate Restructurings* [M]. New York: John Wiley, 1999.

[87] Gertner, R. Game Shows and Economic Behavior: Risk-Taking on 'Card Sharks' [J]. *Quarterly Journal of Economics*, 1993,

108(2): 507-521.

[88] Gilchrist, S., Himmelberg, C., Huberman, G. Do Stock Price Bubbles Influence Corporate Investment? [J]. *Journal of Monetary Economics*, 2005, 52: 805-827.

[89] Gilson, R. J., Black, B. S. *The Law and Finance of Corporate Acquisitions* [M]. Westbury, NY: The Foundation Press, Inc., 1995.

[90] Goel, A. M., Thakor, A. V. Green with Envy: Implications for Corporate Investment Distortions [J]. *Journal of Business*, 2005, 78: 2255-2287.

[91] Goel, A. M., Thakor, A. V. Do Envious CEOs Cause Merger Waves? [J]. *Review of Financial Studies*, 2010, 23: 487-501.

[92] Gort, M. An Economic Disturbance Theory of Mergers [J]. *Quarterly Journal of Economics*, 1969, 83: 624-642.

[93] Gorton, G., Kahl, M., Rosen, R. Eat or be Eaten: A Theory of Mergers and Firm Size [J]. *Journal of Finance*, 2009, 16: 1291-1344.

[94] Graham, J. R., Harvey, C. R. The Theory and Practice of Corporate Finance: Evidence from the Field [J]. *Journal of Financial Economics*, 2001, 60: 187-243.

[95] Grinstein, Y., Hribar, P. CEO Compensation and Incentives-Evidence from M&A Bonuses [J]. *Journal of Financial Economics*, 2004, 73: 119-143.

[96] Grossman, S. J., Hart, O. D. Takeover Bids, the Free-Rider Problem, and the Theory of the Corporation [J]. *The Bell Journal of Economics*, 1980, 11(1): 42-64.

[97] Hadlock, C., Houston, J., Ryngaert, M. The Role of Managerial Incentives in Bank Acquisitions [J]. *Journal of Banking and Finance*, 1999, 23: 221-249.

[98] Hannan, T., Piloff, S. Acquisition Targets and Motives in the Banking Industry [R]. Working Paper, Board of Governors of the

Federal Reserve System, Washington, DC, 2007.

[99] Hannan T., Pilloff, S. J. Acquisition Targets and Motives in the Banking Industry [J]. *Journal of Money, Credit and Banking*, 2009, 41(6): 1167-1187.

[100] Hannan, T., Rhoades, S. A. Acquisition Targets and Motives: The Case of the Banking Industry [J]. *The Review of Economics and Statistics*, 1987, 69: 67-74.

[101] Hansen, R. G. A Theory for the Choice of Exchange Medium in Mergers and Acquisitions [J]. *Journal of Business*, 1987, 60: 75-95.

[102] Harford, J. What Drives Merger Waves? [J]. *Journal of Financial Economics*, 2005, 77: 529-560.

[103] Harford, J., Li, K. Decoupling CEO Wealth and Firm Performance: The Case of Acquiring CEOs [J]. *Journal of Finance*, 2007, 62: 917-949.

[104] Harris, M., Kriebel, C. H., Raviv, A. Asymmetric Information, Incentives and Intrafirm Resource Allocation [J]. *Management Science*, 1982, 604-620.

[105] Harvey, C. R., Siddique, A. Conditional Skewness in Asset Pricing Tests [J]. *Journal of Finance*, 2000, 55(3): 1263-1295.

[106] Helwege, J., Liang, N. Initial Public Offerings in Hot and Cold Markets [J]. *Journal of Financial and Quantitative Analysis*, 2004, 39: 541-69.

[107] Hernando, I., Nieto, M. J., Wall, L. D. Determinants of Domestic and Cross-Border Bank Acquisitions in the European Union [J]. *Journal of Banking & Finance*, 2009, 33(6): 1022-1032.

[108] Hong, Y., Tu, J., Zhou, G. Asymmetries in Stock Returns: Statistical Tests and Economic Evaluation [J]. *Review of Financial Studies*, 2007, 5: 1547-1548.

[109] Houston, J., James, C., Ryngaert, M. Where do

Merger Gains Come From? Bank Mergers from the Perspective of Insiders and Outsiders ［J］. *Journal of Financial Economics*, 2001, 60: 285-331.

［110］Houston, J., Ryngaert, M. The Overall Gains from Large Bank Mergers ［J］. *Journal of Banking Finance*, 1994, 18: 1155-1176.

［111］Hubbard, R., Palia, D. A Reexamination of the Conglomerate Merger Wave in the 1960s: An Internal Capital Markets View ［J］. *Journal of Finance*, 1999, 54: 1131-1152.

［112］Jensen, M. C. Agency Cost of Free Cash Flow, Corporate Finance, and Takeovers ［J］. *American Economic Review*, 1986, 76: 323-329.

［113］Jensen, M. C. The Takeover Controversy: Analysis and Evidence. in J. M. Stern, G. B. Stewart III, & D. H. Chew(eds.), *Corporate Restructuring & Executive Compensation* ［M］. Cambridge, MA: Ballinger Publishing, 1989: 3-43.

［114］Jensen, M. C. The Agency Costs of Overvalued Equity and the Current State of Corporate Finance ［J］. *European Financial Management*, 2004, 10: 549-565.

［115］Jensen, M. C. Agency Costs of Overvalued Equity ［J］. *Financial Management*, 2005, 34: 5-19.

［116］Jensen, M. C., Meckling, W. H. Theory of the Firm: Managerial Behavior, Agency Costs and Ownership Structure ［J］. *Journal of Financial Economics*, 1976, 3(4): 305-360.

［117］Jones, K., Critchfield, T. Consolidation in the US Banking Industry: Is the Long, Strange Trip About to End? ［J］. *FDIC Banking Review*, 2005, 17(4): 31-61.

［118］Jovanovic, B., Rousseau, P. L. The Q-Theory of Mergers ［J］. *American Economic Review*, 2002, 92(2): 198-204.

［119］Kahneman, D., Tversky, A. Prospect Theory: An Analysis of Decision Under Risk ［J］. *Econometrica*, 1979, 47(2): 263-291.

242

［120］Kallunki, J. -P., Broussard, J., Boehmer, E. *Using SAS in Financial Research* ［M］. Cary, NC: SAS Press, 2002.

［121］Kant I. 1797, *The Metaphysics of Morals*, Translated by M. J. Gregor ［M］. Cambridge, England: Cambridge University Press, 1996.

［122］Keasey, K., Moon, P. Gambling with the House Money in Capital Expenditure Decisions ［J］. *Economics Letters*, 1996, 50 (1): 105-110.

［123］Kelly, K. *Out of Control: The New Biology of Machines, Social Systems, and the Economic World* ［M］. Reading, MA: Addison-Wesley, 1994.

［124］Knapp, M., Gart, A., Chaudhry, M. The Impact of Mean Reversion of Bank Profitability on Post-Merger Performance in the Banking Industry ［J］. *Journal of Banking and Finance*, 2006, 30: 3503-3517.

［125］Koetter, M., Bos, J. W. B., Heid, F., Kolari, J. W., Kool, C. J. M., Porath, D. Accounting for Distress in Bank Mergers ［J］. *Journal of Banking and Finance*, 2007, 31: 3200-3217.

［126］Kraus, A., Litzenberger, R. H. Skewness Preference and the Valuation of Risky Assets ［J］. *Journal of Finance*, 1976, 31(4): 1085-1100.

［127］Kuipers, D. R., Miller, D. P., Patel, A. The Legal Environment and Corporate Valuation: Evidence from Cross-Border Takeovers ［J］. *International Review of Economics & Finance*, 2009, 18(4): 552-567.

［128］Kumar, A. Who Gambles in the Stock Market? ［J］. *Journal of Finance*, 2009, 64: 1889-1933.

［129］Lakonishok, J., Shleifer, A., Vishny, R. Contrarian Investment, Extrapolation, and Risk ［J］. *Journal of Finance*, 1994, 49(5): 1541-1578.

［130］Lambrecht, B. M. The Timing and Terms of Mergers

Motivated by Economies of Scale [J]. *Journal of Financial Economics*, 2004, Vol. 72(1): 41-62.

[131] Lang, H. P., Stulz, R., Walkling, R. A. Managerial Performance, Tobin's Q, and the Gains from Successful Tender Offers [J]. *Journal of Financial Economics*, 1989, 24: 137-154.

[132] Lanine, G., Vennet, R. V. Microeconomic Determinants of Acquisitions of Eastern European Banks by Western European Banks [J]. *Economics of Transition*, 2007, 15: 285-308.

[133] Lazear, E. P. Pay Equality and Industrial Politics [J]. *Journal of Political Economy*, 1989, 97: 561-580.

[134] Lee, C. M. C., Myers, J., Swaminathan, B. What is the Intrinsic Value of the Dow? [J]. *Journal of Finance*, 1999, 54, 1693-1741.

[135] Levine, D. I. Cohesiveness, Productivity, and Wage Dispersion [J]. *Journal of Economic Behavior and Organization*, 1991, 15: 237-55.

[136] Levy, D. T. Comment on 'Small Firm and Merger Mania' [J]. *Small Business Economics*, 1993, 5: 319-322.

[137] Lewellen, W. G. A pure Financial Rationale for the Conglomerate Merger [J]. *Journal of Finance*, 1971, 26: 563-574.

[138] Lipton, M. Merger Waves in the 19th, 20th and 21st Centuries [R]. Working Paper, Osgoode Hall Law School, York University, 2006.

[139] Liu, Y., Tcai, C., Wang, M., Zhu, N. House Money Effect: Evidence from Market Makers at Taiwan Futures Exchange [R]. Working Paper, University of California, Davis, CA, 2006.

[140] Loughran, T., Vijh, A. M. Do Long-Term Shareholders Benefit from Corporate Acquisitions? [J]. *Journal of Finance*, 1997, 52: 1765-1790.

[141] Machina, M. J. Choice under Uncertainty: Problems Solved and Unsolved [J]. *Economic Perspectives*, 1987, 1(1):

121-154.

[142] Majd, S., Myers, S. C. Tax Asymmetries and Corporate Income Tax Reform, in Feldstein M. (Eds.), *Effects of Taxation on Capital Accumulation* [M]. Chicago: University Of Chicago Press, 1987: 343-376.

[143] Maksimovic, V., Phillips, G. M. The Market for Corporate Assets: Who Engages in Mergers and Asset Sales and are There Efficiency Gains? [J]. *Journal of Finance*, 2001, 56: 2020-2065.

[144] Malmendier, U., Tate, G. CEO Overconfidence and Corporate Investment [J]. *Journal of Finance*, 2005, 6: 2661-2700.

[145] Manne, H. Mergers and the Market for Corporate Control [J]. *Journal of Political Economy*, 1965, 73: 110-120.

[146] Marris, R. *The Economic Theory of 'Managerial' Capitalism* [M]. London: Macmillan, 1964.

[147] Martin, J. 'Relative Deprivation: A Theory of Distributive Injustice for an Era of Shrinking Resources', in Cummings, L. L., Staw, B. M. eds. *Research in Organizational Behavior: An Annual Series of Analytical Essays and Critical Reviews* [M]. Greenwich, CT: JAI Press, 1981, 3: 53-107.

[148] Martin, K. J. The Method of Payment in Corporate Acquisitions, Investment Opportunities, and Management Ownership [J]. *Journal of Finance*, 1996, 51: 1227-1246.

[149] Martynova, M., Renneboog, L. A Century of Corporate Takeovers: What have We Learned and Where do We Stand? [J]. *Journal of Banking and Finance*, 2008, 32: 2148-2177.

[150] Mikesell, J. L. State Lottery Sales and Economic Activity [J]. *National Tax Journal*, 1994, 47(1): 165-171.

[151] Mikkelson, W. H., Ruback, R. S. An Empirical Analysis of the Interfirm Equity Investment Process [J]. *Journal of Financial Economics*, 1985, 14: 523-553.

[152] Mitchell, M. L., Mulherin, J. H. The Impact of Industry Shocks on Takeover and Restructuring Activity [J]. *Journal of Financial Economics*, 1996, 41: 193-229.

[153] Moeller, S. B., Schlingemann, F. P., Stulz, R. M. Firm Size and the Gains from Acquisitions [J]. *Journal of Financial Economics*, 2004, 73: 201-228.

[154] Mongin, P. Expected Utility Theory, in Davis, J., Hands, W., Maki, U. (eds.), *Handbook of Economic Methodology* [M]. London: Edward Elgar, 1997, 342-350.

[155] Moore, R. Banking's Merger Fervor: Survival of The Fittest? [R]. *Financial Industry Studies*, Federal Reserve Bank of Dallas, 1996, Dec: 9-15.

[156] Morck, R., Shleifer, A., Vishny, R. Do Managerial Objectives Drive Bad Acquisitions? [J]. *Journal of Finance*, 1990, 45: 31-48.

[157] Mui, V. L. The Economics of Envy [J]. *Journal of Economic Behavior and Organization*, 1995, 26(3): 311-336.

[158] Myers, S. C. The Determinants of Corporate Borrowing [J]. *Journal of Financial Economics*, 1977, 5: 147-175.

[159] Myers, S. C., Majluf, N. S. Corporate Financing and Investment Decisions When Firms have Information That Investors do not Have [R]. NBER Working Paper, No. W1396, 1984.

[160] Myerson, R. B. Optimal Coordination Mechanisms in Generalized Principal-Agent Problems [J]. *Journal of Mathematical Economics*, 1982, 10: 67-81.

[161] Nielsin, J. F., Melicher, R. W. A Financial Analysis of Acquisition and Merger Premium [J]. *Journal of Financial and Quantitative Analysis* 1973, 8: 139-162.

[162] Ohlson, J. A. Earnings, Book Values, and Dividends in Equity Valuation [J]. *Contemporary Accounting Research*, 1995, 11: 661-687.

[163] Palepu, K. Predicting Takeover Targets: A Methodological and Empirical Analysis [J]. *Journal of Accounting and Economics*, 1986, 8: 3-35.

[164] Palia, D. The Managerial, Regulatory, and Financial Determinants of Bank Merger Premium [J]. *Journal of Industrial Economics*, 1993, 41(1): 91-102.

[165] Panzar, J. C., Willig, R. D. Economies of Scale in Multi-Output Production [J]. *Quarterly Journal of Economics*, 1977, 91(3): 481-493.

[166] Panzar, J. C., Willig, R. D. Economies of Scope [J]. *American Economic Review*, 1981, 71(2): 268-272.

[167] Parrott, W. G., Smith, R. H. Distinguishing the Experiences of Envy and Jealousy [J]. *Journal of Personality and Social Psychology*, 1993, 64: 906-920.

[168] Pasiouras, F., Tanna, S. Gaganis, C. What Drives Acquisitions in the EU Banking Industry? The Role of Bank Regulation and Supervision Framework, Bank-Specific and Market Specific Factors [J]. *Financial Markets, Institutions & Instruments*, 2011, 20(2): 29-77.

[169] Polkovnichenko, V. Household Portfolio Diversification: A Case for Rank-Dependent Preferences [J]. *Review of Financial Studies*, 2005, 18(4): 1467-1502.

[170] Post, T., Van Den Assem, M. J., Baltussen, G., Thaler, R. H. Deal or no Deal? Decision Making under Risk in a Large-Payoff Game Show [J]. *American Economic Review*, 2008, 98(1): 38-71.

[171] Rau, P. R., Vermaelen, T. Glamour, Value and the Post-Acquisition Performance of Acquiring Firms [J]. *Journal of Financial Economics*, 1998, 49: 223-253.

[172] Rhodes-Kropf, M., Robinson, D., Viswanathan, S. Valuation Waves and Merger Activity: The Empirical Evidence [J].

Journal of Financial Economics, 2005, 77: 561-603.

[173] Rhodes-Kropf, M., Viswanathan, S. Market Valuation and Merger Waves [J]. *Journal of Finance*, 2004, 59 (6): 2685-2718.

[174] Robson, A. J. The Biological Basis of Economic Behavior [J]. *Journal of Economic Literature*, 2001, 39: 11-33.

[175] Roll, R. The Hubris Hypothesis of Corporate Takeovers [J]. *Journal of Business*, 1986, 59: 197-216.

[176] Salovey, P., Rodin, J. Some Antecedents and Consequences of Social Comparison Jealousy [J]. *Journal of Personality and Social Psychology*, 1984, 47: 780-792.

[177] Scharfstein, D. S., Stein, J. C. Herd Behavior and Investment [J]. *American Economic Review*, 1990, 80(3): 465-479.

[178] Schneider, C., Spalt, O. G. Acquisitions as Lotteries: Do Managerial Gambling Attitudes Influence Takeover Decisions? [R]. Working Paper, Tilburg University, Tilburg, 2010.

[179] Servaes, H. Tobin's Q and the Gains from Takeovers [J]. *Journal of Finance*, 1991: 46: 409-419.

[180] Shefrin, H. Behavioral Corporate Finance [J]. *Journal of Applied Corporate Finance*, 2001, 14(3): 113-114.

[181] Shefrin, H. M., Statman, M. Behavioral Portfolio Theory [J]. *Journal of Financial and Quantitative Analysis*, 2000, 35(2): 127-151.

[182] Shelley, R. *The Lottery Encyclopedia* [M]. New York: NY Public Library, 1986.

[183] Shiller, R. J. 'Fashions, Fads and Bubbles in Financial Markets', in Jack Coffee [Ed.], *Knights, Raiders and Targets: The Impact of the Hostile Takeover* [M]. Oxford, England: Oxford University Press, 1987.

[184] Shiller, R. J. Conversation, Information and Herd Behavior [J]. *American Economic Review*, 1995, 85: 181-185.

[185] Shleifer, A., Vishny, R. Large Shareholders and Corporate Control [J]. *The Journal of Political Economy*, 1986, 94(3): 461-488.

[186] Shleifer, A., Vishny, R. Management Entrenchment—the Case of Manager-Specific Investments [J]. *Journal of Financial Economics*, 1989, 25: 123-139.

[187] Shleifer, A., Vishny, R. Stock Market Driven Acquisitions [J]. *Journal of Financial Economics*, 2003, 70: 295-311.

[188] Shue, K. Executive Networks and Firm Policies: Evidence from the Random Assignment of MBA Peers [R]. Working Paper, Harvard University, 2011.

[189] Smith, R. H., Kim, S. H. Comprehending Envy [J]. *Psychological Bulletin*, 2007, 133: 46-64.

[190] Statman, M. Lottery Players/Stock Traders [J]. *Financial Analysts Journal*, 2002, 58(1): 14-21.

[191] Staw, B. The Escalation of Commitment: An Update and Appraisal, in *Organization Decision Making* [M]. Cambridge, England: Cambridge University Press, 1997.

[192] Steven, H. The Effect of a Large Shareholder on Corporate Value [J]. *Management Science*, 1993, 39(11): 1407-1421.

[193] Stulz, R. Managerial Discretion and Optimal Financing Policies [J]. *Journal of Financial Economics*, 1990, 26: 3-27.

[194] Tec, N. *Gambling in Sweden* [M]. Totowa, N. J.: Bedminster Press, 1964.

[195] Thaler, R., Johnson, E. J. Gambling with the House Money and Trying to Break Even: The Effects of Prior Outcomes on Risky Choice [J]. *Management Science*, 1990, 36(6): 643-660.

[196] Tversky, A., Kahneman, D. Rational Choice and the Framing of Decisions [J]. *Journal of Business*, 1986, 59(4): S251-S278.

[197] Tversky, A., Kahneman, D. Advances in Prospect Theory:

Cumulative Representation of Uncertainty [J]. *Journal of Risk and Uncertainty*, 1992, 5(4): 297-323.

[198] Varaiya, N., Ferris, K. Overpaying in Corporate Takeovers: The Winner's Curse [J]. *Financial Analysts' Journal*, 1987, 43(3): 64-70.

[199] Walker, M. B. *The Psychology of Gambling* [M]. Oxford, England: Pergamon Press, 1992.

[200] Walkling, R. A., Edmister, R. O. Determinants of Tender Offer Premiums [J]. *Financial Analysts Journal*, 1985, 41: 27-37.

[201] Weston, J. F. The Nature and Significance of Conglomerate Firms [J]. *St. John's Law Review*, 1970, 44: 66-80.

[202] Weston, J. F. Chung, K. S., Hong, S. E. *Mergers, Restructuring and Corporate Control* [M]. Englewood Cliffs, NJ: Prentice Hall International, 1990.

[203] White, H. A heteroscedasiticity-Consistent Covariance Matrix Estimator and a Direct Test for Heteroscedasticity [J]. Econometrica, 1980, 48: 817-838.

[204] Williamson, O. E. *Markets and Hierarchies: Analysis and Antitrust Implications, a Study in the Economics of Internal Organization* [M]. New York: The Free Press, 1975.

[205] Williamson, O. E. *The Economics of Discretionary Behavior: Managerial Objectives in a Theory of the Firm* [M]. Englewood Cliffs, N. J.: Prentice-Hall, 1964.

[206] Yan, J. Merger Waves: Theory and Evidence [R]. Working Paper, University of Pennsylvania, 2009.

[207] You, V., Caves, R., Smith, M., Henry, J. 'Mergers and Bidders' Wealth: Managerial and Strategic Factors', in L. G., Thomas, (eds.), *The Economics of Strategic Planning, Essays in Honor of Joel Dean* [M]. Lanham, MD: Lexington Books, 1986: 201-221.

[208] Zeckhauser, R. J., Pound, J. Are Large Shareholders Effective Monitors? An Investigation of Share Ownership and Corporate Performance, in R. G. Hubbard (eds.), *Asymmetric Information, Corporate Finance, and Investment* [M]. Chicago: University Of Chicago Press, 1990: 149-180.

[209] Zizzo, D. J., Oswald, A. Are People Willing to Pay to Reduce Others' Incomes [J]. *Annales d' Economie et de Statistique*, 2001: 63-64, 39-62.